联合出版方 Co-Publishers

武汉大学媒体发展研究中心（教育部人文社会科学重点研究基地）
Center for Studies of Media Development (CSMD) at Wuhan University，
Key Research Institute of Humanities and Social Sciences, Ministry of Education, P.R.C.

中国传媒大学出版社
Communication University of China Press

武汉大学跨文化传播研究中心
Research Center for Intercultural Communication, Wuhan University

Intercultural
Communication
China

传媒集刊

2023
第一辑

跨文化传播研究

第七辑

Intercultural Communication Studies

单　波◎主编

中国传媒大学 出版社
·北　京·

序

对话如何可能？*

◈ 肖劲草**

人类寻求对话，但又时时被“对话如何可能”困扰。要回答这个问题离不开关于对话的伦理分析，主要包含三个方面：一是讨论对话的伦理价值及其具体表现；二是分析和反思对话现象，发掘其中的伦理因素、伦理前提和价值取向；三是讨论对话者应拥有何种美德来让对话变得更好或克服其局限。

作为一种平和的、多边的交流形式，对话已在众多实践领域展现其价值。就认知而言，苏格拉底提倡使用“辩证法”来发现思维和观念中的矛盾和逻辑，重视以对话的方式追求真理和智慧；伯姆强调对话对“共同思考”(think together)①、共享性(participation)思维②的重要性，注重对话带来的共同性、共享性、参与性等在认知方面的贡

* 本文系教育部人文社会科学重点研究基地重大项目“数字沟通时代中华民族共同体跨文化情感传播研究”(项目编号：22JJD860006)的阶段性成果。

** 肖劲草，武汉大学媒体发展研究中心编辑、武汉大学应用伦理学研究中心研究员，电子邮箱：282459306@qq.com。

① 伯姆.论对话[M].王松涛，译.北京：教育科学出版社，2004：31.

② 伯姆.论对话[M].王松涛，译.北京：教育科学出版社，2004：106.

献。就伦理而言,卡尔-奥托·阿佩尔(Karl-Otto Apel)、哈贝马斯等倡导的对话伦理学试图克服康德义务论伦理学中的“独白性”和“严格主义”,优化关于普遍性道德规范的辩护[①],对基于共识与交往奠基之上的道德规范提供形式与程序上的保证[②];哈贝马斯的商谈伦理为普遍性的道德规范提供论证[③],分析依靠商谈形成共识的理想情境。就存在论而言,马丁·布伯、加布里埃尔·马塞尔(Gabriel Marcel)、巴赫金挖掘对话存在论上的价值与意义,强调人是思想着的存在,人的思想具有内在的对话性。巴赫金在《陀思妥耶夫斯基诗学问题》中强调人类思想的对话本质,思想并非主观的个人心理产物,而是不同意识之间的对话交际。[④] 人也是关系性的存在,在将他人客体化、工具化的“我与它”的关系之外,马丁·布伯把目光投向“我与你”的关系[⑤],指点对话的路径,揭示对话性是这种关系的重要特征。哈贝马斯与马丁·布伯的对话哲学认为对话将自我展现为参与者、共在者,自我在与超越者和他人的对话中敞开,进而理解人的存在。[⑥] 由于对话对思想和关系具有建构性,因此对话内嵌于生存,是人的一种存在方式。上述领域中,对话在推动互惠性理解,提升交流效率和认知水平,在促进共识、协调行动、维护和平等方面具有丰富且深刻的伦理价值,其发掘和阐释需要实践者和研究者携手推进。

根据伯姆的介绍,英文中的“对话”(dialogue)一词源于古希腊语的“dialogos”,其中“dia”的意思不是“两个”而是“穿越”(through),“logos”的意思是“词”。[⑦] 如此,对话呈现一种“……经由语言中介而生成……”的结构,这也符合伯姆看重意义生成、知识生成的理解。对话好似一台机器,会在话语互动后产生“新东西”。伯姆也以此将对

---

① 韦尔南.伦理学与对话:康德和对话伦理学中的道德判断要素[M].罗亚玲,应奇,译.上海:上海译文出版社,2013:3.

② 阿佩尔.对话与责任:向后传统道德过渡的问题[M].钟汉川,安靖,译.杭州:浙江大学出版社,2018:75-76.

③ HABERMAS J. Moral consciousness and communicative action[M]. LENHARDT C, NICHOLSEN S W, translated. Cambridge: Polity Press, 1990: 62-68.

④ 巴赫金.陀思妥耶夫斯基诗学问题[M]//巴赫金全集:第五卷.白春仁,顾亚玲,译.石家庄:河北教育出版社,1998:114.

⑤ BUBER M.I and thou[M].KAUFMANN W,translated.New York:Charles Scribner's Son,1970:53-57.

⑥ 哈贝马斯,曹卫东.马丁·布伯:当代语境中的对话哲学[J].现代哲学,2017(4):1-8.

⑦ 伯姆.论对话[M].王松涛,译.北京:教育科学出版社,2004:6.

话同“讨论、辩论”(discussion)、谈判(negotiation)区分开，因为讨论、辩论只是为了说服，不产生“新东西”。[①] 但在古希腊文化中，“logos”除了“词”的意思外，更代表着“理性”，“dialogos”意味着“经由语言”，更意味着“经由理性”。理性的人可以和非理性的人说话，却难以想象两者间的对话，“和疯子对话”似乎蕴含着矛盾。对话要能进行，对话者要相互理解语言和言说的内容，但这在“和疯子的对话”中难以实现，因为理解需要理性的保障。如此，“dialogos”要抑制“非理性”，缺乏理智者、暂时无法使用理智的人无法成为真正的对话者。人们在日常的观察中也能发现，对话可以轻松，可以严肃，但不会疯癫。常人可以同疯癫者闲谈，听疯癫者言说，但疯癫者无法成为对话者。疯癫是对话的终止。

目光转向中国，古文中的“对”“聊”等词呈现了中国文化关于对话的体认。根据《字源》的分析，“对”有应对、对答之意[②]，其内涵与外延比日常使用的“对话”要窄，但“对答”突出了话语互动中的“回应”，其虽为单向的，但要求各方“同频在线”，而非自说自话。要“对得上”，就不能是独白或伪装成对话的多人独白。“聊”字则更有伦理意蕴，聊字从耳[③]，一个表示说话的词语不从言，而从耳，突出了“听”在话语互动中的重要性。言说是对话的一方面，听则是另一方面。在很多情境中，能够去听、愿意去听、有耐心去听更为困难，更有价值。善于倾听是交流的美德。中国文化有重视“听”的传统，“圣”的繁体为“聖”，字中有耳，圣人是善于听的人。如果说英文中的“dialogue”突出“logos”所彰显的“语言中介”和“理性基础”，中国文化的“对”与“聊”则突出了“回应”和“聆听”的价值。

当下“对话”的使用强调对话者之间的平等。权力是对话的重要背景因素，强与弱、高与低、先与后、多与寡、傲慢与谦卑，乃至对手之间若要对话，需要暂时悬置权力的差别，维持交流中的平等。平等意味着对话者遵守相同的话语互动规则，大家要都能发言，能聆听彼此，能相互提问、相互质疑并能要求对方回应。平等及其蕴含的相互性将对话同训话、布置任务、下达要求区分开。对话是一个平等的场域，利益不一的个体，权力不同的团体，势不两立的对手，因为各种缘由，愿意在对话的场域中暂时悬置

① 伯姆.论对话[M].王松涛，译.北京：教育科学出版社，2004：6-7.

② 李学勤.字源[M].天津：天津古籍出版社，2013：200.

③ 段玉裁.说文解字注[M].北京：中华书局，2013：597-598.

优势、成见和傲慢,进行平等的沟通。不平等的人之间,历史中的奴隶主和奴隶之间,贵族和平民之间能愉快地聊天、讨论问题,但“位高”的一方没有回应的义务,可以对回应说“NO”,“位低”的一方则没有提问和提要求的机会。还有一些以实力为后盾的谈判,没有实力就没有发言权,所谓的交流不过是桌面上的“按力分配”和讨价还价,不具备对话性。平等还意味着在对话的情境中,保持基本的尊重和礼仪,不能一言不合就掀桌子。发生在不平等者之间的对话最困难,也最珍贵。

如此,人们可将对话的核心内涵初步视为以语言为主要媒介,以理性为基础,以彼此聆听为前提,以交流中的相互性和平等性为特征的话语互动方式。日常交流中“与文本对话”“与自然对话”等表述也很常见,“文本”和“自然”因能在某种意义上“回应”人的所思、所感、所问,激发人的思考而被拟人化为“对话者”,因此具备了对话性。这些可以被视为类比意义上的对话。

对话召唤着对话者的美德。第一,平等是对话的特征,平等相待是对话者最重要的美德。平等涉及对话者间的相互承认,相互承认后,大家才能获得对话的“席位”,上得台面,在同一张桌子上交流,而非台下听训或身后旁听。巴赫金认为陀思妥耶夫斯基的小说是大型对话,作者是对话的组织者,让作者同具有同等价值的主人公平等交流。① 但在现实中,平等交流并非天然的产物,总有或明或暗的标准在规定谁有资格成为“我”的对话者,规定“我”有没有资格成为“他”的对话者。在对中西文论互鉴的讨论中,使中国文论在“中学西传”中获得平等的主体性对话地位是相关领域学者的重要任务。② 弱势一方要成为强势的对话者,即便是暂时的、临时的对话者,也需要额外的努力和付出。相互承认的标准是什么?谁有资格成为对话者?对话的话题是什么?如何确定对话的规则,这一规则是否不偏不倚?其根据和程序是否合理,经不经得起辩护?这些都是平等背后包含的现实与伦理考量。平等相待有赖于对话者的修养,有赖于对话者对自身所处文化、政治与经济地位及其根据的觉察与反思,有赖于对话者面对世界的价值取向和伦理姿态。

第二,聆听是对话者的另一项美德,没有聆听就没有对话。人是言说的存在,语言

---

① 巴赫金.陀思妥耶夫斯基诗学问题[M]//巴赫金全集:第五卷.白春仁,顾亚玲,译.石家庄:河北教育出版社,1998:83,91.

② 曾军.中西文论互鉴中的对话主义问题[J].中国社会科学,2022(3):186-203.

是存在的家园，“我言说，我存在”有其自然倾向。此外，权力也总爱“插嘴”，有将对话变成一言堂的欲望。听清、照办、免谈，凭借实力跳过对话是权力言说的常见姿态，更有假装倾听、表演对话和利用对话的欺世欺人者。在人人都有麦克风，表达和交流部落化的环境下，聆听面对着克服言说欲、拒绝权力的不当诱惑、走出成见等诸多挑战。根据亚里士多德的观点，美德在于良好地实现理性，美德作用于情感欲望的领域时，被称为伦理德性，作用于理智领域时被称为理智德性。[①] 我们可以借用亚里士多德的分类方式，但搁置其理性为先的立场。聆听首先是伦理德性，要求对话者能运用包括理性在内的各种能力，例如借用习惯、礼貌乃至怀疑论的力量，管理、反思和悬置一些激烈且具有对抗性的情感和欲望，暂时悬置想去言说的主体性，将自身置于去倾听、去理解的位置。聆听也是理智德性，要求聆听者具有倾听的智慧，不仅能听懂字面内容，还能深入理解，听出弦外之音（不明说的话）、难言之隐（说不出的话）和不传之秘（不想说的话），并知道何时需要倾听，何时需要言说，进而把握听与说之间的尺度。

第三，对话者还要有一定的勇气。在某种意义上，对话意味着伦理冒险。当言说者彼此承认，变成平等的对话者后，他们在一定程度上摆脱了马丁·布伯笔下的“我与它”的关系，不再仅以有用的视角看待彼此，[②]还赋予彼此尊重和信任，并在对话中呈现或多或少的真诚，即言说自己相信的内容，在一定程度上向对话者敞开，表达自己的情感和需要。但由于这种平等的交流可能是暂时的，对话并不一定能帮助各方建立长久的“对话关系”。因此，敞开、信任和真诚都面临被滥用的风险。另外，成为对话者还意味着面对可能的质疑、批评和要求，在“我与你”的关系中遭遇如怨恨等的第二人称反应性态度[③]。这时，对话者无法“退一步海阔天空”，将自己从“你”变为“它”，伪装成不用回应、无须面对、不必承担和不受约束的“局外人”。如果说我愿意与谁对话，会检验对话者的价值观和格局，那么，我是否愿意成为对话者，是否愿意同陌生人、竞争者乃至反对者对话，将考验对话者的勇气。人在对话中不一定收获肯定、理解和赞美，也

---

① 亚里士多德.尼各马可伦理学[M].聊申白，译.北京：商务印书馆，2003：35-45.

② BUBER M.I and thou[M].KAUFMANN W，translated.New York：Charles Scribner's Son，1970：54.

③ STRAWSON P F.Freedom and resentment and other essays[M]. Oxford and New York：Routledge，2008：1-28.

要面对否定、误解与批评。对话是契机,也是冒险。

第四,对话者还应审慎。对话有长处,也有短处,审慎能让对话者看清对话的局限与边界。彼得斯在《对空言说:传播的观念史》一书中曾对赋予对话过高的伦理价值提出不同见解,数千年来无论是交流技术的提升,还是对交流主体的建构,追求灵魂之间完满理解的努力终归无奈。传播学的目标不限于追求完满的互相理解,还应看到协调行动的价值。对于一时难以理解的言语,人们不妨任其"撒播","将意义的收获交给接受者的意愿和能力"①。对话的部分局限源于其对理性的依赖。理性为对话的有效和相互理解提供了基础,但这种依赖也牵扯诸多伦理问题。一是理性的话语能展现的内容和意义是有限的,很多东西依赖非理性的显现方式。很多情感、体验和感受难用语言表达,一些真理、价值和启示需要通过矛盾或不可理喻来展现。理性无法超越经验和历史的局限来描绘、诠释和揭示某些意义,犹如对话无法穿越经验的限度与沟壑挽回柏拉图笔下的两次死亡——苏格拉底之死和走出洞穴者之死。② 二是权力有可能渗入理性,将权力话语、意识形态乔装成"真理""知识"或"合理性",抑制一些本该对话的内容。因此,某些疯癫或荒谬可能穿透迷雾,也常有人借疯人、痴人和幼童之口来"道说",但却因"无逻辑""不合理"或"自相矛盾"而难以融入当时的对话,只能"随缘撒播"。因此,对话者应保持审慎,对"理性的对话"和"对话的理性"保持一定程度的反思,在具体境遇中思考其边界和根据。

如此说来,对话伦理的实现需要对话者的修养、心性和智识,也需要建构良好的社会文化环境,并对交往世界中的各种逻辑保持审慎,动态地思考和调整各种逻辑的使用边界。最为重要的是,当我们的内心为对话所召唤时,对话的可能性就悄然降临。

---

① 彼得斯.对空言说:传播的观念史[M].邓建国,译.上海:上海译文出版社,2017:75.

② 肖劲草,胡彦然.如何通向理解?柏拉图的困境与马克思的出路:从批判《对空言说》谈起[J].马克思主义哲学研究,2019(2):258-265.

目 录

案例分析

书　评

CONTENTS

前沿访谈

面向全球化社会的跨文化情感传播:玛格丽特·吕能博格教授访谈*

〔德〕玛格丽特·吕能博格 纪 莉 董 薇 吴雨含(译)

摘 要 源自文化研究视角的"情感转向",一方面承认并重视数字媒介时代情感和情绪研究对理解社会生活具有根本性的重要意义,另一方面继承文化研究的学术传统,对全球化社会的具身性媒介实践进行研究,探索社会运动及其与媒体和传播的互动方式。这一取向既为跨文化情感传播研究树立了一种研究路径的范例,也为全球化时代的移民、难民问题等多族群社会问题的解决提供了跨文化情感传播策略。本文从德国"情感社会"跨学科研究小组的研究出发,以对话的形式探讨德国传播学研究如何通过对哈贝马斯"公共领域"的实践性反思,重新以情感视角探究公共传播中受众的公共参与,以及如何在全球化社会进行跨文化的情感传播研究。

关键词 情感传播;跨文化传播;情感转向

---

* 本文系教育部人文社会科学重点研究基地重大项目"数字沟通时代中华民族共同体跨文化情感传播研究"(项目编号:22JJD860006)的研究成果。

Intercultural Affective Communication for a Globalized Society: An Interview with Prof. Margreth Lünenborg

Margreth Lünenborg, Li Ji, Wei Dong, trans. by Yuhan Wu

Abstract The "affective turn" from the perspective of cultural studies, on the one hand, recognizes and values the fundamental importance of research on affection and emotion for understanding social life in the digital era of media. On the other hand, in the face of a globalized society, it inherits the academic tradition of cultural studies research and applies practical theories to study embodied media practice, exploring the ways of social movements and their interaction with media. The media research it brings not only sets an example of the research for intercultural communication on affection, but also provides intercultural affective communication strategies for solving multi-ethnic social problems such as immigration and refugee issues in the era of globalization. Drawing on the research of the interdisciplinary research collaboration of "Affective Societies" in Germany, this paper discusses how German communication studies, through the practical reflection on Habermas's "public sphere", re-explores how to understand the public participation of the audience in public communication through affective research, and how to study and explore intercultural affective communication in a globalized society.

Keywords affective communication, intercultural communication, affective turn

对话者简介

玛格丽特·吕能博格(Margreth Lünenborg)，德国柏林自由大学媒介与传播研究系教授、博士生导师，德国"情感社会"跨学科研究项目负责人之一，主要研究领域为新闻业的转型、情感与公共传播、移民与媒介、性别与媒介。她曾担任柏林自由大学国际新闻研究中心主任、冯·布伦塔诺性别研究中心主任，并曾执教于德国锡根大学。她的学术著作包括《情感媒介实践：真人秀中的情感、身体与归属》(*Affektive Medienpraktiken. Emotionen, Körper, Zugehörigkeiten im Reality TV*, 2021)、《我们和他者？德国印刷媒介中关于逃亡、移民与融入的图像报道分析》(*Wir und die Anderen? Eine Analyse der Bildberichterstattung deutschsprachiger Printmedien zu den Themen Flucht, Migration und Integration*, 2017)、《性别媒介研究导论》(*Gender Media Studies*, Eine Einführung, 2013)、《新闻作为文化过程：论新闻在媒介社会中的意义》(*Journalismus als kultureller Prozess. Zur Bedeutung von Journalismus in der Mediengesellschaft*, 2005)等，论文发表于《新闻学研究》(*Journalism Studies*)、《媒介与传播》(*Media and Communication*)、《媒介、文化与社会》(*Media, Culture & Society*)、《女性主义媒介研究》(*Feminist Media Studies*)等多份重要研究期刊。

纪莉博士，武汉大学媒体发展研究中心研究员，武汉大学新闻与传播学院教授，主要研究跨文化传播、环境传播、情感传播等，电子邮箱：85412411@qq.com。

董薇博士，重庆大学新闻学院讲师，博士毕业于德国柏林自由大学，研究方向为媒介文化、情感理论、多模态话语分析等，主要著作有《情感与情绪的文化政治：对中国真人秀的案例分析》(*The Cultural Politics of Affect and Emotion: A Case Study of*

Chinese Reality TV,2022),电子邮箱:Dongwei@cqu.edu.cn。

纪莉、董薇(以下简称"纪、董"):作为一位杰出的女性传播学者,您在媒介与性别研究、媒介与移民、公共领域中的情感与情绪传播方面著述颇丰。尤其是您与学界同仁以文化研究的视域开展跨学科研究项目,获得德国学术研究基金会百万欧元资助。请您先给我们介绍一下,您如何针对人们在性别、移民等问题上的关注开展媒介研究,以及您的文化研究学术背景带来的研究视角和研究方法是什么?

玛格丽特·吕能博格(以下简称"吕"):我的研究领域主要是文化研究以及文化研究与新闻学的交叉领域。从文化理论的角度来思考新闻,意味着将对新闻的理解从"一种传递信息的工具"转变为"一种产生意义和社会自我理解的文化形式",这是我对新闻非常基本的理解。基于这个概念,我在媒介性别领域提出了"媒体如何参与构建社会中的性别概念"的问题——通过传播性别形象和叙事,从而建立起性别的文化和社会结构。这可以被理解为我的研究核心背景,即使用文化研究的理论与方法来理解公共传播。

新闻业目前正面临压力——不仅仅是经济上的,在为社会提供基本的公共功能方面也受到挑战。至少在上个世纪,即20世纪里,新闻在向社会提供需要公开讨论的话题和话语方面具有相当的排他性,正如约翰·哈特利(John Hartley)所说的,它是"现代性最重要的意义建构的实践"。但是,现在这种新闻的专属权威已经消失了。杰·罗森(Jay Rosen)说的"以前被称为受众的人们"已经成为自己的传播者。战略传播正在绕过新闻业,直接向受众传播信息。因此,新闻业被迫面对重新定义其价值和传播模式的挑战。

基于这样的观察,结合文化研究的文化理论背景,实践理论(Practice Theory)似乎成了一种有用的理论方法。它帮助我们理解公众如何与媒体互动,"做媒体"在这种语境下变得有意义。

实践理论在社会学、(文化)人类学、文化研究和媒体人类学中有着悠久的历史。从20世纪70年代的布尔迪厄(Bourdieu)开始,后来的学者如西奥多·沙茨基(Theodore Schatzki)、安德烈亚斯·雷克维茨(Andreas Reckwitz)、雪莉·奥特纳(Sherry Ortner)等,都是这一领域的优秀研究者。有趣的是,他们特别关注身体,也就是注重寻找具身或身体化的实践。这也是基于对哈贝马斯式的“公共领域”的批判性反思。因为公共领域的研究仅基于理性话语,而这些学者的研究则探索“社会运动及其与媒体和传播的互动方式”,从而拥有了真实的实践意义。

分析当前公众(复数)的构成,实践理论方法可以帮助我们理解人们如何与媒体互动,人们在用媒体做什么。在过去十年中,这种“以非媒体为中心的媒体方法”引发了学者们激烈的讨论。它研究人与媒体互动的不同方式,将媒体实践融入日常实践中,为理解媒体饱和社会中的社会活动提供分析性的见解。因此,实践理论提供了一种非常有用的方法,供人们理解公众与媒体互动的不同实践形式。比如,我们如何理解养育子女或组织家庭生活?作为一个公民意味着什么?对这些日常生活模式的组织是如何充斥着媒体实践的?采用实践理论方法,我们不再需要将专业化传播(例如记者)和非专业化传播之间进行二元区分,而是看到人们通过使用媒体技术与不同社区互动的不同模式。我们分辨个人、利益团体和媒体从业者的媒介实践,因而得以描述他们所涉及的不同的“公共性层次”。正如哈贝马斯所建议的,超越私人和公共之间的二元区分,我们看到了个人到公共之间形成了流动连续性,而且鉴于当前数字化、网络化传播方式的高度普及,这种转变或将发生,甚至很可能已经发生了。

我在研究中心组建了一个跨学科的研究合作组织,名为“情感社会”(http://www.sfb-affective-societies.de/en/index.html),由德国研究基金会资助。在这里,我们的研究兴趣引导我们在社会运动和活动实践中去认识一个重要的对象,那就是情感和情绪对21世纪的社会生活具有根本性的重要意义。我们虽然确实已经在移民社会中的社会结构、教育问题或语言方面对情感与情绪进行了很多研究,但对情感和情绪如何在正在运行的社会组织发挥作用却缺乏了解,而现在,这些社会组织正在受到移民和社会流动的挑战。我们的研究目标是建立一个新的、长期的对社会的理解,即给予作为情感社会的社会新的理解。它的前提在于承认在21世纪移动化、网络化和媒体化的世界中,情感和情绪对社会生活具有根本性的重要意义。

纪、董:您在项目第一阶段聚焦用情感理论对真人秀节目进行跨文化比较,请问您为什么选择了这样的领域开展研究,研究发现是什么?

吕:这当然与文化研究学者对流行传播形式的特殊兴趣有关,包括新闻中由于技术和功能变化而日益发展的新的文化混合形式和格式。就我而言,是因为我对情感和情绪的兴趣由来已久。

我的真人秀研究项目始于这样一个观察,即在全球范围内的真人秀节目中——这意味着在大约170个国家或地区播出的节目——似乎流通着一种全球性的情感。比如,浪漫爱情的概念似乎是全球性的,尽管它来自一种高度文化饱和的叙事。成功或耻辱的概念,快乐或挫折的概念,都被以特定的、高度情感化的方式叙述。我们对这些节目为迎合不同文化背景的观众的情感动态而展开的叙事非常感兴趣。我们想通过比较研究发现,哪些类型的情感在不同的文化背景中被包容或被排斥,以及这种包容或者排斥如何变得可见?诸如,名为“超级偶像”或“顶级模特”的选秀节目是否为生活在文化混杂区的观众提供了归属感,或者如何产生基于情感的文化身份排斥模式。这就是为什么我们试图更详细地了解情感与文化之间的相互影响,以及它们如何对观众产生影响。

当然,对于我一直关注的新闻业,我们会探究新闻如何制造情感和情绪,这些情感又是如何被处于不同文化中的受众理解并影响他们的某些行动。

我们最终选择真人秀节目为课题研究对象,是因为这些节目的核心动力是产生和表演情感,这让我们很容易接近研究问题。而在新闻领域中,情感则要微妙得多,新闻的规范性概念不是关于情感的,而是关于论点和事实的。这就需要找到更微妙的策略来调查对方。观察受众在观看新闻中的情感实践不太容易,但是,受众对“假新闻”的指责是高度情绪化的。

纪、董:具体到您一直致力于建构的将情感概念化纳入在内的公共传播研究,您如何理解包括情感在内的公共传播研究对于理解当代多元文化混杂的社会性的意义与价值?

吕:虽然在心理学中,将情绪视为一种内在的心理活动有着悠久的历史,但我们认为,这依然依赖于文化理解。情绪是通过文化形成的,其本身也形塑了社会中的文化互动。阿莉·霍克希尔特(Arlie Hochschild)用了“感觉规则”(feeling rules)这个概念来概括它,指在情感互动中用以确立什么是“正确的”情绪感受和情绪表达的标准,“感觉规则”指引着我们的话语表达和社会实践,通过它,我们得以确认每种社会关系、每个社会角色的"限度",因而"感觉规则"是组织社会性的核心要素[①]。作为一名媒介和传播学者,我对媒体在这个过程中所起的作用非常感兴趣。我们着眼于两个研究方向的问题,一个是媒体如何利用和依赖情绪;另一个是情绪是如何由媒体产生和构建的。

以真人秀研究为例,我最关注的话题是情感和情绪在这种节目形式中被商品化的方式。情感是如何在商业化过程中成为其可征用的资源的?在这些节目中,情感的表演形式愈发多样化,且成为节目叙事的关键推动力。这些节目通过展示你的身体、表情,产生符合给定环境中预期的情感和情绪。这种情感的表现是作为一种经济资源被生产出来,并被提供给观众的。这种"管理身体"的方式,最终使身体可用于情感和情绪的表演,是媒体组织的一种新的商品化形式。

当我们超越这些真人秀节目的形式,以新闻为例,就需要对这些情感动态提出很多问题。我认为,借用布尔迪厄的概念,部分是因为新闻业要生产客观性新闻的"幻觉"(illusion)让我们认为新闻可以超越情感和情绪。然而,很明显,新闻本身也在制造高度情绪化和情感化的故事和视觉效果。

但与此同时,由于担心失去新闻的客观性和可信性,新闻工作者和新闻研究者都相当害怕接近情感。然而,随着数字传播和对话式传播的新发展,将用户评论和用户生成的内容纳入新闻业的情感动态研究正变得更加紧迫。我们需要知道是什么引发了公众的情感反应?有没有任何调节的策略?它们什么时候出现以及强度如何?如果想了解注意力周期——无论是恶意攻击、仇恨言论,还是同情心方面的——如何在公共传播中产生,我们就需要了解更多公共话语中的情感动态。

在德国和更广泛的欧洲地区,我们意识到政治民粹主义日益增长。所谓的"难民危机"是一种强烈的基于情感和情绪的公共话语——它通过对"他者"的情感区分来定义欧洲人的自我。这些新近发生的公共传播的动态需要我们做更深入的分析。

渴望让新闻业回归客观和中立,摆脱这些情感的影响并不能解决问题,人们甚至有必要更详细地研究历史,以了解哪种情感动力发挥了作用。我的观点是,理性和情感话语之间的区别与阶级和性别密切相关。情绪化地行事一直被视为女性的行为,并

① HOCHSCHILD A R. The managed heart: commercialization of human feeling[M]. Berkeley: University of California Press,2022:27.

且,在公共话语中,它被与教育水平较低联系在一起。受教育程度越高的公共讨论参与者,其表达就越被期待为是去情绪化的。在西方话语中,这种哈贝马斯式的理性话语和论证的成功只是一种理想,它忽略了人类互动的基本维度。对于这种公共和私人、理性和感性的二元论,女性主义者早已提出批评。我认为,当前的论述表明,我们不可能仅仅通过削减去情感化的公共传播来使其回归理性。人类的互动总是思维和感觉的结合,影响他人和被他人影响,涉及身体和大脑。这些表达形式需要被纳入公共传播的概念中。当然,这种观念的提出也可能很棘手,因为情感也可以作为一种消极和破坏性的力量发挥作用,但它也可能会产生同理心和好奇心来参与公共讨论。现在,人们越来越有兴趣从情感的角度讨论政治。因此,这种情感的转向正在将我们的注意力转移到人类互动的基本要素上,而这是人们理解社会性所需要考虑的。

纪、董: 一方面,情感/情绪一直以来都是心理学和认知心理学的核心问题,具有独特的理论和研究传统。另一方面,自 20 世纪 70 年代以来,社会学在发展其关于人类情感的模型方面取得了显著进展。您如何评价这两种情感研究路径,您的研究是否对它们进行了整合或重构?

吕: 就我而言,我颇为谨慎地遵循上面提到的认知心理学的思路。我将情感理解为文化上形成的概念,超越了认知心理学主要关注的个人经验。建立在这样一种基于文化的对情感的理解之上,我们将情感或情感性定义为一种动态的、关系性的过程,它将不同的行动者带入彼此之间的关系。这是身体——无论是人类的还是非人类的——影响和被影响的特征。

情感出现在人与人之间的互动中,但也产生于媒介技术与媒介用户之间、媒介用户与媒介文本之间。情感本身是复杂的排列,它基于文化、建立在情感规则中,并在特定语境中被理解。这就是为什么我对普遍性的情感概念持怀疑态度的原因,它往往过于笼统,无法帮助我们理解在当今媒体饱和的社会中如何管理和组织情感等问题。

在我们的研究中,我们特别关注基于媒介的跨文化的情感流通。你可以看到,视觉符号在全球范围内流动,但是它们被赋予意义的方式却因文化语境而异。因此,我们面对这样一个问题,即在不同文化主体之间,这种被形塑的情感又是如何流动的?

纪、董: 这些问题无疑是非常重要的,但是通过媒介传播的情感是分散且难以捉摸的,您用哪种方法来探索情感,尤其是跨文化的情感流动?

吕:澳大利亚社会心理学家和社会学家玛格丽特·韦瑟尔(Margaret Wetherell)开发了一种非常有用的实证方法来研究情感。她关于理解“情感实践”的建议对我的研究非常有帮助。在与媒体的互动中,情感实践是如何产生的?通过应用她的方法,我们可以在观众身上观察到情感经验。我们对观看电视真人秀节目的人进行了视频分析。我们通过民族志的研究方法,在自然的观察环境中观察人们。我们记录了晚间电视时间里的夫妻、同伴、母女等在客厅里看电视的行为,比如,他们为什么要在客厅里一起看电视?这是德国人观看真人秀节目的典型场景吗?那些在电脑上看真人秀节目的观众呢?

我们将观看电视理解为一种社会实践形式,嵌入特定观众环境的空间和社会背景中。因此,我们寻找夫妻、同伴群体等关系语境中具体化的情感实践。通过观察观众的具体实践,我们发现情感从屏幕的一边传播到另一边,但这不能被理解为简单的模仿,而是一种情感和话语相结合的协商形式。为了重构这些过程,我们进行了进一步的实证研究。第一步,我们利用数码摄像机观察观众,观察他们的行为,他们如何移动身体和面部,也就是说,当观众在屏幕上看到影响他们情绪的内容时,他们如何表达。第二步,我们使用了“说出声”的技巧,这是一种让受访者表达内心想法的方法。我们给他们看了一些观察中的片段,让他们说说他们当时的感受,引导他们用自己的话来描述他们在表现出着迷或愤怒等情绪时的内心活动。第三步,我们做了焦点小组访谈,这又进一步转向更理性和更话语化的元素,探寻情感表现的相关性。

我的核心研究兴趣旨在研究像真人秀这样的流行媒体在文化混合的社会中提供身份归属(或排斥)的潜力。这种归属感的概念需要在其情感动态中加以理解,因此,我们正在努力理解其包容性和排他性。当我们的社会在文化上变得越来越混杂时,媒体可以发挥什么样的作用来囊括所谓的“他者”?这些情感动态会如何发挥作用,是我们的研究目标。

在媒体研究的其他领域中,有更多关于传播的情感维度的研究。我们在柏林陆续举办了好几次关于“情感—媒体—权力”的会议,邀请了来自伊利诺伊大学芝加哥分校的齐齐·帕帕查里西(Zizi Papacharissi)等情感研究领域的重要学者一起讨论。她已经出版了《情感公众:情绪、技术和政治》(*Affective Publics: Sentiment, Technology, and Politics* , 2015)一书,探讨了社交媒体传播的情感动态,她将研究重点放在了

Twitter 上,分析了在埃及动员抗议活动时,通过社交媒体进行的高度动态的新闻传播,并称之为团结的情感动态。她是少数几位开始将情感理论应用于媒体和传播研究的重要传播学者之一。

纪、董:如果把您的研究放在整个传播研究的格局中,我是否可以得出结论,即您的研究与美国的媒体使用和媒体效果研究不同?中国学者倾向于认为德国有一种源于法兰克福学派的传播学理论传统,您如何看待德国的研究传统?

吕:很高兴听到关于德国研究传播的说法。有趣的是,德国青年传播学者近年提出过一个关于批判性传播研究的倡议,要建立一个学术网络来处理传播研究中的批判性问题。我非常赞赏这个倡议。

德国主流的传播学研究受到美国经验主义传统的强烈影响。以前规范性的"传播学"(Publizistikwissenschaft)在 20 世纪 60 年代已经转变为社会科学中的传播学研究传统,侧重于媒体效果的实证研究已经成为主流。在德国,我们对作为人文科学的媒体研究和作为社会科学的传播研究有着严格的区分。这种区别在世界其他地区不会有如此强度。但在主流之外,我们还有基于文化研究、媒介社会学、媒介化研究或性别媒体研究等领域的多样化的方法。这种多样化方法的发展来自德国传播研究的不断国际化。美国的经验主义传统仍然很重要,但不再像 20 世纪末那样占主导地位。

有趣的是,阿多诺和霍克海默的法兰克福学派传统在传播研究中从未真正产生过影响。作为一种批判传统,哈贝马斯对协商的理解影响了公共领域的概念。但正如我之前所说的那样,今天我们需要超越对"公众"的这种规范性理解,以捕捉不同行为者和行为群体阐明其利益的新动态。

哈贝马斯的"公众"(单数)或"公共领域"的概念在欧洲有着悠久的传统,主要基于理性论证、话语和协商。因此,它包含了关于公共话语结构的规范性假设,即将其视为主要是协商性的,并作为民主治理结构的合法化依据。除了基于公私二元对立对其规范性特征的多重批判之外,融合化、网络化和日益移动化的媒体技术导致了公共沟通模式的多样化,也让人们产生了对"公众"进行新的理解的迫切需求。通过引入情感作为公众(复数)构成的一个核心维度,我们得以重点理解当前新兴公众形式所具有的关系性、过程性和表演性特征。

例如,当我们观察抗议传播的动态,特别是通过社交媒体组织的抗议传播时,我们就会意识到理性话语无法捕捉的时间动态。我建议在公众的形成过程的学术研究中,人们不要把情感理解为话语的对立面,而是将它作为话语的一部分。我们应该把情感作为捕捉数字技术和人类行为之间流动动态的一个关键术语。特别是在危机和冲突时刻以及寻求团结或联合行动时,新公众中出现的时间逻辑可以用情感动力来解释,就像帕帕查里西(Papacharissi)所做的那样。公众的表演性特征——提供了一种对规范性理解的替代——在线上和线下公众的动态出现中变得明显。将公众理解为表演性的,强调了他们在时间上和情境上,在表演中介和/或局部的共同存在中得以维持。

我们现在讨论情感公众的方法对哈贝马斯的一些观点提出了质疑。对将公共话语理解为主要基于理性的论证显然是有限的,我们不应该贬低公共话语中的情感和情绪,例如,我们应该思考同理心、团结等情感在应对风险等情况时对公共领域提供的特殊动力。我不建议忽略对话语和论证的分析,而应扩大我们对公众构成的理解。“混合公共空间”[①]或“网络化公众”[②]等术语已经表明,由于数字网络传播而出现的脆弱、流动和动态的新型公众特征,将其情感动态添加到我们的关注中,可以提供更精确的概念供我们分析和理解当前公共表达的动态。

在德国,我们已经目睹了右翼政治行为者利用高度情绪化和情感化的反移民话语来动员选民。媒体的报道密集地提到了这些做法,从而成了“对情感经济的关注”的一部分。传播研究需要参与这些问题。

纪、董:我们知道您已经完成了“情感社会”第一阶段的研究合作,第二阶段聚焦研究移民和难民的情感社会。请问您有关情感社会对不同文化背景的人在后全球化时代生活的研究有哪些发现?

吕:是的。我们现在几乎已经进行到 CRC 情感社会的第二阶段研究。在第二阶段,我们的工作大概是研究“新闻及其情感机制”。我们分析了新闻和我们所谓的“准新闻”对移民和避难问题的报道。“准新闻”即社交媒体平台(如 YouTube、Instagram

---

① VAN DIJCK J, POELL T. Social media and the transformation of public space[J]. Social media+society, 2015,1(2): 1-5.

② BOYD D. Social network sites as networked publics: affordances, dynamics, and implications [C]// PAPACHARISSI Z. Networked self: identity, community, and culture on social network sites. New York: Routledge,2011:39-58.

等)上的非专业传播，部分受众将其等同于新闻。我们可以看到，两个群体(传统媒体中的记者和社交媒体上的准记者)使用的情感语域有很大差异。

在传统媒体中，情感的调控和减少策略被用来制造有距离感的客观报道，而作为对比，准记者们则明确地利用情感来应对移民背景下的冲突事件，正如我们在报道德国针对移民的袭击时看到的那样。准记者们明确地表现出他们的愤怒和震惊，并邀请他们的用户通过点赞、分享和评论与他们进行情感互动。这种内容生产者与用户之间的情感关系，完全不同于记者与受众之间的传统关系。这些差异可以被理解为对具有既定制度的新闻业所发起的挑战。在我们的合作研究中心，我们分析了情感与制度之间的关系。我们不仅关注新闻业，还关注作为制度的戏剧、教育系统或文学。我们的研究描述了由情感引起的制度稳定与非稳定之间矛盾的权力关系。

劳特利奇出版社将于今年出版由我主编的《公众的情感形成：场所、网络和媒体》(*The Affective Formation of Publics: Places, Networks, and Media*)一书。这本书的核心主题就是对公众和作为机构的公共领域进行详细讨论。我们在对移民和难民的研究中获得了很多对结构性不平等的新的认知，涉及的领域包括教育、语言技能、劳动力市场、跨文化交流等，我们通过对移民和难民群体的情感研究来理解身份认同与身份排斥的过程。移民总是为获得新的社会形式的归属感而付出各种情感方面的努力。我们相信这样的研究会为情感的文化塑造提供更具复杂性的见解。

一般形式的概念并不能解释情感表达的多样性、细微差别和文化复杂性。同时，当我们都使用类似的表情符号(emojis)，一起拼贴迷因(memes)以表达愤怒或厌恶，或者听被其他文化的人认为表达了悲伤情绪的音乐时，网络媒体文化起到了“均衡器”的作用。

跨文化视域下的关系营销和互动营销：王承璐教授访谈*

王承璐 贾 煜 慕文龙

摘 要 克服品牌传播的跨文化障碍是中国品牌走向世界面临的重大挑战。东西方文化的一个重要差异在于对关系(Relationship vs Guanxi)的理解，这种具体差异体现于“关系的普适化与特殊化(Universalistic vs Particularistic)”“关系的非个人性和个人性(Impersonal vs Personal)”和“对信任的制约”。东西方文化对关系理解的差异，造成了基于关系的营销实践中的差异。本文围绕东西方在“关系营销”和基于关系的“互动营销”方面的差异，对王承璐教授进行了深度访谈。这一访谈帮助我们更深刻地理解营销传播策略的跨文化差异，以及如何利用数字化技术来解决中国品牌的跨文化营销传播障碍。

关键词 文化差异；关系营销；人情；信任；互动营销

---

* 本文获得教育部人文社会科学重点研究基地重大项目“新全球化和数字化时代中国企业的跨文化营销传播创新研究”(项目编号：22JJD860009)的资助。

Relationship Marketing and Interactive Marketing in Cross-Cultural Context: An Interview with Professor Cheng Lu Wang

Cheng Lu Wang, Yu Jia, Wenlong Mu

Abstract Overcoming the cross-cultural barriers to brand communication is a major challenge for the globalization of Chinese brands. An important difference between Eastern and Western cultures is the understanding of interpersonal relationship (Guanxi). The difference lies in the "universalistic versus particularistic of relationship", the "impersonal versus personal of relationship" and the "constraints of trust". The differences in the understanding of relationships between Eastern and Western cultures have led to differences in relationship-based marketing practices. To explore these differences further, we conducted an in-depth interview with Professor Cheng Lu Wang on these topics of relationship marketing and relationship-based interactive marketing in the East and West. Professor Wang provides insights into cross-cultural differences in marketing communication strategies and suggests how digital technology can help address communication barriers for Chinese brands.

Keywords cultural difference, relationship marketing, favour, trust, interactive marketing

对话者简介

王承璐，市场营销学博士，美国纽黑文大学商学院营销学终身教授，福尔布莱特学者，主要研究方向为跨文化消费者行为及互动营销。他在《消费者心理学杂志》(*Journal of Consumer Psychology*)、《产业营销管理》(*Industrial Marketing Management*)等专业期刊发表学术文章百余篇。王承璐被斯坦福大学 2021 年的一项根据各学科文章被引率排名的统计列为全球 2% 高被引研究学者之一，目前担任互动营销专业期刊《互动营销研究杂志》(*Journal of Research in Interactive Marketing*，影响因子 10.176，JCR 一区)主编。他还多次担任《产业营销管理》、《商业研究杂志》(Journal of Business Research)等 SSCI 期刊的特刊执行主编和营销学国际学术会议联席主席及主题演讲人。

贾煜，管理学博士，武汉大学新闻与传播学院副教授、武汉大学媒体发展研究中心研究员，研究兴趣包括国际营销传播、跨文化传播、企业商业传播等，成果发表于《中国工业经济》《产业营销管理》《商业研究杂志》等国内外权威期刊，主持国家自然科学基金 1 项，教育部人文社会科学重点研究基地重大项目(子课题)1 项，曾获第五届《中国工业经济》优秀论文奖，多次获得中国营销科学学术年会(JMS)优秀论文奖。

慕文龙，管理学博士，武汉大学新闻与传播学院广告系讲师，研究兴趣包括跨文化营销和社会营销等，成果发表于《广告学国际杂志》(*International Journal of Advertising*)、《创业与区域发展》(*Entrepreneurship & Regional Development*)、《消费者行为杂志》(*Journal of Consumer Behaviour*)等期刊。

一、跨文化视角下的关系营销

贾煜:您长期致力于从关系角度阐释中西方营销实践的差异，您能否介绍一下这一思路的形成过程?

王承璐:我对中西方营销实践的兴趣始于我在美国读博士期间的研究课题。因为我本科和研究生阶段的心理学背景，我研究的是消费者自我图式(self-schema)理论对消费行为的影响，基于课程论文写的文章1997年首发于《心理学与市场营销》(*Psychology & Marketing*)。此后，我把这个理论应用于东西方广告诉求的跨文化比较研究中，并将其作为我博士论文的内容，该研究于2000年发表在《消费者心理学杂志》上。工作后，我开始研究跨文化广告和跨国企业的合作关系，比如，对当时开始在营销学术界引起关注的"关系"概念进行东西方比较研究。鉴于当时不少文献把西方的"relationship marketing"与东方的关系营销混为一谈，我于2007年在《产业营销管理》上发表了一篇文章，注重比较这两个概念之间的本质差异及其在营销实践上的意义。该文后来被《产业营销管理》评为五年间被引率最高的文章之一。这项研究课题持续了好多年，在《产业营销管理》《商业研究杂志》等刊物上发表了多篇相关文章，我还分别于2011年和2020年在《产业营销管理》上主编了两期以关系营销为主题的专刊。

贾煜:您能具体介绍一下中西文化中的"关系"分别都有什么特点吗?这些特点又使中西方"关系营销"出现了哪些差异?

王承璐:我对东西方关系文化的比较主要集中在三方面。

第一是关系的普适化与特殊化(Universalistic vs particularistic)。西方的普适化关系表现为开放性的关系。任何符合资质的人和企业，不论亲疏远近都可以加入"生人文化”的商业交换,商业利益突出,而亲情或人情概念单薄。东方的特殊性关系则是一个相对封闭的关系。“关”就是一个闸门,就是从血缘和氏族文化延伸扩展出来的“熟人”文化商业圈子,所以亲情和人情关系常常会重于商业利益。

第二是关系的非个人性与个人性(Impersonal vs personal),也就是“人情”在关系中的作用。西方的商业关系之所以能做到普适化,以商业利益为重,是因为在商言商,是企业对企业的利益交换。这种交换必须是对等的,有明确的交易偿付时间,是有法规契约限制的。而东方的传统商业关系往往从人与人之间或朋友的私人关系开始。因为人情所在,而人情交换未必是对等的,所谓你敬我一尺我尊你一丈。人情的回报也没有规定时间。与一家企业做生意,往往先要找对方内部的亲朋好友牵线搭桥进入对方的圈子。所以,西方人谈生意基本是在办公室,生意伙伴就是生意伙伴,与私人感情关系不大。东方人谈生意先要在酒桌上,喝了酒交了朋友才有生意。

第三是对信任的理解和制约。东西方文化对信任概念有着不同的理解和控制机制。西方文化的信任是制度性信任,是基于契约的信任,而不是基于对具体个人人格的信任,所以普适性关系能够对任何人开放,因为不管你是生人还是熟人,合作依靠的是书面法规和契约制约。比如,银行借钱给你,对你的信任是在契约基础上的。一旦违约,有法规措施让你还钱。而传统东方文化的信任是基于人情机制的信任,是对于具体个人人格的信任。这就只能限于相互了解的熟人关系,是圈子文化的特点。比如,朋友之间借钱往往基于人格和信用,立不立契约是次要的,有时甚至不需要借条。所以特殊性关系是圈子文化,必须有条件地对可以信任的熟人选择性开放。若有人行事违背人情规范,虽然未必有法律上的后果,但这个人会面临信用丧失的自然制裁。比如,失去信用的人会失去生意伙伴,因为熟人文化重视个人信誉和面子,失去信誉者会被排除出整个关系圈子。虽然文化随着国际交流与时代发展在不断变迁,但传统文化的烙印还在,文化差异就还在。

贾煜、慕文龙:中国品牌逐渐走出国门、走向世界,在面临理解“关系”方面的差异时,您认为中国品牌应该如何管理与海外市场中利益相关者的关系?

王承璐:研究文化差异的目的,不在于比较哪种文化更高级或低级,而在于如何去适应海外文化环境。了解上述三点东西方关系理解上的差异,有助于跨国企业入境随俗,通过相互适应与当地政府和企业良性互动,达到彼此利益的最大化。比如,制度(institution)文化差异体现为西方商业文化注重正式制度(formal institution),即书面的法规和行为规范,而东方商业文化注重非正式制度(informal institution),亦即非书面的社会常模的行为准则。最明显的例子就是,东方文化的人情就是一种不成文但人人都能心领神会的行为常模,讲人情的优点是使商业关系有了温情,人们通过感情来维持长期合作关系。但缺点是缺乏有力的制约机制来控制可能的利益损失。所以,中国企业和中国品牌走向世界,在国际间合作、谈判、交易等,都需要考虑双方在制度文化与人情文化上的差异而有所协调,进而达到双赢的目的。比如,对规则的认知和契约的遵守、对于口头承诺的认可会因为彼此的容忍程度不一样而导致矛盾冲突。很多合作企业的解体往往不是因为业务或盈利的问题,而是因为企业之间不能理解彼此的文化和理念,最终关系破裂。

2021 年,亚马逊公开宣布关闭 3000 多家来自中国的电商账户,原因是这些商家涉嫌购买五星点评欺骗消费者。国内电商行业的统计数据显示,被亚马逊关闭的中国电商多达五万家。考虑到亚马逊上中国商家占比最高时达到 70%,这个数字不算离奇。电子商务的发展,使消费者越来越看重网站上商家获得的点评和星数,并以此为是否购买的决策依据。因此,很多商家会付钱或雇人为自己的账户点赞、刷流量来提高星级。这在国内某些网站也许已经成了大家都习惯的常态操作。同时,国内消费者对虚假点评和打星的现象也已司空见惯。但在美国,电商平台为了维护平台信誉和避免消费者投诉等导致的法律纠纷,对类似行为有更严厉的监管。这反映了电商平台在不同文化的商业背景下,对于网站鼓励购买虚假粉丝或虚假点赞的容忍度存在差异。

另外,关系文化的差异还表现在合作双方对于相互之间关系的维系,以及对异见的包容程度上,这也是跨文化合作的重要考虑因素。比如,东方人的圈子文化,更强调长期合作关系,还因为东方人往往面子观念强,看重人情和照顾双方面子,彼此多以人情和感情维持关系,在有意见或不满时,开始会比较容忍,或者以含蓄方式暗示。这是"高情景文化"(high-context culture)的特征。这样做往往是把问题积压起来而不去及时解决。而西方文化以契约为准,较少考虑没有书面规范的人情,出现异议时,人们先查看契约,寻找律师解读法律。这种直截了当的商业关系在东方人眼中就显得唯利是图、缺乏温情。

当然,文化也在不断变迁。东西方的差异不是一成不变的,而是彼此靠近的。西方人到中国已经开始走中国式关系的路子。中国对外开放以后,人情文化的信任机制也逐渐变得越来越依据法律法规。在中国,更多商业法规的制订促进了商业环境的改善。一个明显的例子是中国网购的发展历史。早期网购发展的最大瓶颈是付款方式,因为没有信用卡作为第三方保障买家、卖家的权利,买家不信任卖家,卖家也不信任买家。21 世纪初,阿里巴巴开始借鉴 PayPal 而推出支付宝,提出“你敢用,我敢赔”的第三方承诺,类似于提供制度性信任机制,解决了订货和送货方面的信任瓶颈问题,网购就迅速发展起来了。

二、跨文化视角下的互动营销

贾煜、慕文龙:除了关系营销外,我观察到您近些年来的学术研究还集中于互动营销,您还担任了互动营销领域著名期刊《互动营销研究杂志》的主编,您能谈一下为何会对互动营销产生兴趣吗?互动营销领域有哪些具体的商业应用场景呢?

王承璐:由于现代科技发展为营销学提供了新的工具和传播平台,在当代商业环境和新媒体平台上,互动营销无处不在。我主编的《互动营销指南》(*The Palgrave Handbook of Interactive Marketing*)一书第一章的题目就是“互动营销是新常态”(*Interactive Marketing Is the New Normal*)。所以,当代营销学研究已经离不开互动营销研究。自从担任《互动营销研究杂志》的主编后,我对互动营销就更加关注和重视。互动营销手段的不断创新改变了传统的消费者购买过程。当代互动营销已经超越了人与人的销售,越来越多地通过社交媒体和移动应用等电子平台进行。社交媒体营销、短视频营销、直播营销迅速发展。

互动营销的迅速发展得益于新技术与平台革命(Platform Revolution)。平台革命的特点改变了传统的从上游到下游的线性供应链关系,把卖家与买家及其所有相关者连接成一个共生和互动的生态链。比如,社交媒体平台匹配内容创建者和内容用户,直播者及其粉丝(微信、微博粉丝)直接互动,虚拟商城平台上全球买家和卖家自发匹配和互动,游戏和电子竞技平台的设计师、组织者和球员或观众之间互动,交易平台匹配的司机和乘客(Uber和滴滴)、旅行者和业主(Airbnb)、餐馆和客户(美团在线食品配送平台)直接互动。所以,互动无处不在,营销随互动而自然产生。我简单归纳了一下,互动营销的商业应用主要体现在以下几个方面。

• 营销“有机化”:营销成了一种自然发生的现象,而不像传统营销那样去刻意影响消费者。社交媒体和网络上的营销活动往往通过内容生成、传播和分享新闻、个人故事、创意作品、照片和创意等形式,将购物与日常直播活动相结合。社交媒体平台使用户能够轻松直接地从社交媒体帖子中购物,从而跳过传统的需要将信息搜索与购买任务分离的烦琐购物之旅。因此,生活、阅读、浏览、游戏、搜索、购买、送货到家等无缝连接,融为一体。

• 营销娱乐化:体验营销变营销为游戏和娱乐。在互动营销环境中,随着客户参与和互动的日益活跃,营销活动正变得有趣而精彩。比如,在商场里开展的“快闪”式促销活动,品牌方通过有奖参与的游戏形式,让参与者当场得到奖品。营销游戏化将游戏规则、竞赛规则、奖励计划、得分和与他人竞争等要素引入营销或内容,以鼓励客户体验产品或服务。顾客实地参与商场品牌活动,即时自拍和传播,寓营销于游戏,提升即时分享和传播的速度和广度。

• 营销移动化:手机的普及和交互技术的进步,提高了营销人员和客户的实时互动反应能力。营销人员利用移动渠道与消费者以手机直接连接,通过实时定位,即时连接和互动现场操作,做到在最佳地点、最佳时间与消费者互动,消费者人在哪里都会得到附近发生营销活动的消息。这提高了商家广告促销活动的有效性。

• 营销个性化:营销的互动性降低了个性定制化的成本。耐克的“制造体验”让用户通过互动产生自己的定制鞋设计。然后,增强现实(AR)和投影系统在空白鞋上显示设计,让消费者设计生产他们自己定制的款式,即过把“自己制造”的瘾,体验中的用户可以采用耐克原有款式中的各种不同的造型选项。这种客户参与功能推动了销售,并让耐克收集到有关客户偏好的数据,使用此数据与机器学习算法来设计未来的产品,以及提供个性化的产品推荐和营销信息。人工智能驱动的大数据和相关技术应用于移动和社交媒体平台,使大众定制营销真正实现互动。企业通过大数据和机器学习技术对客户行为做出预测,每当消费者登录喜爱的购物平台,查看最热门的新趋势时,他们就会获得实时定制推荐。

慕文龙、贾煜:您提到"互动营销是通过积极的客户联系、参与和互动进行双向价值创造和交流的过程",那互动营销与传播学有哪些交叉和紧密的联系呢?

王承璐:互动营销的发展,是随着传播学的发展从传统营销学进化而来的。从根本上而言,传播学和营销学从单向到双向或多向的互动,都是与网络技术发展和数字化同步的。从 Web1.0 到 Web3.0 的进步,见证了传播与营销逐步走向互动的历程。

Web 1.0 时代体现为网络与人的单向连接。通过读取个人网站或静态网页获得服务器文件系统的内容,是一个单向读取的过程。所有信息由传播方提供,但没有提供内容交互的功能。我们熟知的传统的传播学模型基本就是信息从信息传播源(或信息编码者)通过传播媒体到达受众(或信息解码者)的过程。所以,传统的传播学是传播者通过大众传媒对受众的传播,虽然受众会对传播者的信息有所解码和反馈,但那本质上是个单向过程。20 世纪 50 年代出现的准社会互动概念(Parasocial Interaction,PSI),也表现为媒体受众或用户对媒体人物或媒体的单向互动。比如,一个粉丝对影视明星或媒体节目主持人的崇拜和想象中的一厢情愿式互动。因而,Web1.0 时代的营销,基本都不具备当代意义上互动营销的特征,消费者只能被动地接收广告和促销信息。当然,唯一能被称为互动的传统营销活动也许只有人员销售(Personal Selling),那是面对面的销售活动。但这与我们现在所说的通过线上和线下各种平台进行的超大规模的互动营销不是一个概念。

Web 2.0 时代的特点是人与人以网络为沟通渠道的双向连接。除了阅读信息外,大家还可以发表和创建自己的内容,形成互动关系。比如,用户通过百度贴吧、知乎、微博、微信以及小红书等各种参与式社交网络和社交媒体,与网络上的内容进行交互活动。在线评论作为网站用户和网站所有者之间信息流动的渠道,促进用户生成内容。20 世纪 90 年代,美国传播学家亨利·詹金斯(Henry Jenkins)提出的参与式文化(Participatory Culture),反映了传媒界的变化,消除了媒体创作者/传播者与媒体受众之间的壁垒,两种角色可以相互转变。参与式文化现象成了 Web 2.0 时代的媒体传播特征。参与式文化通过网络技术给传媒受众提供一种新的表达形式,受众参与公共话语,充当内容贡献者或生产者(传播者),而不是被动的观众或消费者,从而开启了互动媒体和互动传播。比如,粉丝本来是小说、戏剧、音乐、游戏的读者、观众、听众和玩家,但他们的热情参与和互动可以直接影响和改变作品的创作和传播过程,形成双向乃至多向的互动营销和传播。比如,品牌社区的形成,不仅是消费者与品牌(或品牌代言人)的互动,还有消费者相互之间的互动,起到了品牌共创的作用。品牌和偶像的神圣化,未必是品牌和偶像本身有多神,而往往是粉丝造神的结果。所以,品牌共创过程就是互动过程。现代互动传媒的出现,尤其是社交媒体的广泛应用将营销转向一个真正互动的时代。

Web 3.0 时代则标志着人-网络-人的去中心化的连接沟通,也就是说,每个人都可以以任何一种他认为合适的方式使用互联网。任何信息都可以存在于区块链中,信息传播已不是某一方的专属。网络成为用户需求的理解者和提供者,网络知道用户有什么、要什么,会根据用户的行为习惯进行资源筛选、智能匹配,直接给用户答案。元宇宙及相关技术的发展,虚拟现实(VR)和增强现实的应用增强了当代广告和零售行业消费者的沉浸式体验和互动。综上所述,互动营销学与传播学基本上是同步发展的,新媒体和互动媒体已成为互动营销的基本平台。

三、数字化时代的跨文化营销

慕文龙、贾煜:您在新出版的《互动营销指南》一书中多次强调数字化技术的快速发展为互动营销带来新的前景,那么,在您看来,数字技术会给跨文化营销带来哪些机遇和挑战?您认为中国企业应该如何利用数字技术带来的机遇,应对跨文化营销实践中的挑战呢?

王承璐:数字营销主要通过互联网和移动互联网等展示广告和其他的各种数字产品。数字化技术为互动营销带来的一个重要机会就是电子商务的发展。正如上面提到的,现在网络已经从 Web1.0 时代发展到 Web3.0 时代,传播与营销的互动性功能也越来越强,从现实互动走向虚拟互动。新媒体的数字化技术对现代营销的影响之一,就是促进电子商务平台的发展,具有内置功能的社交媒体极大地促进了消费者参与各种在线社区活动,千百万用户为电子口碑式营销作出贡献。大多数社交媒体平台都通过外部链接提供购物选项,而且几乎所有人都能使用交互式功能,例如,@、“喜欢”等表情符号和主题标签(#)、弹幕、实时评论、在线打赏、即时点赞、推荐、转发和共享等。

通过在线互动吸引流量的直播更是当今最流行的营销方式之一。

因此,数字化给国际营销或跨文化营销同时带来机会和挑战。机会就是改变了以前传统的出口模式,省去了中间渠道,商家从而可以利用网络与海外消费者在社交媒体和网购平台上直接互动销售。所以,当代国际营销也从传统的线下营销渠道之间的竞争发展成了线上电商平台之间的竞争。例如,亚马逊进入中国,与中国的淘宝或京东等平台竞争,而淘宝和拼多多进入美国,与亚马逊等电商平台竞争。同时,许多中国原来在淘宝上的卖家入驻亚马逊。这些事带来的机遇是巨大的。比如,中国对亚马逊来说是广阔的市场,而美国对中国商家来说意味着更大的利润空间,一款在淘宝只能卖 20 元人民币的商品在亚马逊可以卖 20 美元,但是两者的运作模式都带着本土文化的印记。

伴随着机遇而来的挑战是如何适应海外消费者的文化和购买习惯。数字营销强调客户体验,这种客户体验会存在文化差异,从淘宝和亚马逊这两家电商平台,人们能看出平台在对待消费者方面存在的差别。淘宝上商品价格低,但购买风险相对高,比如,对退货退钱政策有很多限制,以及它在网上点评的真实性方面就不如亚马逊。这也许是由于淘宝客户对价格更敏感,而在消费者权益方面有更高的容忍度。所以,亚马逊在中国未必竞争力更强。但是,亚马逊对质量的保障,对卖家的管控,以及平台的无条件退货退款政策则比较符合西方的消费者保护文化和消费者的购买习惯。

这里我举拼多多的例子,来说明中国电商企业需要如何调整海外市场营销策略。拼多多原来借鉴的是美国 Groupon 的模式,Groupon 的运作模式是从商家取得折扣券提供给消费者,消费者凭折扣券到商家买货,拼多多采取这种模式在中国并未成功,这是因为东西方关系的互动方式不一样。Groupon 采取的是可以网上下载折扣券的方式,而没有消费者相互之间的互动和拼单。但中国的社交媒体,比如微信的朋友圈,其特点是一个由熟人组成的相对封闭的圈子。朋友圈有更频繁的互动。所以,拼多多就调整为由朋友互动,相互介绍,加入拼单“砍一刀”,很符合中国的关系文化,结果在社交网络上发展很快。2022 年 9 月,拼多多进入美国市场,按照美国消费文化特点改变相应策略。首先,TEMU(拼多多的跨境电商平台)在美国 YouTube 这样的超级媒体平台上做大面积、高频率的密集轰炸性广告。面对亚马逊这样的强劲对手,TEMU 不但做到价格更低,而且提供了美国消费者视为必备条件的无条件退货退款政策,符合美国消费者的购买习惯。虽然该平台名为TEMU是"Team Up,Price Down"的意思,即买的人越多,价格越低,与拼多多结伴购货意思类似,但并没有出现国内流行的拼单和"砍一刀"的营销方式。这比较符合美国个体主义文化购买习惯,因为很少有人会与他人拼单购买的。

所以,在本土文化成功的商业案例未必符合海外文化和消费者习惯。TEMU目前虽然在美国市场很成功,但也要有危机意识,事先考虑到消费者文化和需求差异可能带来的后续发展问题。比如,TEMU现在的价格优势建立在成本优势的基础上,只顾打价格战而忽视消费者的其他需求则未必能保持可持续性优势。再比如,美国消费者除了价格需求之外,对于质量保证和送货及时等也要求很高,往往为了满足其他需求而放低价格需求,所以亚马逊对商品的质量控制很严,即使无条件退货会增加商家成本也在所不惜。另外,亚马逊对商家断货或不能及时供货也有惩罚,迫使商家增加库存成本,这也是亚马逊商品价格高于TEMU的原因之一。而TEMU的很多促销商品往往刚刚打完广告就断货,这是因为很多中国商家往往为了节省成本,先上图片,拿了订单再去国内工厂取货,或者纯粹是测试市场反应而实际上没有多少库存。这有点像卖"期房",中国消费者能够承受,但被美国零售业通行政策宠坏的美国消费者往往会因为订购的商品未能及时送达或付了款结果却断货而失望,进而失去对TEMU的好感。另外,TEMU在美国市场还要注意与其他零售商保持既竞争又能共存的生态关系,不能一味玩"零和博弈"(Zero-sum Game),从而避免本土零售商对其发起低价倾销、产品安全、产品设计专利等方面的诉讼。这些都是跨文化营销必须面对的现实问题。

四、跨文化营销学者的素养

贾煜:我们在日常生活中会遇到很多有意思的跨文化营销成功或失败的案例,您认为我们应如何将观察到的跨文化营销现象转换成可以研究的理论问题呢?

王承璐:许多学术界有重大创新的理论研究就是来自对现象的观察,但对于现象的研究,不能仅仅停留在对现象的描述上,还需要提升到理论的高度。现象具有特殊性,理论才具备普遍性。所以,学术刊物往往要看文章的论点是否成立。我上面讲的亚马逊和拼多多的例子,就是两个跨文化的实际现象。如果能找出类似现象背后的原因或作出合理的、有普遍意义的解释,并对实践有很好的指导作用,就可以找准理论研究问题。年轻学者往往认为理论有种高不可攀的神秘感而心生畏惧,或者觉得只有搬用现有著名理论才有底气,其实,对一种现象作出的合乎逻辑并经得起实证检验和反复验证的解释,就可以成为一个理论。

跨文化商务实践或跨文化营销现象中有许多人们司空见惯的现象,但没有人对其发生逻辑进行过系统的、具有普遍意义的解释,也有些生活中的现象,大家都按常识来解释,却没有人对常识的正确性进行过检验。如果你有独到的见解或新颖的猜想,就可以将之转换成有意义的研究课题。现在学术杂志的主编看重的是有独特视角的、能对现有文献作出新的理论贡献的新颖观点,而不是对现实现象的常识性总结。

有了研究课题以后先不要急着收集数据,而是先要有几个有趣、有创新的假设。我们期刊收到的很多文章能被人一眼看出是“数据先行”,也就是根据数据分析的结果倒过来写假设。统计结果很完美,一系列假设都得到了统计证实。但仔细一看,可能没有一个假设是有意思、有创新的观点(当然也可能像赌博那样“撞大运”而有重要发现,但毕竟不是严格的科学方法)。如果你先写假设再去收集数据验证,一般情况下是不会写出这种毫无研究意义的常识性假设的。所以,这样写的文章常常会被主编以“缺乏创新,贡献不足”的理由拒绝。当然,作为探索性研究,在没有明确思路的情况下收集一些数据、找出一些有趣的规律作为后续实证研究的基础未尝不可,但根据数据结果来写假设是违背实证研究的基本逻辑的,不符合证伪(falsification)的要求。所以,现在学术界开始流行预先注册研究(preregistering study),即把研究假设、研究设计和预期结果公开注册登记,以此保证研究的公开性、真实性和可证伪性。

慕文龙:对于那些对跨文化营销传播感兴趣的青年学者和研究生,您有什么建议?

王承璐:开展跨文化营销传播的研究,需要较深厚的文化知识积累。跨文化研究,是一个综合性学科,涉及社会学、文化学、人类学、历史学等学科。我想强调的是,既然涉及跨文化研究,研究者就必须养成看原著的习惯。即使我们很多时候可以从二手或三手知识开始接触一些理论概念和研究发现,但到自己着手研究一个课题时,必须通读一遍涉及一些重要概念的经典文献。我们都知道,传播学的一个常识就是在传播过程中因为各种“噪音”的存在,以及读者按自己的理解对原始信息“解码”,导致最后出来的解读走样失真,已非信息源本身“编码”的意思。我在编稿、审稿时发现,很多非英语母语作者投稿的文章是先用母语写作,然后再翻译成英文,结果很多英文概念在翻译过程中出现误译,意思往往变化很大,已经不是同一个概念了。所以,一个良好的习惯是,你引用一个学术观点或阐述一个概念时,尤其是大家都不太熟悉的概念,最好是给出自己真正读过的原文定义,最好引用第一手资料的定义,而不是用别人转手或解读过的资料,这样不至于失去研究的效度。所谓概念的效度就是你要研究、要测量的就是你所定义、所要测量的概念,而不是失去了原来意思的概念或者与定义不一样的概念。

专题研究：
中国传统跨文化传播的智慧与经验

栏目主持人：刘金波

和:中国式跨文化传播话语的意义生成与转化*

刘金波**

摘　要　在百年未有之大变局下,重拾极具生命活力和生存智慧的儒家元典关键词,具有重要的理论价值和实践意义。涵蕴目标与价值、意义与追求、本体与境界、逻辑与路径的"让""诚""敬""和"是其最为重要的极具意义生成、话语转换和话语实践的核心关键词,它们共同构筑了礼乐文化的融合思想根底、价值追求、生存方式和精神旨归。千百年来儒家元典关键词"和"的生生不息,合而同化的哲学与文化建构,凸显了"和"的中国式文化与跨文化传播的话语意义生成与转换。其"知和而和""和顺积中""和实生物""和而不同""审一定和""中庸之道""中和之美"等儒学义理与政治话语实践,深刻揭示了儒家元典在政治教化、经典诠释、道德养成、定礼止分等多方面的理论逻辑与话语实践,是儒家元典跨文化传播话语转换的一种新思维、新面向与新路径。以"和"为核心和目标的跨文化传播话语转换,为我们提供了一种思考、审视并探索世界社会生活新秩序的可能性和现实性。

关键词　元典;礼乐文化;跨文化传播;意义生成;中和

---

* 本文系教育部人文社会科学研究一般项目"《礼记》文化关键词流变与传播研究"(项目编号:20YJA860006)的阶段性研究成果。

** 刘金波,武汉大学媒体发展研究中心研究员,武汉大学新闻与传播学院编审,电子邮箱:jbb800@whu.edu.cn。

Key to Meaning Generation and Transformation of Chinese-style Cross-Cultural Communication Discourse: Harmony

Jinbo Liu

Abstract Under the great changes unprecedented in a century, it is of tremendous theoretical value and practical significance to regain the key words of the Confucian classics, which have great life vitality and survival wisdom. Containing target and value, meaning and quest, ontology and realm, logic and path, Courtesy, Sincerity, Respect and Harmony collectively are the most crucial keywords of meaning generation, discourse transformation and discourse practices for the reason that they construct the rites and music culture on the respects of the base of idea fusion, value pursuit, survival mode and spiritual substance. For thousands of years, Harmony, the thriving key word in the Confucian classics, together with the philosophy and culture construction of absorption and assimilation, highlights the generation and transformation of discourse meaning in Chinese culture and cross-cultural communication. Its Confucian doctrines and political discourse practices, such as Seeking for harmony for the sake of harmony, Keeping harmony in mind, Harmony fostering universe, Harmony without sameness, One in harmony, Doctrine of the mean, and the Beauty of neutralization, profoundly, reveal the theoretical logic and essence of discourse practice of the Confucian Classics in many aspects, such as political education, classic interpretation, moral cultivation, propriety and so on. It is a new thinking, new orientation and new path for the construction of cross-cultural communication discourse of Confucian classics. The construction of intercultural communication discourse with Harmony as its core and goal provides us with the possibility and reality of thinking, examining and exploring a new world order for social life.

Keywords YuanDian, rites and music culture, cross-cultural communication, discourse construction, neutralization

春秋末年，王室衰微，诸侯争霸，民不聊生。及至战国，群雄逐鹿，百家争鸣。秦孝公奋六世余烈，重用商鞅，变法图强。终至秦王嬴政重用法家李斯，才最终统一中国。但是秦王暴虐，三世而亡。其间尽管百家争鸣，但是礼崩乐坏，无论是政治、经济、社会还是文化，均渴求和谐、和平与发展。至汉武帝使用董仲舒提出的“罢黜百家，表章六经”“推明孔氏，抑黜百家”的思想，“兼容”和“发展”并重的儒家文化才最终成为流传两千多年的中国传统文化的正统和主流思想。考究儒家元典关键词，涵蕴目标与价值、意义与追求、本体与境界、逻辑与路径的“让”“诚”“敬”“和”是其最为重要的极具意义生成与话语转换的核心关键词，它们共同构筑了礼乐文化的融合思想根底、价值追求、生存方式和精神旨归。

中华民族几千年的民族大融合与大发展过程，伴随着强烈的文化传播与跨文化传播活动，实践着儒家元典核心关键词的自主性话语意义生成与转换活动。在当下百年未有之大变局情势之下，中国式的跨文化传播话语意义生成与转换，有必要观澜溯源，振叶寻根；钻仰中外，昭析古今。历久弥新的儒家元典关键词的丰富智慧和生命张力，既在于其给予当代人更多日常生活和伦理道德的崇高信念，更在于其能够供给世界治理的中国智慧。这种智慧与张力，同时也是中华文明话语权、传播力、竞争力和影响力的体现。如何建构顺应时代发展和世界格局演变的跨文化传播话语，以彰显中华优秀传统文化尤其是儒家元典关键词的传统性与现代性的交汇，互惠性和共好性接合，体现“和”的自然环境、人类社会、现实世界及人与精神创造等诸方面的特质，是新时代的新课题。如何选取并利用极具思想资源、生存智慧、话语价值和实践意义的儒家元典关键词“和”来探讨中国式跨文化传播话语，以期实现中华优秀传统文化元典资源的跨文化传播话语的意义生成以及转化，以期实现不同文化与文明间的融合、融通与融会，是我们亟须面对且亟须解决的重要而迫切的现实问题。

一、观澜溯源：儒家元典关键词“和”的历史文化语义学考索

儒家文化将“和”作为天下通行的准则。即所谓“中也者，天下之大本也；和也者，

天下之达道也。致中和,天地位焉,万物育焉”[①]。作为“达道”的“致中和”的“和”,在跨文化传播话语中具有从“不和”到“和”的矛盾对立统一,平衡协调的共同体建设的深刻意涵。为什么在儒家元典汗牛充栋的核心关键词之中唯有“和”能够成为天下通行之达道——也就是人与自然、人与人、人与自身、人与精神创造的准则?这需要我们对其做一番历史文化语义学方面的深入考察。

首先,我们看看“和”的原初意义。如果考查“和”字的起源,它出现较早。经考证,在甲骨文、金文中均有记载。究其原初意义,可以从东汉许慎《说文解字》的解释略做探讨。《说文》曰:“和,相譍也。从口,禾声。户戈切。”我们由这一解释可以看出,“譍”为应答之声,说明“和”最初即为“相应之声”。其实,在先秦的《国语·周语》中已早有记载:

> 物得其常曰乐极,物之所急曰声,声应相保曰和,细大不逾曰平。[②]

这里的“和”的意思就是声音有来有往,有问有答,需要相互配合。其他如《论语》《战国策》也均有相类似意义的记载。

而据文字学家考证,“和”在先秦经传中有“和”“盉”“龢”三个写法,这三个写法代表了它的三个字源:

第一是饮食之和,即“和”。“和,相譍也。从口,禾声。”从口,说明是利用我们的嘴巴来品尝食品原本的味道。第二是五味调和,即“盉”。“盉,调味也,从皿,禾声。”调味,那就不是简单地用嘴品尝,而是在品尝之上还调用了饮食习惯、生活习性等多方面的要求,以达到一定生活高度和生活品质的评鉴。味道好不好?不好的话就需要调一下。第三是音乐协和,即“龢”。“龢,调也,从龠禾声。”物质层面的品尝与品鉴,业已上升到精神层面的音乐欣赏了。噪音或者杂音,不是很适合人们欣赏,这就需要做进一步的试音,作音乐的乐调与乐音相适配的调适,以使之更适合人们的欣赏习惯、趣味和品质。康殷认为,“盉为调和酒之器,后省为和,故和亦有调和之意,后用以代龢谐字,

---

① 王文锦.礼记译解[M].北京:中华书局,2001:773.

② 徐元诰.国语集解[M].王树民,许长云,点校.北京:中华书局,2002:111.

其意亦自可以相通。和酒亦犹龢乐也”[①]。

由此观之，从字源学上考索，“和”经历了从声音之和到音乐协和的转换、流变与提升。

其次，我们考察一下儒家元典中所体现的“和”这一关键词的文化意蕴。

儒家文化极为推崇周礼的礼乐治国的政治理念和政治纲领，崇尚“知、仁、圣、义、忠、和”六德，践行“孝、友、睦、姻、任、恤”六行，重视“礼、乐、射、御、书、数”六艺。这“六德”“六行”和“六艺”成为西周礼乐治国的核心概念。《周礼·春官》曰：“以乐德教国子：中、和、祇、庸、孝、友；以乐语教国子：兴、道、讽、诵、言、语；以乐舞教国子：舞《云门大卷》《大咸》《大韶》《大夏》《大濩》《大武》。”[②]在这里，“和”的概念已经从《周易》的阴阳之和、《诗经》的饮食调和与音乐协和到了更高一层的境界，那就是超然物外的一种抽象之和了。《周礼》的“和”，不但是一种阴阳调适之和，而且是一种治国理政之和。

而到了孔子，则进一步地提出乐教理论，把六艺之说发扬光大，对其思想内涵、文化内容、深层意义等多方面均做了进一步的扩充与诠解，他直接将《诗》《书》《礼》《易》《乐》《春秋》(后世谓之为“六经”)作为教学内容。子曰：“兴于诗，立于礼，成于乐。”[③]意即君子的思想相成，君子的人格养成，无不从诗开始，从礼树立，从乐完成。只有三者相互配合，共同协调，才能达到一种完美的境地，才有可能通过“兴于诗，立于礼，成于乐”而“臻于和”，进而达到一种和美的境地。

孔子在《论语·学而》中还对礼制、礼法等做出过更为经典的概括：

> 有子曰：“礼之用，和为贵。先王之道，斯为美；小大由之。有所不行，知和而和，不以礼节之，亦不可行也。”[④]

这段话概括了“礼”与“和”之间的辩证关系。大意是说，作为规则、规范和制度的礼的应用，应当以和谐为贵。“礼之用，和为贵”，说明礼的重要目标是以和为贵。在这

---

① 康殷.文字源流浅说[M].北京：荣宝斋，1979：513.

② 阮元.十三经注疏·周礼[M].北京：中华书局，1980：787.

③ 阮元.十三经注疏·论语[M].北京：中华书局，1980：2487.

④ 纪昀.彩色图解四库全书精华[M].鸿雁，注.北京：中国华侨出版社，2016：73.

里,我们既不能为了求和而不以礼节之人情,也不能不顾礼的规范而片面地为“和”而“和”。或者说,礼的作用,最珍贵的是使各等级身份及其行为既不过也无不及,而达到恰到好处的地步。

儒家元典关键词“和”的文化意蕴反映出儒家言“和”更贵“和”的人文追求,凸显了“和而不同”的深刻本质。儒家元典关键词“和”的本质,先有《周易》“保合太和”,继有《左传》“和实生物”,再有《论语》“和而不同”,以及孟子、荀子“天时地利人和”等观念。其中,尤以孔子“和而不同”求同存异的深厚意涵极具实践价值和社会意义。一方面,君子贵和,但是君子并不同,存在差异性并能够理解、接受差异性;另一方面,君子的意见和观点不仅经常不同,还能够保持其“不同”,能够通过斗争、协商、沟通达到“和”之理想的至臻之化境。对儒家元典关键词“和”的文化考索,可以从文化史、生活史、生活史等方面进行,亦可以深入哲学、文学、政治学、社会学乃至传播学等学科,方方面面,博大精深;菁芜庞杂,不一而足。从哲学层面看,这里的“和”所蕴含的丰富内涵和深刻哲理,至少包含了差别而又丰富世界的多样统一,矛盾斗争的对立统一,和平共处的协商统一,人与人、人与自然的平等统一。多样统一熔铸而成的中华民族之所以能够生生不息、绵延不绝,其根本动力就在于“和”文化所具有的文化根底、精神特质、生存智慧和话语表达。

最后,我们进一步对先秦典籍关于抽象的和谐审美的相关意趣做一个具体考察。其中极具代表性的是《礼记》的相关阐发。这里仅举两例:

> 乐者乐也。君子乐得其道,小人乐得其欲。以道制欲,则乐而不乱;以欲忘道,则惑而不乐。……是故情深而文明,气盛而化神。和顺积中而英华发外,唯乐不可以为伪。①

人与动物的最大区别,无外乎人情。在礼乐文化的国度,“情”更是一个无法逾越、无可避免的核心关键词。在现实生活中,有“人情大于世事”之说,也有“人情练达即文章”之言,甚至有“罪不可赦,情有可宥”之论。但是,先秦典籍《礼记·乐记》中的“情”,

---

① 王文锦.礼记译解[M].北京:中华书局,2001:543-544.

其实是它所言的“人生而静,天之性”的人之本初的善,并非我们日常生活中所说的七情六欲的情感之“情”。在这里,它认为,人生快乐的根源就是音乐。君子乐于他所追求的道,而小人乐于他所追求的欲。道与欲,追求立现,品格立现,高下立现。人的行为动机源自其内心深处的思想情感和修养品性。有怎样的内在的思想情感,就会有怎样的外在的具体可感的行为方式和身体表现。只有在更高的精神层面上实现诗、歌、舞高度地、完美地结合,才有可能最终实现“和顺积中”和“英华发外”的审美理想。

天高地下,万物散殊,而礼制行矣。流而不息,合而同化,而乐兴焉。①

这里的天,是指天道,即能力之运。它是动态的、自强不息的、合而同化的。这里的地,是指地道,即物质之形。它是静态的、散殊的、载于他物的。这二者也与西方所谓之能力、物质概念相类似。自然界的万事万物,都有自身不同的生长环境、秉性和特征。如何让其各归其位,各得其所,各安其命,需要蕴涵天之礼(天理)的礼制来做具体的强制性规定。精深而渊博的文化、玄妙而高深的艺术之所以能够传而不息,不同的艺术、不同的文化之所以能够合而同化,是因为就个体来说,是人的七情六欲需要调用耳、目、鼻、舌、身对外在物质的具体感知才可能实现,才可以体现那喜、怒、哀、乐、爱、恶、惧的七情;就群体来说,文化、音乐是人心之道的外在表现,是心所反映的包括心及心之外的物质的礼的伦理观念和人性之本。

“而乐兴焉”总结性地说明了声音要与乐调相协和。在这一协和过程之中,“和”具有层级的跳跃性——先是“声和”,然后是“音和”,最后才到“乐和”。在“礼”的规定下,《礼记·乐记》的“乐和”论(或曰“和乐”论)描述并论证了从“乐和”“心和”到“人和”的具体过程。“人和”的终极目标则指向“政和”,也就是和谐的大同社会。

二、和实生物:儒家元典关键词“和”的跨文化传播意义生成

作为儒家元典的先秦礼学以及宋明理学,成为当时社会非常系统、深刻而严密的

① 孔颖达.十三经注疏[M].上海:上海古籍出版社,1997:1531.

社会伦理道德体系。无论是先秦孔子的“知”“仁”“勇”三达德,还是孟子在“仁”“义”“礼”“智”四基德基础上扩充而成的“五伦十教”“四维”“八德”,抑或是西汉董仲舒的“三纲五常”,宋代二程的“存天理,灭人欲”,其目的无不是为了实现当时社会的长治久安与和谐稳定。其核心关键词“和”目标的实现,贯穿着该核心关键词的流传与演变。

在这种流变之中,其原初意义一直在各朝代不同的社会历史文化现实之中发生意义的不断消解或扩充。其意义的流传、消解、新变与扩充,既是媒介的社会化使然,也是跨文化传播的意义生成使然。“跨文化”既有时间的流变,也有地域的流动,更有文化的交融与交汇,文明的融合与互鉴。人们往往基于血缘、地缘、族缘而形成不同的国家、不同的社会制度、不同的思想资源和不同的民族文化。正因其种种不同,就有了跨文化的可能与必要。中西文化间既有个性、差异和区别,也有共性、同一和联系。而借助一定媒介与手段的跨文化传播和跨文化传播研究,就是要比较、鉴别、交往和对话,从而实现不同文化间的双向阐发与双向整合。“本着‘和而不同’和‘互识、互证、互补’的原则,化‘对立’为‘对谈’,化‘交锋’为‘交流’,尽可能地在参照性对话过程中去开掘每一方的价值资源和言说问题的独特之处。”[①]“和而不同”的对谈、交流的目的正是基于不同诉求建立各种各样的“共同体”,如血缘共同体、地缘共同体、精神共同体、利益共同体,以及我们今天所讲的“人类命运共同体”。由于儒家元典关键词“和”既融合了血缘、亲缘甚至学缘、业缘、地缘关系,更倾注了“修身齐家治国平天下”的个人修养与家国情怀,熔铸了从心平气和到家庭之和到国家之和再到天下之和的理想。这种从个人的身心之和到家庭乃至社会的人际之和再到国家之和最后达到天下之和存在从近到远,由小及大,推己及人,因家而国,因国而天下的层层推进的逻辑关系。所以,礼乐重轻的儒家文化何以产生、传播与新变,不但与血缘宗法社会及共同体的建构密不可分,而且与跨文化传播密切相连。其共同体建构的意义生成和跨文化传播,离不开当时的政治制度、经济水平、社会生活方式和文化环境,离不开各民族人民的交流与交互,更离不开儒、墨、道、法、兵等诸子百家的跨文化融合,也离不开佛、道等文化的交融与和合。事实上,儒家元典在流变之中,已经经历了中华文明形成过程之中的国土地理环境的变迁、政治体制的朝代变更、社会经济方面的层级推进,以及民族交融和整体

---

① 陈跃红.比较诗学导论[M].北京:北京大学出版社,2005:39.

文明的多元和合融会。中华文明的共时性结论中有着先秦、秦汉魏晋、晚唐宋元和明末近代的四次历时性的民族大融合。这一共时性历程中,不乏儒家元典关键词的跨文化传播和演变。在这数千年的演变之中,探讨“和实生物”的“和”文化关键词的跨文化传播意义生成,有助于我们形成新的儒家元典跨文化传播话语意义生成与转化的新思维、新面向与新路径。

从“和”的意义来看,它的意义生成离不开具象性的事物。但是,具象性的事物背后是抽象性的理论与方法,是普遍性与价值性的规律。这种价值性与规律性,早在春秋时期的史伯口中即有论述。他认为:

> 夫成天地之大功者,其子孙未尝不章,虞、夏、商、周是也。虞幕能听协风,以成物乐生者也。夏禹能单平水土,以品处庶类者也,商契能和合五教,以保于百姓者也,周弃能播殖百谷蔬,以衣食民人者也。①

作为和风的协风,能够因时顺气,成就万物,使之乐于生长。和合五教,意味着新的政治生态和伦理关系的形成。这能够让当时的先民在较严峻的生产生活局面下安居乐业,协调处理好人与自然这个首要而重要的关系。在史伯那里,如何做才能真正地实现“成天地之大功”?他进一步论述了其内在机理、基本原则和具体方法,也就是“和实生物”的跨文化传播意义生成与实现路径:

> 夫和实生物,同则不继。以他平他谓之和,故能丰长而物归之。若以同裨同,尽乃弃矣。故先王以土与金木水火杂,以成百物。②

具体而言,“和实生物”的机理、原则与方法体现在如下三个方面:

其一,“和”是生化万物的目标和原则。

不同于西方生态哲学话语中的事物之间的竞争、对立、统一观点,中国传统文化强

---

① 徐元诰.国语集解[M].王树民,许长云,点校.北京:中华书局,2002:466.

② 徐元诰.国语集解[M].王树民,许长云,点校.北京:中华书局,2002:470.

调“天人合一”的观点。“和实生物”进一步发扬了天人合一的思想。生生不已的万事万物何以可能?靠的就是事物之间各安其位,各处其所,各行其是。万事万物多样性的“和”的统一,既有互补,也有共处;既有协调,更有共生。儒家元典中的和谐思想完全不同于西方物竞天择、适者生存的优胜劣汰的竞争性从林法则,而是以和为贵,和生万物,和而不同。其在历史的发展进程之中蕴含了两层跨文化传播的意义。

第一,“本于太一”的礼(也是“理”)的整体性是“和”的深层生存土壤。“和”的可能、存在、发展,以及和文化的传播都来自自然之理。人是世界的一部分,人是世界这一有机整体的一分子,人与其他万事万物都是这一存在即现实、存在即合理的普遍世界的一环,既不可唯我独尊,亦不可妄自菲薄。“礼”的强制规定性是“和”能够存在和实现的现实条件和物质基础。

第二,媒介环境的变革决定了“和”之生存的互动性、融合性与层次性。大到宇宙,小到细胞,每一个生态系统无不是一台精密到无以复加的精密仪器,其运转方式与运行规律生生不息、不断发展。从古代的软硬媒介(保存时间较长的石器、玉器、陶器、瓷器、青铜、碑刻等硬媒介和简帛、绒绣等容易腐烂、保存时间较短的软媒介)到近代的纸张媒介,进而到当下的光电媒介,文化一以贯之,生生不息。文化既通过媒介得以传播与保存,媒介也同样对文化产生正负面影响。英尼斯的媒介理论认为,一切文明都有赖于对空间领域和时间跨度的控制,文明的兴起与衰落同占支配地位的媒介信息息息相关。首先,崇尚和谐的儒家元典礼乐文化能够传播数千年并不断丰富发展,一直是一个跨文化、跨地域、跨语际、跨媒介交流的过程。其次,这一过程一直处于“和”之动态平衡之中,每一个“礼”(理)系统都是在不同的媒介环境下,处在从一种平衡到不平衡再到平衡的发展动态之中。再次,每一个“礼”(理)系统的圈层亦处于一个小到家庭大到单位,小到国家大到洲际,小到地球大到宇宙等不同的层次与层级之中,这些层级保持着“和”的平衡。最后,中华民族涵蕴民族特质的思想文化一直具有的中华元典精神,在百家争鸣、三教融汇、理学复兴及近代“五四”新文化流行的过程中不断进行跨文化传播的融汇,这些互动、融汇、层次与层级不以其自身意志为转移,而以和谐生存与发展为归依。

其二,“以他平他”是“和”目标形成的具体方式。

“以他平他”在《国语》中有多次表述,如《国语·郑语》:

今王弃高明昭显，而好谗慝暗昧；恶角犀丰盈，而近顽童穷固。去和而取同。夫和实生物，同则不继。以他平他谓之和，故能丰长而物归之；若以同裨同，尽乃弃矣。故先王以土与金、木、水、火等，以成百物。……声一无听，物一无文，味一无果，物以不讲。王将弃是类也，而与剸同。天夺之明，欲无弊，得乎？[①]

《国语·周语》中也有类似的记载：

今王作钟也，听之弗及，比之不度，钟声不可以知和，制度不可以出节，无益于乐，而鲜民财，将焉用之！[②]

"以他平他"和"乐从和，和从平"的观点说明，无论是当时的六律还是十二律，音乐都需要利用"以他平他"的方式进行音律高低和稳定性的调整以及和谐关系的调适。音乐的协调既和人际关系一样，强调君子和而不同，小人同而不和，也和文化的传播一样，必须是和而不同的。否则，"声一无听，物一无文"。

而关于"平"的具体方式与手段，既有上文《国语》中伶洲鸠所说的"乐从和，和从平"，也有晏婴所说的"以平其心，心平德和"[③]，还有孔子所说的"尽美矣，又尽善也"[④]，以及"乐而不淫，哀而不伤"[⑤]。如同季札称赞周乐的不困、不淫、不愁、不荒一样，艺术的表现必须是有控制的、有理性的、有节制的平和状态。国家间的相处，文化的交融又何尝不是如此？

其三，"和"是关系的本质。

考察儒家元典，其均认为礼是涵蕴一切的政治、社会生活的强制规定性的最高法

---

① 徐元诰.国语集解[M].王树民，许长云，点校.北京：中华书局，2002：470-482.

② 徐元诰.国语集解[M].王树民，许长云，点校.北京：中华书局，2002：107-113.

③ 论语[M].张燕婴，译注.北京：中华书局，2015：35.

④ 论语[M].张燕婴，译注.北京：中华书局，2015：38.

⑤ 论语[M].张燕婴，译注.北京：中华书局，2015：35.

典。礼之用,和为贵。贵和的思维定式,千百年来一直影响着中华优秀传统文化的传承与跨文化传播意义的生成与转化。在这一跨文化传播话语意义生成与转换过程中,其元典精神既有强大的内在精神动力,又不断吸收外在的优秀文化基因。在跨文化传播的动能中,势必形成新的礼制、礼法、礼言、礼仪、礼体等各种关系本质,也逐渐形成新的关于这些关系本质的意义生成与话语实践。而这些关系本质、意义生成与话语实践,则直接指向终极的"和"目标的实现。

在儒家元典,尤其是中国古代文论中,"和"是由言、意、象、神、韵、气、文、体、法、趣、味、兴等范畴组成的一个文体和妙、言意和美、气韵和谐、美善和合的天人合一、动静谐和的完整的审美结构。① "和"的关系本质,在不同时代有不同的诠解。如礼与乐、仁与义、让与诚、诚与敬、和与同、言与意、文与质、定与分等诸多关于"和"的核心意蕴。就具体而微的意蕴分析方面,在不同时代的史伯、季札、伶洲鸠、孔子、孟子、荀子、董仲舒等人的观点中有相同(亦即继承)的一面,也有相异(亦即创新)的一面。即使到宋明程朱理学的代表性人物程颢、程颐兄弟与朱熹、王阳明,再到清代儒学大家顾炎武、黄宗羲、王夫之等的新经学,提倡经世致用的颜元,以及擅长考据的乾嘉学派惠栋、戴震,"思通鬼神"的凌廷堪等,礼乐文化的"和"观念在他们那里也一直在不断地流变、传播与发展。

进一步分析"和"是关系的本质的论断,我们从儒家元典关键词的研究可以发现它至少包含以下四种关系:一是儒家元典关键词诸多义项构筑了一个内部相互配合、相互交汇的思想资源结构;二是礼以节情、乐以发和的政治治理结构;三是和实生物的自然资源环境稳定结构;四是和而不同的人际交互与社会沟通结构。探讨"和"是关系的本质的诸多关系,体现在文学方面,是一个中华优秀传统文化的完美的和谐审美结构;体现在跨文化传播学方面,是一个不同文明共同体之话语的意义生成与转换结构,推及现实生活环境乃至国际政治和人类社会中,则是一个稳定的、和谐的社会组织结构。所以,"和"是关系的本质的命题,从根本上看,是人与自然、人与社会、人与自身、人与精神创造之间在新的意义生成之下的各种关系的一种动态平衡。

---

① 刘金波.礼以节情 乐以发和[M].武汉:武汉大学出版社,2009:204.

三、取中求和:儒家元典关键词“和”的跨文化传播话语转化

当今世界,经济全球化深入发展,交互全媒化、智能化浪潮风起云涌。技术飞跃时代的即时通信、大数据、人工智能、互联网等给人们的生活生产带来了海量信息、快捷通信和极大便利。腾讯、推特、微信、抖音,以及最快打破1亿月活产品纪录的ChatGPT和最近出现的Damus,无不颠覆人们的交流认知,刷新人们的交互体验。但是,退群、脱钩、断供以及贫穷、战争、逆全球化等不太和谐甚或根本不和谐的生存手段与现状仍然暗流涌动,此起彼伏。在这种百年未有之大变的变局与乱局之下,不同文化与文明间究竟是冲突还是融合,是交流还是断流,是对抗还是和合,是零和博弈还是互惠友好?解决这些问题究竟是利用西方重竞争、重过程、重形式、重感性的和谐观,还是利用儒家元典的重审一、重定分、重结果、重理性的和谐观?这都需要我们根据现实的需要做具体而微的判断、选择与取舍。

既然“和”的关系本质是人与自然、人与社会、人与自身、人与精神创造之间在新的意义生成之下的各种关系的一种动态平衡。那么,这种动态平衡在经济全球化、技术全媒介化、生活地球村化的当下跨文化传播语境之下,更需要我们在选择和取舍的基础上,面对现实,实现我们的儒家元典关键词“和”的跨文化传播话语转化。这种转化,既是儒家元典关键词“和”观念的理想与现实、历时与共时的发展演变使然,也是“和”话语在跨文化传播方面的共通与兼在使然。

在进行儒家元典关键词“和”的跨文化传播话语转化之前,我们有必要先简要分析、对比一下中西方迥然不同的“和”观念与“和”思维。

首先,是过程与结果的不同追求。西方重过程,重竞争,在斗争中求得和谐的某种平衡。中国则重结果,重礼让,在协调中求得社会的和谐与安宁。这种不同,我们可以从中西同一时代不同的小说中找到其深层文化思维答案。如,19世纪世界短篇小说巨匠欧·亨利的代表作《麦琪的礼物》,小说情节追求一种斗争的同一,而曹雪芹的《红楼梦》则更注重小说情节中的人际关系协调、情节结局美好的和谐。

其次,是形式与内容的不同表现。西方在哲学和美学上极为注重和谐的形式,其和谐一般着眼于数的比例,尤其强调和谐的形式表达。西方重再现、模仿,其和谐着重

于外在感性形式,多样统一被看作美的一个法则。如,毕达哥拉斯学派的黄金分割学说,柏拉图提出"有秩序的"美①,亚里士多德部分安排与体积大小的美的比例,黑格尔的"抽象形式的美"的论述,等等。中国则讲究礼乐互补,礼乐重轻,礼乐相诸,礼乐相成,极为重视和谐的内容与结果。中国在建筑、音乐、文学、哲学等多方面均注重"和"结果的展现,更重理性的形成。如,明清小说多以大团圆结局。

再次,中国与西方的和谐多有味知觉与视听觉的不同。西方的"和谐论"多强调视觉与听觉功能,喜欢用视觉、听觉的感官去探究和谐的内涵。毕达哥拉斯、柏拉图、亚里士多德、黑格尔等均善于以视觉艺术如建筑、绘画、雕塑和听觉艺术如音乐、诗歌朗诵等作为例子去阐发和谐美。圣·托马斯·阿奎那说过:"与美关系最密切的感官是视觉和听觉。"②而中国的"和谐论"虽有五味之说,但更多时候强调的是味觉与知觉感受。一方面,从"和"的字源学考察就可以看出,耳鼻口舌之欲多于其他感官。另一方面,先秦孔子所谓"三月不知肉味",也是通过味觉来形容闻韶之音乐审美活动。进一步引申,中国文艺美学中的核心概念"滋味"与"兴味",则更多地强调味觉、知觉心理,与西方的理解有很大不同。"味"作为中国美学颇具特色的审美范畴,指的就是在艺术品的审美鉴赏活动中,审美主体所体验的、与味觉快感相通或相似的那种只可意会而难以言传的审美感受。魏晋南北朝时期,无论是陆机的"阙大羹之遗味",还是刘勰的"诗典可味",均以"味"言诗。在这里,和美之"味"乃指诗歌的一种艺术效果。及至钟嵘《诗品》中的"文已尽而意有余,兴也",则更进一步说明"兴"的价值在于可说与不可说之间的某种意蕴。魏晋以降,对"兴"义的阐释实现了从政治伦理到情感逻辑的飞跃,由是也凝练出其鲜明的价值取向以及象征的表现手法。

最后,是感性与理性的不同旨归。西方的和谐虽然有理性的成分在内,但是更看重自由的发挥。如黑格尔在论"音乐的和谐"时说:"在声音方面,基音、第三音、第五音就是声音的这种本质上的差异面,它们结合成一整体,就在差异面中见出协调……一切成乐调的声音虽以和谐为基础,却具有较高较自由的主体性,而所表现的也正是这种较高较自由的主体性。"③中国的和谐虽然更强调主体情感的表现和抒发,但它与社

① 北京大学哲学系美学教研室.西方美学家论美和美感[M].北京:商务印书馆,1980:24.

② 北京大学哲学系美学教研室.西方美学家论美和美感[M].北京:商务印书馆,1980:67.

③ 黑格尔.美学:第一卷[M].朱光潜,译.北京:商务印书馆,1982:181.

会伦理道德的要求相统一,由理性所控制。

既然有这些截然不同的“和”心理、“和”观念、“和”思维、“和”方法与“和”路径,那么,在进行儒家元典关键词“和”的跨文化传播话语实践时,我们究竟应该以何种话语来实现其跨文化的意义生成与话语转化呢?

所谓“话语”(discourse)是人们说出来或写出来的语言。福柯的研究指出,话语多用来指称与社会权力关系相互缠绕的具体言说方式。既然要研究话语,必然牵扯为什么言说,言说什么,如何言说,以及言说得怎么样等问题。一方面,儒家礼乐文化的形成带有强烈的社会性,礼乐文化的核心关键词“和”的目标与结果的实现,需要通过话语在人与人的互动过程中呈现,同样具有强烈的社会性。这一社会性关涉说话人、受话人、文本、媒介、沟通、语境等诸多要素,达到不同文化间的“和”之境地需要考量诸多文化环境与文化心理障碍。另一方面,话语需要利用媒介、文本或符号借助某种叙事或者叙述方式来揭示人的存在境况,其中包括自然状态、精神状态乃至社会秩序状态等对话语互动双方的影响,从而成为存在、社会和意义的连接点。

当跨文化传播的互动话语渐趋和谐化,话语才能够得以转化并因此成为言说者——人的伴生物。笔者将儒家元典关键词“和”的中国式跨文化传播话语意义生成与转换作为本研究选题,是基于以下逻辑的思考:第一层逻辑,以“礼”为文化表征和特质的儒家元典数千年来的赓续与传播,伴随着王朝更迭、民族融合、社会变迁、文化融合和文明互鉴中的“和”观念及“和”文化的跨文化传播话语实践。这种话语实践也已被历史证明是一种成功的跨文化传播话语实践。第二层逻辑,话语必须有言说者与听从者,必然有接受(接收者)与传播(传播者)。话语的言说与倾听、接受与传播,建立在接触、对谈与交往、交流的基础上。这种接触、对谈与交往、交流同“和”而同化的跨文化传播话语生成规律是一致的。“和”之中国式跨文化传播话语有助于实现跨文化传播的契合性和有效性。第三层逻辑,“和”的关系本质贯穿跨文化的主体性建构、调整与确立。儒家元典关键词的“和”,是人与自然、人与人、人与社会、人与精神创造的关系,是道德伦理、价值观念、文化思维、社会交往、审美情感等多方面的对立统一。“和”的观念作为儒家文化的一种基本取向,可以被视为一种跨文化传播交往取向的本土化精致表达,但同时需要文化主体在奠基性的本源哲学体系上作出必要而适当的建构或调整,重新确立跨文化传播的主体性。[①] 第四层逻辑,人类命运共同体视域下的跨文化传播,既包含中华民族与其他不同民族"和"观念与"和"话语历史性与共时性的交汇与矛盾,也有中华民族与其他不同民族的"和"观念与"和"话语的差异和分野;既有中华民族礼乐文化关键词"和"的跨文化传播话语的主体性与民族性成分,又包含中华民族与其他不同民族"和"观念与"和"话语的文化共通和共在、融合与兼在的现代性与世界性。第五层逻辑,多媒介语言为儒家文化关键词"和"的中国式跨文化传播话语意义生成与转换提供了新的可能性与现实性。"跨文化传播的语言问题呈现出多种维度,从语言的反映论和表达论到语言的建构论,从语言到话语,从语言作为透明的表达工具到语言的意识形态性以及与权力的盘根错节的关系,都包含着语言与跨文化理解、语言与文化身份的建构、语言与意识形态以及语言与权力等值得引起批判性反思的文化问题。"[②]话语的形成都是对这些不同主体之间的文化问题进行批判性反思之后的和合。从媒介的变迁史(也是文化史、社会史)观之,对儒家元典关键词"和"的流变与发展层面进行深刻考察,其跨文化传播话语意义生成与转换在新的历史性经纬上均具有传统理论的当代性和世界性阐释意义。

要实现儒家元典关键词"和"的中国式跨文化传播话语的意义生成与转换,我们有必要面对纷繁复杂的社会现实以及文化处境,从儒家元典中汲取极为宝贵、极具当下价值且赓续、流变并发展、完善的理论资源和生存智慧。这些理论资源和生存智慧不但有助于形成包括理念、前提、原则、路径和方法等诸方面要素与命题的儒家元典关键词"和"的跨文化传播话语转换,而且有助于为其话语实践提供一种新的中国式理论观照和方法借鉴。

首先,"和而不同"的中国式跨文化传播话语转换理念。

"君子和而不同,小人同而不和"出自《论语・子路》,意为"君子能相和,但不相同。小人只相同,但不相和"。[③] 先秦的"和而不同"是儒家人格理想和人际关系理想价值导向,魏晋至南宋前期,"和而不同"的诠解,主要基于人际交往和政治教化功能,具有

① 李欣人,李承志.儒家文化视域下跨文化传播观念的重构[J].现代传播(中国传媒大学学报),2021(7):34-49.

② 单波,熊伟.跨文化传播的语言问题[J].国外社会科学,2009(4):139-140.

③ 钱穆.论语新解[C]//钱宾四先生全集:第3册.台北:联经出版事业股份有限公司,1998:481.

人与人的交际话语意蕴。及至北宋中期,随着经世致用思想的流行,对“和而不同”的阐释渐趋政治化,其意义逐渐从哲学义理转变为一种作为党争手段的政治话语。及至资本主义萌芽并发展的明清乃至新文化运动兴起的近代及各种文化思潮流行、新媒介手段革新的现代,“和而不同”则更多地从一种政治话语演变为一种跨文化传播话语转换的理念。

这是因为,第一,“和”是一种跨文化传播话语转换之后的共同体,它是不同的东西经过复杂组合而成的;“同”是跨文化传播话语转换之中的单一体,是相同的东西经由简单相加而成的。前者是不同个体之间的多样性统一,后者是相同因素组成的简单同一。我们追求的是一种求同存异的、多元统一的“和而不同”。何晏在《论语集解》中将此解释为:“君子心和然其所见各异,故曰不同;小人所嗜好者同,然各争利,故曰不和。”[①]皇侃的《论语义疏》以何晏《集解》为基础解释云:“和,谓心不争也。不同,谓立志各异也。君子之人千万,千万其心和如一,而所习立之志业不同也。小人为恶如一,故云同也;好斗争,故云不和也。”[②]这里的“和”因为心不争,所以能够保持“不同”;这里的“同”是因为为恶如一,为恶则好斗争,反而能引起“不和”。

第二,如何促成“和而不同”,就在于君子与小人(也可以延伸演绎到国家和地区、民族和社会)在义与利面前,在大是与大非面前是否有自己的内心的底线、通用的原则和普适的规矩,是否有坚定的立场、自由的思想和独立的人格。以道相济的“和”,则心无乖戾;以私相循的“同”,则必然雷同。“和”与“同”的差异性与多样性的统一,既是矛盾对立面的相互依存和密不可分,也是矛盾双方事物发展的动力之源。

第三,作为跨文化传播视域下的中国式“和”话语转换,“和而不同”的理念既强调差异和分野,更强调共通和共在。各式各样的“共同体”在事实上就是先强调“和”,再讲究“不同”;个体性、独特性、独立性与人的社会性、整体性加以结合或协调,民主协商,沟通对话,尊重差异,求同存异,是当今时代的新理念、新要求、新面向和新格局。

其次,“仁以行之”的跨文化传播话语转换前提。

《易经》和《春秋》所追求的“太平世”的世界大同与天下太平的最高理想,就在于

---

① 何晏.论语集解[C]//儒藏(精华编):第104册.孙钦善,校点.北京:北京大学出版社,2007:160.

② 皇侃.论语义疏[C]//儒藏(精华编):第104册.陈苏镇,等校点.北京:北京大学出版社,2007:448.

“仁”。所谓《易》的“宽以居之,仁以行之”和二程的“仁道难明,惟公近之”(《粹言·论道》)成为“和”的跨文化传播话语意义生成与转换的前提。

> 君子学以聚之,问以辨之,宽以居之,仁以行之。易曰:“见龙在田,利见大人,君德也。”①

需要强调说明的是,一方面,儒家思想的核心“仁”是跨文化传播的前提。“仁”就是“诚”。小范围看,诚实是人际交往的前提,大范围看,诚也是国际间交往以及跨文化传播和交往的前提。非诚不明,非诚不信。做任何事情,结交任何朋友,没有诚心诚意,一切无从谈起。“礼”是跨文化交往的原则,“礼之用,和为贵”,具体到交往,就要求人们诚实、尊重、对话、协商、包容。跨文化交流中的“和”,不是简单地为和而和,不是纯粹为了某种共同体的“和”而丧失主体性,丧失自我,而是为了“和”而保存自我,保有文化的特性。这个“和”是在充分尊重“他者”的前提下,主体与主体之间在协商、互动、交流、对话基础上的共在、共知、共通和共享,而共在、共知、共通和共享所要达到的终极目标是求同存异、和谐相处、和睦相邻、和平发展。所以,中国文化所讲的“太和”“保和”“中和”等概念都把“和”作为理念、目标、前提和话语。只有不偏不倚,中和有度,中道而行,方能独立不倚,长远发展。

另一方面,践礼是行仁的目标和理念,行仁是践礼的前提与基础。孔子的这种人文主义自觉意义上的善行的“仁”的内发实践,成为以仁复礼的华夏独特的文化境界和以诚求信的跨文化交往理路和思路。徐复观认为:“‘仁’在孔子的心目中,不是与其他学问相对而成为特定之一物,乃是由自反自觉而来之责任感及由责任感而来之向上的精神与实践。这是学问的动力,同时又是学问的内容。《论语》上常常是‘学’与‘仁’不分的,这是孔子之所谓‘学’的特性。”②所以,不同文化间的交流需要互相学习,取长补短。

此外,由时空、权力、文化等构筑的文化边界在当下殖民主义建构的世界传媒秩序

---

① 程颐.周易程氏传[M].王孝渔,点校.北京:中华书局,2011:11.

② 徐复观.释《论语》的“仁”[M]// 徐复观.学术与政治之间.上海:华东师范大学出版社,2009:141.

和全球传播格局中分外明显。这种边界、秩序与格局已然与经济全球化现实格格不入,与儒家元典关键词“和”的理想与话语也有着相当大的距离。其重构与重建,需要中国智慧中儒家元典的由礼而仁,由仁而诚,由诚而信,由信而和的前提和目标。

再次,“审一定和”的中国式跨文化传播话语转换原则。

“审一以定和”语出《礼记·乐记》:

> 乐者审一以定和,比物以饰节;节奏合以成文。所以合和父子君臣,附亲万民也,是先王立乐之方也。①

《礼记》的“礼本于太一”,《老子》的“道生一”,《荀子》的“和则一”,《吕氏春秋》的“夫一能应万”,《淮南子》的“一生二”,如此等等,都表明“一”是宇宙万物的发生论。在这一发生论之中,一与道,道与气,气与和,同气相连,同声相求,都是在本于太一的礼的规定下的共同体。达到天人合一的目标之前,各种各样的共同体应被作为一个整体来观照。共同体有大小之分,有复杂与简单之分,有单一与多元之分。其内部和谐与否,就在于共同体是否同一,是否整一。

“审一定和”不仅是和谐艺术建构的至上准则,更是不同文化与文明间交融、交互乃至交汇的基本准则。大而言之,同一个星球,同一个世界,自然资源的适度开发与利用,需要不同文明间科学、合理地协商、沟通,以达到和谐利用的目的。小而言之,随着科技进步,产业链和供应链的细分,需要链条上各部分有秩序、完美、和谐地运转,更需要不同族群、国家、地区等和谐沟通,同一发展。

在儒家元典中,“审一而定和”的“一”,虽然最初缘于音乐,是基于音准和乐和的标准来判断五音是否和谐的一种规定,但是,如果结合礼乐文化作为儒家文化表征来分析的话,这个“礼”则本于太一。“太一”这个“一”以及“礼之用,和为贵”的“和”的统一的“一”,二者相谐相须,相辅相成。它们与道家“道生一,一生二,二生三,三生万物”中的“一”有异曲同工之妙。从儒家元典看来,把“和”推而广之,可以由乐和而人和,由人和而政和。政和之时,这里的“一”便有了天下之达道,人间之至善,交往的至诚至信,

---

① 王文锦.礼记译解[M].北京:中华书局,2001:560.

社会的平安谐和,文化的本源统汇等深层意蕴,也就有了天人合一的理想。也正是因为有了这个"一",礼的强制规定性才有了不偏不倚、公平公正的可能性;也正因为其不偏不倚、公平公正,才有天下太平、和美与共的现实性。从当下的世界范围着眼,就是不论国家大小、强弱、贫富、贵贱,都要按照国际法准则和《联合国宪章》这个"礼"(其深层意蕴也就是道理的"理",天理的"理")的强制规定来审其"一",来定其"和",而不是如某些个别国家那样,为了一己之私搞小圈子,搞所谓"基于实力的地位"的唯我独尊的武断而又自私的做法。

又次,"执两用中"的中国式跨文化传播话语转换路径。

春秋末年的晏婴以"相济""相成"的观念解释"和",认为相互对立的不同因素或者多种不同的因素能够通过相反相成、相泄相济来达到和谐的境地。到了孔子那里,他进一步将"和"运用到人际关系、社会关系准则的高度来论述,提出了"和而不同""和而不流""礼之用,和为贵"等人们耳熟能详的著名论断。在《礼记·中庸》里面,既有中庸之道的原则,更有如何使用中庸的方式来为人处世的道理。

> 子曰:"舜其大知也与!舜好问而好察迩言,隐恶而扬善,执其两端,用其中于民,其斯以为舜乎!"①

"执两用中",也就是"叩两执中""允执厥中",意思就是坚持中道而行,反对"过"与"不及"。中正、稳定、协调、均衡是社会政治、伦理、文化、个人、环境保持和谐的最佳状态和最佳结构的根本路径。这里面,上文所论及的"和实生物"与"致中和"是"执两用中"之路径的根本遵循与具体方法,它阐述了凡物两端的原理与方法、事实与价值、现实与理想、动力与源泉、是与应当等多方面的客观规律和有机统一。自然、社会、人物、技术等多方面的"一"必然有着好坏、上下、多寡、疾徐、左右、顺逆、长短、开合、智愚、薄厚、贫富、利义等诸多"两"的对立。"一"是平衡,"两"就会客观存在此轻彼重的可能或事实。达到不偏不倚、无过无不及的谐美状态,需要利用儒家元典关键词"和"的"致中和"的跨物质、跨交际、跨地域、跨文化的化育万物的话语意义生成与转换,以期实现公

---

① 王文锦.礼记译解[M].北京:中华书局,2001:775.

平、安定、通畅、和谐的社会生态和政治环境。

当然,"执两用中"并不是一成不变的"死法",而是有"权变"与"时中"的变则通、通则久的机变路径,也就是有"活法"在其中。在跨文化传播的话语意义生成与转换的实践之中,我们在任何时候,都要具体问题具体分析,实现非常规状态之下的"变",这就是权变;在任何场域,都要把握规律,因时设策,因地制宜,按照不断变化发展着的事物的具体变化,利用最佳的时间节点,采取最佳解决办法来处理具体的传播原理、内容、路径与方式,这就是时中。这也就是类似古人在农耕时所说的不违农时、不违地利的道理。

需要补充说明的一点是,"执两用中"的终极追求,就是"中和之美"。在哲学、美学、文学、中医学等多方面,"中和之美"早已是不刊之论。尽管它们在对"中和之美"具体的解释和使用上有细微的差别,但总体上,"中和之美"是中国特有的一种思想观念,其根本特点是不过不流,不偏不倚;清浊分明,疾徐有序;起伏有致,节奏张弛;典雅淡美,温柔敦厚;刚柔相济,美善相乐。"中和之美"既是先秦业已出现并流传至今的美学概念、范畴与命题,也是中国式的最高审美标准。其概念、范畴与命题,同样适用于我们的"和"关键词的中国式跨文化传播话语分析。

最后,"别异定分"的中国式跨文化传播话语转换方法。

儒家礼乐文化的"礼"(理)的根本遵循是序的准则。实施这一准则最重要的具体方法是"别"与"分"。不同文化、不同文明需要进行跨文化传播话语意义生成与转换之时,"别异定分"就是其具体的方法。

《礼记·礼运》说:

> 礼者君之大柄也,所以别嫌明微,傧鬼神,考制度,别仁义,所以治政安君也。①

这里的"别"与"分",有如下四层基本意涵:

其一,礼乐社会是君臣有别、父子有分、长幼有序、尊卑有别的礼乐文化理想秩序

---

① 王文锦.礼记译解[M].北京:中华书局,2001:295.

和社会图景。

其二,礼乐社会依存的是宇宙整体和谐“天人合一”的自然环境,人与自然在别与分的基础上达到完全融合,实现主客体的和谐统一。

其三,“礼”的核心价值在于“定亲疏,决嫌疑,别同异,明是非”①。有礼才有序,有序才有别,有别才有分。作为核心价值的“别”,更具有作为跨文化交际区分的手段与方法的作用。人之所以为人,正是因为有了在礼的价值基础上的“别”,才能进行人自身的人种、民族的区分,与其他物种的区分。在跨文化传播过程中,不但“移情式认同赋予跨文化传播以意义并使之持续”②,而且,“新的媒介环境下的人与人、人与城市在文化、情感、精神等方面的连接,逐步在创新理念、顶层设计、话语转换、技术合力、圈层流动等多方面进行多元的、科学的、恰当的、带有营销性的多维互动、互构与互融”③显得尤为迫切而必要。

其四,礼达而分定。通行天下的现实生活的礼的秩序的规定性,需要明达众人,依礼来分,依分而定。这里既有礼仪的别同,也有礼义的定分。有了礼仪的君臣父子、长幼尊卑等的“别”,才能实现礼义方面的孝慈恭顺、敬和仁义的“分”。

概言之,人是一种需要“礼”来规范的动物。在儒家文化元典的跨文化传播话语意义生成与转换过程中,人们想要达到“和”的境界,不仅需要礼,还要认识礼,利用礼,区分礼,通过别异定分而臻于和。

总之,在我国的经济总量、科技实力、军事实力等日渐增强的当下,我们固守的中华优秀传统文化,尤其是儒家元典的精髓并未在跨文化语境中取得与上述诸实力同步增长的表现。当我们在跨地域、跨文化乃至跨语境的不同文明间的交际之中一直被动地在他者固设的话语体系中蹒跚前行时,我们的话语权力(power of discourse)的软力量(soft power)永远得不到彰显,更谈不上以文化与文明引领世界。在百年未有之大变局下,一方面,儒家元典关键词“和”的中国式跨文化传播话语意义生成与转换的思想内涵、生存智慧、转换理念、转换前提、内在逻辑、发展路径以及和谐方法等,能够为当下诠释世界多样性图景和多极化格局提供重要的思想资源和中国智慧,能够为解

① 王文锦.礼记译解[M].北京:中华书局,2001:2.

② 罗雯,童扬芬.跨文化传播中话语意义流动性建构[J].湖北社会科学,2016(5):131.

③ 刘金波.超大城市国际传播能力建设研究[J].新闻与传播评论,2022(6):74.

决无止无让、非和不谐的缺乏“礼”之统摄的攫取不休、争斗不止、杀戮不断、战争不停的纷乱世界提供新的中国式世界观和方法论。另一方面,如欲成为跨文化传播角色的倡议者、引领者与对话者,我们有必要摈弃话语霸权和他者视角,利用儒家元典关键词“和”的概念、范畴、命题来凸显我们的理想图景、发展理念、生存智慧、文化密码和话语方式。此外,儒家元典关键词“和”概念、范畴、话语与命题,既是中华民族特有的文化基因、生存智慧和社会表征,也是自然环境、人类社会和大千世界的共有理想与精神特质。包含儒家元典关键词“和”在内的中华优秀传统文化的生存智慧和生命活力,既能给予当代人更多日常生活和伦理道德的信念感、使命感和责任感,更能在纷繁复杂的百年未有之大变局的现实世界和政治、经济、军事和文化格局中提供世界治理的中国智慧和中国方案。这不仅是中华文明话语力、传播力建设的题中之意,更是其竞争力和影响力提升的现实要求和价值旨归。利用“君子贵和”“和实生物”“和而不同”“仁以行之”“审一定和”“执两用中”“别异定分”等儒家传统的“和”目标、理念、前提、原则、路径和方法,来构筑平台,统筹资源,创新技术,最终形成儒家元典关键词“和”的中国式跨文化传播话语的叙事重建、意义生成与转换,将有助于实现各文化间以和为美、各美其美、美美与共的多极世界大同格局。(武汉大学新闻与传播学院硕士研究生熊怡君、张涵对本文亦有贡献,特此致谢)

试论西南茶马古道的发展与多民族文化交流*

◇ 陆晗昱**

摘　要　西南茶马古道是我国历史上内地同西南边疆地区及周边邻国进行商贸、文化交流的重要通道,分为青藏、川藏、滇藏三条主要线路和数量众多的支线道路,在道路所承载的商贸活动发展日盛的同时,沿线多民族文化之间也产生了愈加密切的交流与融合。这一过程十分鲜明地体现为汉藏多民族文化的文化典籍、语言文字、科技工艺、宗教信仰、价值观念、审美趣味、思维方式等方面的沟通交融,多民族饮茶风习及相关文化的发展,民族间贸易活动呈现的商业文化等,推动了汉文明的西迁与藏文明的东进,塑造了内地文明与藏地文明的交往模式,造就西南茶马古道成为和平友好之路。

关键词　西南茶马古道;茶马贸易;多民族文化;交流互融

---

* 本文系国家社科基金重大项目"'一带一路'视野下的西南茶马古道文献资料整理与遗产保护研究"(项目编号:20&ZD229)的阶段性成果。

** 陆晗昱,武汉大学长江文明考古研究院茶文化中心助理研究员,武汉大学教育技术与教学服务中心副主任,电子邮箱:whuhanyu@163.com。

Analysis into Development of the Ancient Tea Horse Road in the Southwest of China and the Multi-ethnic Cultural Communication

HanYu Lu

Abstract Ancient Tea Horse Road in the Southwest of China is an important channel for trade and cultural exchanges between the mainland and the southwest frontier region and neighboring countries in China history. It is divided into three main routes and a large number of branch roads, namely, Qinghai-Tibet, Sichuan-Tibet, and Yunnan-Tibet. While the trade activities carried by the road are developing rapidly, the multi-ethnic cultures along the road also have more and more intensive exchanges and integration. This process is clearly reflected in the cultural classics, language, technology, religious beliefs, values, aesthetic tastes, ways of thinking and other aspects of Sino-Tibetan multi-ethnic culture, the development of multi-ethnic tea drinking habits and related cultures, and the commercial culture presented by inter-ethnic trade activities, which promote the westward migration of Han civilization and the eastward advancement of Tibetan civilization, and shape the communication mode between the mainland civilization and Tibetan civilization and the Ancient Tea Horse Road in the Southwest of China has become a road of peace and friendship.

Keywords The Ancient Tea Horse Road in the Southwest of China, tea and horse trade, multi-ethnic culture, communication and mutual integration

引 言

西南茶马古道是我国历史上内地同西南边疆地区以及周边邻国进行商贸、文化交流的重要通道，该道路交通网络形成于唐以前，是西南各民族间的沟通往来之道。唐与吐蕃交往时期，古道开始承载官营绢马、茶马贸易，贸易的日益兴盛推动西南茶马古道大兴于宋，极盛于明清，延续至民国。该道路网络分为青藏、川藏、滇藏三条主要线路和数量众多的支线，覆盖了陕、甘、青、川、滇、藏、贵、桂等地区。藏地是诸条线路的共同目的地，主要分布于青藏高原的蕃部是茶马互市贸易的主要对象。在西南茶马古道上的使臣往来、贸易交流和民间交往过程中，汉、藏等多民族之间的文化交流随之开展。这种多民族文化交流沟通了内地和藏地，推动了汉文明与藏文明及其他西南少数民族文明的交流、交往与交融，使得上述地区形成了丰富多彩的地域文化图景。

近年来，西南茶马古道路学研究及古道所承载的茶马贸易和汉藏经济文化交流研究，逐渐成为国内经济史、文化史、民族学、民族史以及人类史研究的热点。较早时期，贾大泉在《汉藏茶马贸易》一文中谈到，茶马贸易是汉藏人民进行政治、经济、文化交流的重要内容，成为汉藏民族维持友好关系的重要纽带①；王晓燕认为，官营茶马贸易为民族融合打下了经济基础，对内地和周边民族经济文化产生了深刻影响②；石硕在一系列研究茶马古道及其历史文化价值和汉藏文化互动的文章中指出，茶马古道的历史文化价值在于四个方面：茶马古道是青藏高原上一条古老的文明孔道；茶马古道是人类历史上海拔最高、通行难度最大的高原文明古道；茶马古道是汉、藏民族关系和民族团结的象征和纽带；茶马古道是迄今我国西部文化原生形态保留最好、最多姿多彩的

① 贾大泉.汉藏茶马贸易[J].中国藏学，1988(4)：74-91.

② 王晓燕.历史上官营茶马贸易对汉藏关系的影响[J].青海民族研究，2010(1)：111-115.

一条民族文化走廊。[①] 刘礼堂等学者系统整理了西南茶马古道的研究情况[②]，钩沉丰富史料，阐述西南茶马古道是汉藏交融的千年大通道，成为中外交流的桥梁与纽带，凝聚了中华民族共同体意识[③]。宋时磊的研究显示，唐人借助茶叶的流通体系，将西南茶马古道逐渐纳入内地经济贸易网络，加速了边疆社会对内地的文化体验和认同。[④] 随着西南茶马古道的发展，汉藏民族间的文化交流经历了怎样的历史演变，换言之，今天的民族文化面貌与格局由何而来？本文拟从宏观视角，以历史文献为基础，综合今人研究，对历史上西南茶马古道所承载的多民族文化交流做进一步探讨。

西南茶马古道带动的文化交流包含汉藏民族文化的文化典籍、语言文字、科技工艺、宗教信仰、价值观念、审美趣味、思维方式等方面的沟通与交融，多民族饮茶风习文化的发展，民族间贸易活动呈现的商业文化等多个方面。伴随中原王朝与藏地茶马贸易的演进及西南茶马古道交通线路的发展而产生的多民族文化交流，一方面鲜明地体现在青藏、川藏、滇藏茶马古道汉藏贸易互市地区的多民族密切往来中，另一方面体现为汉藏文化向各自广阔地域产生的文化扩散。前者是因为，熙河、秦凤、雅州、黎州、泸州、打箭炉、丽江等地区作为历史上汉藏贸易的主要交易地点，处于甘青河湟洮岷地区向南一直延伸到川西高原、滇西北的狭长地带。在这些地区，融洽的汉藏关系乃双方贸易的基础，密切的文化交流可谓源自汉人和藏人等多民族民众彼此共同的需求与愿望，历史上在此世代繁衍的汉藏等各民族的文化发生了广泛的交流与联系。后者是汉

---

① 石硕.茶马古道及其历史文化价值[J].西藏研究，2002(4)：49-57；石硕，邹立波.汉藏互动与文化交融：清代至民国时期巴塘关帝庙内涵之变迁[J].西南民族大学学报(人文社会科学版)，2011(6)：49-54；石硕，邹立波.藏彝走廊中藏文化的影响与辐射[J].广西民族大学学报(哲学社会科学版)，2013(2)：2-6；石硕.中国西部民族宗教格局与民族关系新趋势[J].西南民族大学学报(人文社会科学版)，2014(6)：1-8；石硕.从藏文史籍中的四个称谓看吐蕃对唐太宗的认知：兼论吐蕃的中原观[J].中国藏学，2015(3)：269-277；石硕，邹立波."打箭炉"：汉藏交融下的地名、传说与信仰[J].思想战线，2019(3)：33-45；石硕，刘欢.从文成公主形象看中原风水、占卜知识在西藏的传播[J].西南民族大学学报(人文社会科学版)，2020(5)：18-22.

② 刘礼堂，冯新悦."一带一路"视野下西南茶马古道研究：回顾、反思与展望[J].武汉大学学报(哲学社会科学版)，2022(3)：77-84.

③ 刘礼堂，陈韬.西南茶马古道：汉藏交融的千年大通道[N].光明日报，2021-01-25(14)；刘礼堂，陈韬.西南茶马古道：中外交流的桥梁与纽带[N].光明日报，2021-10-04(6)；刘礼堂，陈韬.西南茶马古道：中华民族共同体意识的千年回响[N].光明日报，2022-10-10(14).

④ 宋时磊.唐代茶叶及茶文化向边疆塞外的传播[J].人文论丛，2016(2)：122-133.

藏文化在各自广阔的地域进行的文化传播。

一、物的连接:茶与马缔造的交流网络

历史上,生活在中国西南地区的蕃人等民族部落的饮食以乳酪和肉食为主,茶富含维生素,有清热、解毒、健胃消食之效,是高原民族饮食中的必需品,故蕃部民众产生了对茶的固定需求。如《明史》所载:“番人嗜乳酪,不得茶,则困以病。故唐、宋以来,行以茶易马法,用制羌、戎,而明制尤密。”[①]唐宋以来,汉地茶叶种植、制作技术水平不断提升,且宋、明等朝代始终有国防需马和维持羁縻统治的买马需求,促使汉藏间发展出延续千年的茶马贸易。

承载汉藏茶马贸易的西南茶马古道含青藏、川藏、滇藏三条主要线路,各线路的交通网络随茶马贸易的发展而不断演进。青藏茶马古道起自陕南,途经甘肃南部、青海的天水、大非川、暖泉、河源、通天河等地后进入西藏;川藏茶马古道东起雅安,经康定、理塘、巴塘等川边重镇入藏;滇藏茶马古道起自普洱,经南涧、大理、丽江、德钦等地入藏,三条主线都通向拉萨、日喀则等藏地腹地。

三条主线在中国古代不同历史时期有着各自独特的作用。青藏茶马古道,亦称唐蕃古道,是唐朝时期的汉藏交通要道。唐代以来,中原内地人去往吐蕃、南亚主要行此道路,文成公主远嫁吐蕃王松赞干布(641 年)即走此路。该道路兴盛于唐,但早在唐以前就已存在。民间称文成公主为藏族饮茶习俗的开创者,传世文献也鲜有文成公主入藏前的民间茶马贸易活动的记载,但西藏阿里地区发掘的公元 3 世纪故如甲木墓葬出土了茶叶实物[②],说明早在 1800 年前,就已有茶叶入藏,早已存在的青藏茶马古道

---

① 张廷玉,等.明史[M].北京:中华书局,1974:1947.

② 中国科学院地质与地球物理研究所吕厚远研究员与国内外同行合作,对西藏阿里地区故如甲木墓葬遗址出土的疑似茶叶食物残体开展植物鉴定和年代学分析,通过标准样品的色谱—质谱分析、碳 14 年龄测定等手段,证明残体中含有茶叶植钙体、茶氨酸和咖啡因,判定此植物遗存是茶叶,所属年代为距今约 1800 年,属于西藏古象雄王国时期,亦即西汉前期。阿里地区位于藏北高原,至今都不具备产茶的条件,因此,遗址中的茶叶只能从内地携带或者贸易而来。根据这些考古资料,霍巍认为,贵族要保持稳定的茶叶消费,必定有一定的贸易通道,这表明距今 1800 年前,茶叶从汉地进入西藏西部的通道便已经存在。霍巍.西藏西部考古新发现的茶叶与茶具[J].西藏大学学报(社会科学版),2016(1):8-12,66.

上也大抵早已有茶货运输活动,只不过在文成公主入藏之前,贸易规模或许较小。文成公主入藏,推动了吐蕃社会饮用茶叶风习的形成,其后,内地茶叶开始经由青藏茶马古道更大规模地输入藏地。迄至宋代,内地茶叶生产有了长足发展,吐蕃饮茶风气更盛,这种饮茶风气促使主要集中于熙秦地区的易马交易(以绢易马、以钱易马)发展为以茶易马为主,青藏茶马古道成为汉藏茶马贸易的主要道路。南宋时期,宋廷还经自杞、邕州横山砦等地买马,经广西、贵州等地购入。明代以来,青藏、川藏、滇藏茶马古道上的民间茶马商贸活动愈发兴盛。清朝顺治年间,面向甘青藏区的青藏茶马古道沿用官营茶马贸易,由政府主导经营,至乾隆初年才予以废止;康熙年间,川藏、滇藏茶马古道均确立边茶商营贸易,在康定开辟边茶市场,设立権关,政府颁发茶引,征收茶税,茶商自由营运。在长达一千余年的时间里,西南茶马古道交通网络在崇山峻岭间蜿蜒向前,牵引经贸往来不断,促进汉藏间建立商业文化。

(一)西南茶马古道之“茶”

茶是西南茶马古道多种文化间交流融合的关键媒介。唐朝时期,吐蕃王朝贵族阶层因文成公主入藏而更多地了解茶叶,逐渐热衷饮茶并将其作为药物食用。唐德宗时期,监察御史常鲁公入藏(781 年)就发现,吐蕃赞普已能够接触到产自寿州、舒州、顾渚、蕲门等内地各地的茶叶[①],当时直接以茶易马的官方交易模式还未确立,但汉茶已作为重要商品进入对方市场,被吐蕃上层社会视为珍贵好物,为茶马贸易的开展打下了消费基础。

到了北宋,以肉食为主的藏地民众因需要用茶来补充体内的维生素、促进肉食消化,饮茶需求极大,如宋朝郭茂恂所言:“专用银绢、钱钞,非蕃部所欲。且茶马二者,事实相须。”[②]即言茶为蕃部的必需品,马为内地所需。吐蕃还对不同种类的茶有所了解和区分,出了一本记载如何鉴别汉地茶叶好坏的书,名为《甘露之海》[③]。为投藏民之所好,以便购置马匹,宋廷规定,雅州名山茶专门作为易马之用,四川所产茶叶于是经

---

① 李肇,赵璘.唐国史补 因话录[M].上海:上海古籍出版社,1979:66.

② 脱脱,等.宋史[M].北京:中华书局,1985:4952.

③ 达仓宗巴·班觉桑布.汉藏史集[M].陈庆英,译.拉萨:西藏人民出版社,1986:145.

陕西、甘肃等地转卖入藏。彼时,“蜀茶之入秦者十几八九”①。藏民的茶叶需求量很大,除了以马易茶,每年藏人还从内地的陕南、四川、湖南等产茶区购入大量茶叶,“兴元之大竹”“洋州之西乡茶”等产于陕南的名茶皆“自河州入木波”②。据统计,在与藏地开展茶马贸易的主要线路青藏茶马古道上,每年运输用于交换藏马的茶叶就有4万驮左右③,南宋时期,宋廷与蕃部更是在西和州、阶州等地以茶易战马,并在雅州、黎州等地开辟新的茶马互市场所。这些互市地点的开辟和茶马贸易的兴盛,都推动了西南茶马古道交通网络的发展和运输往来的繁盛。

元代中国一统,大江南北,尽入版图,战马云集,中央政权对藏马的需求减弱,对茶马互市不再重视,但为了满足藏地饮茶需要,仍设立西番茶提举司,从宋代兴起的汉藏茶马互市在碉门等地以民间贸易的形式延续下来。明代,茶马互市持续发展,不仅陕南、夔州等地所产的茶叶转运陕西经由青藏线入藏,川藏茶马古道也迅速兴盛起来。明朝政府分别在四川、陕西两省接待朵甘思、乌斯藏入贡使团,规定乌斯藏(元明时期中原地区对藏人的称呼)的贡使只得由川藏路入贡,由碉门(今四川雅安)支出供给入贡使节完备食茶。乌斯藏的贡使只得由川藏茶马古道入贡,不再由青藏茶马古道的洮州路入贡,这加速了川藏茶马古道的畅通,使川藏道发展为茶马贸易的另一条主要线路。为制衡蒙古势力,抵御“西番”“以夷治夷”,明代朝廷大力扶持下的木氏土司势力崛起,他们向北扩张,通过频频用兵基本控制了今中甸、木里和维西等地,并在占领区域的基础上继续北上,大幅推进至今云南德钦、四川巴塘、理塘及西藏芒康一带的藏族地区,使纳西族与藏族间密切交融,滇藏茶马古道上的茶马贸易得以发展,纳西族及丽江地区开始成为以滇茶销藏为主的滇藏贸易的主要角色与中转站。

藏族视茶马贸易之路为“金路”,他们用自己的牲畜、土特产换回大批的茶叶和内地出产的生活生产物资,如衣服、绸缎、布匹、酒肉、瓷器、铁器等商品,但茶叶始终是藏族人民的贸易大宗。有清一代,清廷进一步加强了对康区和西藏的经营,设置台站,放宽茶叶输藏,打箭炉(康定)成为边茶总汇之地。这样,明清时期形成了东部经由雅安、

---

① 脱脱,等.宋史[M].北京:中华书局,1985:11597.

② 黄庭坚.山谷全书·别集[M]//四川大学古籍所.宋集珍本丛刊:第26册.北京:线装书局,2004:186.

③ 李焘.续资治通鉴长编[M].北京:中华书局,2004:7078.

天全越马鞍山、泸定到康定的“小路茶道”和由雅安、荥经越大相岭、飞越岭、泸定至康定的“大路茶道”；西部经由康定过雅江、理塘、巴塘、江卡、察雅、昌都至拉萨的南路茶道和由康定经乾宁、道孚、炉霍、甘孜、德格渡金沙江至昌都与南路茶道会合至拉萨的北路茶道。东线雅安至康定、西线康定至拉萨的茶马道路即为明清时期的川藏茶马古道。民国时期，这条道路上的茶业贸易依然兴盛，“路上来往的，多半是背夫和驮夫，背的是茶，驮的也是茶，都从雅州办来，往康定卖给康民的”①。滇藏茶马古道上的茶叶、土货贸易在民国时期仍十分兴盛；直至当代，川西藏族村寨部落一些汽车较少进入的寺庙仍靠驮夫运送盐和茶叶。如今，川西木里很多驮夫口中依然流传着汉地马帮给藏地康坞大寺送茶和盐的故事：一个大雪凛冽的冬日，马帮队伍在山间小路艰难行走，不断摔倒，终于人与马全部滑倒而无力站起。就在人几乎被雪全部覆盖的时候，马锅头被远处康坞大寺的钟声唤醒，睁开眼，流着泪说：“要把盐巴和茶叶送到寺庙，喇嘛们离不开它们，而我们又离不开他们呀。”最后，队伍站起、艰难行至康坞大寺，并见寺中所有喇嘛正在门口迎接他们。② 民间口口相传的故事表明，马帮为给藏地民众运送茶和盐而守信义、克难关，战胜艰难险阻运输茶货。同时，他们视藏地贸易为赖以生存的营生，冒着生命危险也要延续交易，不肯中断贸易往来。藏地僧侣、百姓则视运来茶和盐的马帮为他们的生存线，感到彼此之间息息相关。这种以茶为媒介的西南茶马古道贸易可谓延续千年，连接汉藏民族情。

（二）西南茶马古道之“马”

西南茶马古道中的“马”经学界多番探讨有双重含义，一方面指茶马贸易，即贸易对象之“马”。对内地而言，历代王朝需要购置马匹以满足作战等需求；对于藏地而言，藏地民众主要从事畜牧业，对内地的马匹贸易也刺激了藏地畜牧业的发展，同时，用马匹换回茶叶，改善了藏地人民的生活，利于其发展经济。另一方面，此“马”指川藏线、滇藏线等似“牵牛花状”铺展的西南茶马古道交通网络上的主要运输工具“马”。

作为商品的“马”，其贸易阶段经历了由兴到盛、由盛转衰的历史过程。唐代的茶

---

① 董兆孚.徼外旅痕[J].边政，1930(4)：23.

② 陈晓玲.走进木里：神秘王国的马帮路[M].成都：四川人民出版社，2010：7-9.

马交易尚处于起步阶段,多采取贡马易茶的方式,交易频率较低。宋朝十分缺少保卫国土的战马,两宋王朝对战马的迫切需求,推动其同吐蕃等部族的茶马贸易兴旺发达。早在宋初,宋廷即在西北和西南许多地方设置了买马场,用布、帛、茶和其他物品购入战马。北宋神宗熙宁年间,王韶开熙(甘肃临洮)河(甘肃临夏),这一带的吐蕃部族北与回纥相通,西与青海吐蕃相接,产马乏茶,宋神宗采纳王韶运蜀茶至熙河卖茶买马的建议,在四川榷茶,建立都大茶马司,主管川、秦地区的茶马贸易事宜。从此,内地汉族以绢帛等纺织品以及金银、钱币等与边疆地区兄弟民族交换马匹的贸易发展到了以官营的专用茶易马的新历史时期。四川成都设置的都大茶马司下属有四川产茶州县的买茶场、熙秦地区的卖茶场和买马场,四川也同时设置了买马场。建立诸买马场地之后,宋朝就逐步停止在河东、陕西等地买马,“自是,国马专仰市于熙河、秦凤矣”[①]。西北战马从来源于沿边各族逐步发展为专仰熙河、秦凤地区的吐蕃部族。按蜀茶年产3000万斤计算,每年运往熙秦2000万斤以上茶叶供买马所需[②],北宋时期所买战马每年在15000匹至2000匹之间。南宋时期,熙河地区丧失,宋人仅能在西和州(甘肃西和)和阶州(甘肃武都)等地每年购战马5000匹左右。[③] 宋朝亦于雅州、黎州等地设置买马场,但所购主要为不堪作战的羁縻马,每年仅5000匹左右[④];一度还因“川、陕马纲路通塞不畅”,在广西邕州设立茶马司,“互市诸蕃马”[⑤],经滇藏茶马古道和广西横山砦、自杞等地买蕃马。

明代是茶马贸易最发达、西南茶马古道发展最繁盛的历史时期,形成了比宋代更为完整的茶法和庞大的榷茶官僚机构。“自碉门、黎、雅抵朵甘、乌斯藏,行茶之地五千余里。山后归德诸州,西方诸部落,无不以马售者。”[⑥]明代朝廷还把保宁、夔州地区的茶叶划为“巴茶”,归陕西巡茶御史管理,每年调运“巴茶”100万斤至西宁、河州、洮州易马。清朝“牧地广于前代,稍为孳息,则已骊黄遍野,云锦成群,今则大苑、西番尽为

---

① 脱脱,等.宋史[M].北京:中华书局,1985:4950.

② 贾大泉,陈一石.四川茶叶史[M].成都:巴蜀书社,1989:79.

③ 贾大泉,陈一石.四川茶叶史[M].成都:巴蜀书社,1989:86-87.

④ 贾大泉,陈一石.四川茶叶史[M].成都:巴蜀书社,1989:80,90.

⑤ 脱脱,等.宋史[M].北京:中华书局,1985:11690.

⑥ 张廷玉,等.明史[M].北京:中华书局,1974:1947-1948.

内地，渥洼天马，皆枥上之驹”①。可见清代朝廷自有充足战马，康熙以后的茶马互市已不是军事上的迫切需要，茶马司演变为管理民族贸易的机构，官营茶马贸易的制度至此结束。虽然易马的停止使马匹销路不再，但藏汉民族之间的商业贸易却依旧延续了下去。

作为运输工具的“马”在西南茶马古道三条主线中，均承担着大量的运输任务。以川藏茶马古道为例，民国二十九年(1940年)四川省建设厅《设计年鉴》载：“这条道(松潘至灌县茶马古道)每年运输的骡马均达一万二千头左右。所运进货多为边茶、盐巴、布匹；运出多为皮毛、药材。”②滇藏茶马古道上更是发展出一队队以赶马人及骡马队组成的马帮，他们在横断山脉、喜马拉雅山脉甚至川藏线上行走，因所行之路经历严寒酷暑、路途十分艰辛而闻名于世。马帮所用之马主要为古所称道的“羁縻马”，这种马体型短小，头大耳小，颈短粗，背腰长短适中，肌肉发达，四肢强健，蹄质坚硬，举步轻盈，能吃苦耐劳，善爬山越岭，驮载力强，是滇藏茶马古道主要的运输动力。千百年来，这里的商品流通和文化交流主要是靠马帮完成的，云南阿诗玛所唱“驼铃响来马帮来”，正是运输之马的写照。除了马驮，背夫、脚夫背运也是西南茶马古道的重要运输方式，农闲时期，很大一部分劳力都会参加背运。直到20世纪80年代，成阿公路修通后，西南茶马古道上的人力、畜力运输才逐步被机械运输替代。

二、互惠关系：茶马贸易的逻辑与特点

汉藏官营和私营茶马贸易的互市地点均算得上因为需要完成一件任务而结合的社会，用涂尔干(Durkheim)的话来说是“机械的团结”(Gesellschaft)，不同于因在一起生长而发生的社会，即“有机的团结”(Gemeinschaft)③。费孝通先生言前者是法理社会，后者是礼俗社会。④ 一方面，在熙河、秦凤、黎雅等地区的汉藏民族，为实现茶马交易而聚集，他们之间有着“机械的团结”的特点，遵循法理社会的运行规则以使交易更

---

① 张廷玉，等.清朝文献通考[M].杭州：浙江古籍出版社，1988：5128.

② 汶川县地方志编纂委员会.汶川县志[M].成都：四川民族出版社，1992：475.

③ 涂尔干.社会分工论[M].渠东，译.北京：生活·读书·新知三联书店，2013.

④ 费孝通.乡土中国[M].武汉：长江文艺出版社，2019：8.

为顺畅。另一方面,长期的贸易往来使军士、垦夫们驻扎繁衍,展现出“有机的团结”,礼乐民俗的有机性便部分地替代了法理的机械性,使互市地区成了“有机的团结”与“机械的团结”的杂糅体。基于茶、马、丝、盐、铜及各地方土产等多种商品的往来贸易,西南地区多地域、各民族间发展出世代沿袭的贸易传统,这一传统还随着贸易制度和民族关系的变迁而调整发展,蕴含着历史悠久而内涵丰富的商业文化。

首先,为保证战马的供应和地域的安宁与和平,汉藏茶马贸易形成了马价高于茶价的贸易原则,世代坚守此原则以保障贸易顺利进行,虽然也有贱马贵茶的时候,但日久则会换回弱马,故又会回归。宋朝为防御契丹、西夏、女真等进犯,需要大量战马充实国防,故其垄断茶马贸易不是追求商业贸易的经济利益,而是保证军事上对战马的需要得以满足,是以其对马政格外重视,执行相关政策严格审慎,以交换战马为先务。宋朝曾任鄜延路钤辖的官员高继勋“坐市马亏价失官”①。因买马时亏价(少给钱)有损信誉,易造成战马购置数量减少,所以高继勋丢了官职,人们由此事可见宋廷对马价和购马贸易的坚定维护。此外,为鼓励吐蕃等部族以马易茶,朝廷规定博马茶(只许折支马价,以茶易马的茶)的价格低于杂卖茶(卖给当地百姓饮用的茶)的价格。如,瑞金茶每驮 129 贯 413 文,贴卖价每驮 173 贯 348 文;万春茶博马价每驮 87 贯 36 文,贴卖价 173 贯 348 文;洋州茶博马价 70 贯 542 文,贴卖价 173 贯 348 文②,等等,使得“马稍来集率厚其直偿之,成又宣谕德意。自是番酋感悦,相率诣阙谢恩,而山后归德等州西番诸部落皆以马来售矣”③。蕃部以马易茶可得丰厚的购茶优惠,故皆愿牵马来售。此外,宋朝还给售马者另外的福利,如崇宁三年(1104 年)核定,“将四赤二寸以上马每匹合得茶,依已降朝旨比旧减半支折外,各与量添茶一担,招诱收市”④。这即是宋廷为招诱蕃部卖马,除施行“比旧减半”的优惠外,另添茶一担的销售政策。吐蕃部族享受了极其优厚的经济利益,受到鼓励而销售更多的战马,保证了宋廷战马来源充足。

宋代还开始在四川黎、雅地区实行以茶购买羁縻马的制度,即通过茶马贸易,以特

---

① 脱脱,等.宋史[M].北京:中华书局,1985:9695.

② 宋会要辑稿[M].徐松,辑.刘琳,刁忠民,等校点.上海:上海古籍出版社,2014:4152-4153.

③ “中央研究院”历史语言研究所.明太祖实录[M].台北:“中央研究院”历史语言研究所,1962(4):1694.

④ 宋会要辑稿[M].徐松,辑.刘琳,刁忠民,等校点.上海:上海古籍出版社,2014:4152.

别优厚的价格购买“产西南诸蛮,短小不及格”的“羁縻马”①,这种马无法用于作战,品质不良,“不可服乘,发以充数”②,但这项对蕃部的不等价交换一直延续了下来。对中原王朝而言,此交易“非所以取利也。今山前后五部落仰此为衣食,一旦失利侵侮,不知费直几马也”③。宋廷是以“不取利”而从经济上优待、安抚西南诸部族,使得当地逾百年未见兵戎。可见,这种茶马贸易成为中原王朝搞好民族关系、保持边境安宁和维系羁縻统治的纽带。

其次,茶马贸易过程中,形成了约定俗成的商业规定与商业模式。茶马贸易经历了从国家贸易行为发展为民间商贸活动的历程,无论官营还是私贩,都形成了一些各民族皆认同的商贸制度。如,明正德十年(1516 年),“番人之市马也,不能辨权衡,止订篦中马。篦大,则官亏其直;小,则商病其繁。十年巡茶御史王汝舟酌为中制,每千斤为三百三十篦”④。这说的是蕃人贩卖马匹,不分辨所兑茶叶的轻重,主要以装茶叶的竹筐大小衡量多寡,但筐大了,汉地政府亏损,筐小了,承办商人们嫌麻烦。为协调政府、茶商、蕃人马户三方的利益和贸易需求,巡察御史王汝舟折中规定,每千斤茶装于 330 个筐中,与蕃人易马,此规不轻易改变。此类贸易规定是平衡各方利益的结果,被逐步固化为茶马贸易的规定,以保障贸易顺畅进行。

明朝专用于易马的茶叶仍主要从四川运出,茶叶运输从官运发展为官运、商运结合。弘治三年(1490 年)后,明廷实行“招商中茶法”,规定茶商运茶,政府抽取 40%的茶叶,其余任由商人贩卖。逐渐地,官营茶马互市彻底被民间茶马互市取代。民间私营商人经营边茶时,形成了“驻中间,拴两头”的购销一体化经营模式。他们一般设总店于雅安、打箭炉等地,通盘指挥、协调边茶贸易,在茶区设分店,分销各路藏民商队,并以物易物,换回藏地的药材、麝香、毛皮等回程货,以购、销一条龙的模式运作,形成井然有序的商业模式。

再次,西南茶马古道上的贸易运输形成了独具特色的贸易沟通方式。主要原因在于:第一,西南茶马古道上由内地向藏地运输的大宗商品主要为茶叶,还有汉地的绢、

---

① 脱脱,等.宋史[M].北京:中华书局,1977:4955.

② 宋会要辑稿[M].徐松,辑.刘琳,刁忠民,等校点.上海:上海古籍出版社,2014:9090.

③ 脱脱,等.宋史[M].北京:中华书局,1985:10002.

④ 张廷玉,等.明史[M].北京:中华书局,1974:1951.

绸缎、布匹、铁器、铜器、纸张;由藏地运往内地的主要商品为马匹,以及食盐、红椒、红缨、毛布、药材、畜皮等土产物品,运输物品——尤其去程茶货等物品的数量大,货物沉重。第二,交通网络所覆盖区域含连绵险峻、山脉起伏的山地地貌,气候多变,地理、气候等综合环境较为复杂。所以,运输队伍对茶叶等货物运输的出发及返程时间、气候状况、牲畜选择等均有明确的要求。从事茶马贸易等商业往来的茶马司、商人、大宗茶货等物品的运输人员间及与蕃户间逐渐形成了独具特色的沟通方式。

这些独特方式包含运输队伍内的规矩、语言,运输队伍间的沟通,等等。滇藏茶马古道有各路马帮,每支马帮都有赶马、经商、护卫等精细分工,也有很多规矩和禁忌,有他们的"行话帮规",以及对不吉利的事物的忌讳。如,滇西北马帮因煮饭烧菜的两口锅与马帮首领马锅头的"锅"谐音,故讳言为"大黑""二黑",筷子要叫"滑石子",碗为"莲花",勺称"顺子";吃饭时,马帮首领大锅头位于大黑之首,面对次日出发方向,盛饭只盛表面一层,切忌挖洞;碗、汤勺、饭勺须平放,不能反扣。"翻、倒"等话意味着失蹄翻驮,最为忌讳,所以马队回头不说倒转,而言"抖",看货翻查单账册不说翻看,而言"数"。老板所穿上衣三五件全数在身,天热只许解扣,敞胸露怀,不能逐件脱衣,因为这隐喻牲口被剥皮。滇南迤萨马帮的赶马人则严守帮子路线、货物、交易地点、方式等秘密,他们克己忍让、重礼尚往来,对不可信任之人避而远之;对默契之人则眨下眼、扬下眉毛,甚至脸上肌肉抽动一下都是在传递信息,所以他们在紧要关头能迅速团结。[①] 再如,以马匹为主要运力的民间商帮最怕在赶马时"撞帮",因许多山间驿路窄而陡,逢到过这种路时,马帮的人都要大声吆喝"嗨嗨——我们要过来啰!"以提醒对面的运输队伍让路,避免两队迎头相遇,无法退让。运输队伍穿行山间,会赶在雨季前返程,如耽误了返程时间,会原地开展短途贩运,待进入旱季再择日启程。赶马人的孩子从小学习割皮条、捆驮子,学会将驮货巧妙搭配、轻重匀称地捆扎"铁实",驮货经得起前倾后仰、反复颠簸,而后才有资格承担运输任务。商道上的赶马人心中有"路经",他们把每条驿路、每点特征,甚至细微的季节变化均刻在脑中,他们还吃苦耐劳、自立强壮、意志坚忍,经得起运输途中的任何变故。

最后,汉藏间的商贸活动历经千年,其间汉民与藏民融通、互鉴彼此的商业风范。

---

① 陈灼红.马帮驮出来的侨乡 红河迤萨[M].昆明:云南教育出版社,2017:54-55.

明清时期，川藏、滇藏茶马古道上的民间商贩已长久地接受了汉地礼义传统教育和藏地佛教文化的滋养，加之民间商贸不断发展，推动当地的民间商贩逐渐树立起了爱惜名誉、宽容忍让、讲义气、正派友善的经商准则。如，民间商业组织马帮就是责任明确的运输团体，曾于1990年历时100天徒步考察、走访马帮相关路线的“六君子”之一的李旭，阐述了马帮精神：他们深深明白“要是出了什么纰漏，做了什么手脚，下次就没有饭碗了”，他们还特别看重信誉和信用，“真有什么意外，哪怕自己吃亏贴进去，也要保证客户的利益”，“马锅头从来都是说一不二，……绝无戏言。只要预先交付一点定金，他们就会尽心尽力完成工作，这已成他们的定例”①。马帮、背夫都总是和做生意的对象成为朋友，有的甚至成了莫逆之交，关键时刻为对方两肋插刀、尽力相助。商帮的孩子从小就被培养处处为别人着想，宁肯自己吃亏也不伤害别人的人格，以人格保障经商。汉地商帮、运输的马帮总是克服万难，将藏地民众生活中不可或缺的茶、盐物资运送至藏地，与之开展贸易，获利并采办土货返程，藏地之人亦领受这份信义。

不仅驻扎西南的运输商帮发展出精明而诚恳的朴素职业道德，在民间茶马贸易兴起的过程中，原处于官营茶马贸易重镇地区的陕商率先跨域贸易，也开启了大规模商运商销的阶段，发展为康藏市场茶商中的力量最大者。陕商与当地商帮一起经锅庄撮合，同藏人贩茶商——邦达昌、桑都昌、大金寺、理塘寺和拉萨三大寺的采办商相贸易②，同样带来内地商户忠义诚信、和气生财的行商理念。茶农、茶商、茶庄、背夫、骡马出租者、制茶农户、包装人员、经纪人锅庄等贸易参与者，在以茶叶为主的汉藏民间商品贸易中遵循诚信、和气的交易原则，使汉藏民族间的贸易形成了既粗犷明朗，又诚信守约的商业文化。在这样的商业氛围中，汉地民间往往以财神形象出现的关帝信仰传播到了明清以来茶马贸易的中心——理塘、巴塘、打箭炉等枢纽地区，关帝忠义守信的秉性、千里走单骑的豪情被汉、藏等多民族与民间商贸交易、运输的准则和精神联系了起来。③

---

① 李旭.论茶马古道马帮之精神[M]//木仕华.活着的茶马古道重镇丽江大研古城：茶马古道与丽江古城历史文化研讨会论文集.北京：民族出版社，2006：107.

② 雅安的茶场、茶号很多亦由陕商经营，其次是川帮和康帮。焦虎三，焦好雨.茶马古道“锅庄文化”文史调查与研究辑要 附录[M].成都：西南交通大学出版社，2019：226.

③ 石硕，邹立波.汉藏互动与文化交融：清代至民国时期巴塘关帝庙内涵之变迁[J].西南民族大学学报(人文社会科学版)，2011(6)：49-54.

再观藏地蕃部,其经济历来不很发达,但贸易却相当活跃。尤其是宋朝时期,“木昔园者,西南生蕃小族,距茂州千余里,历熟蕃(内附者)八族然后至,八族常以转贩取赢”[①]。这些从事转贩、交易活动的蕃部部族是吐蕃的专业“商贾”阶层,他们“博买茶货,转贩入蕃”[②]。在这些吐蕃商贾间有一种求问做生意“能否得利”或“适不适合交易”的占卜习俗。敦煌古藏文文献中存留骰子卜的卜辞,解卦辞就有:“问财,进大财。……行商,盈利。问出行人,归。问何事皆吉。”[③]在这些卦辞中,经商盈利、招财进宝等言语频繁出现,说明在当时贸易繁荣的经济环境下,人们重视行商,加之对外贸易时,常面对“路上贼打之”的威胁,故蕃人行商前皆要占卜问卦。这种经商占卜问卦的习俗被内地民族吸纳,明朝时期,与蕃部贸易的汉人军户概以蕃人占卜为灵验,习得了蕃部行前占卜的方法。此后,明朝军队与后金作战前,常以神道为军中占卜,占卜者所用之名即为“茶马”。而以“茶马”代指占卜者的风习竟沿袭甚为久远,甚至今日辽东半岛凤城“跳大神”者,仍被称为“茶马”,他们在民间为人医病祛邪。[④] 此外,这种习俗在近代茶马运输的马帮中依然盛行。马帮在野外“开稍”(吃午饭)和“开亮”(露宿)时,会以茶酒饭食供祭山神,遇到疑难或祈祷运输旅程顺利时,用铁条占卜问卦,称为“锅桩打卦”。[⑤] 堪舆占卜之术最初实为汉地诠释天地自然以及社会人事关系之术,唐时传入藏地,为西南地区多民族所接受。伏藏文献[⑥]将文成公主塑造成具有高超的风水勘定能力的人[⑦],说明吐蕃王朝和后世部族百姓皆对内地的风水、占卜、历算知识非常感

---

① 王象之.舆地纪胜[M].南京:江苏广陵古籍刻印社,1991:1061.

② 宋会要辑稿[M].徐松,辑.刘琳,刁忠民,等校点.上海:上海古籍出版社,2014:4140.

③ 王尧,陈践.三探吐蕃卜辞[M]//藏学研究文集.北京:中央民族学院藏学所内部铅印,1986:302.

④ 徐雪梅.东北非物质文化遗产丛书 民间信仰卷[M].沈阳:东北大学出版社,2018:253.

⑤ 王文学.茶马古道丽江雄风[M].昆明:云南大学出版社,2011:137.

⑥ 伏藏是西藏分裂时期(9—13世纪)出现的一种特殊文献,因为多发现于地下及其他隐蔽位置,所以被称为“伏藏”。宁玛派与苯教僧侣最早发掘并假托由莲花生埋葬,12世纪以后,伏藏文献增多,多为托古之作。参考:王尧,沈卫荣.试论藏族的史学和藏文史籍[J].史学史研究,1988(2):32-38;孙林.伏藏著作在藏族史学发展史上的史学价值与地位[J].西藏研究,2003(3):19-28,27-29;诺布旺丹.伏藏传统学术源流考[J].西藏研究,2017(5):35-46.

⑦ 《西藏王统记》叙述了文成公主通晓星算之学,曾以五行算图推算佛寺庙宇修建位置。索南坚赞.西藏王统记[M].刘立千,译.北京:民族出版社,2012:78.《贤者喜宴》中也十分详细地描述了文成公主为墀尊公主测算建寺地点的过程。巴卧·祖拉陈瓦.贤者喜宴·吐蕃史[M].黄颢,周润年,译.西宁:青海人民出版社,2017:119-120.

兴趣。堪舆占卜之术被吐蕃部族整合入地域信仰系统，演变为独特的占卜术，反向传播回汉地。

三、道之所载：西南茶马古道承载的文化互动与交流融通

西南茶马古道是在今川、滇、藏三地间的古代文明传播和交流的重要孔道，亦即唐代以来民间交往、汉藏使节、差旅往还道路的基础上发展而来的。茶马贸易延绵千年，然而，这条古道不止于承载贸易往来，更承载了文化交流，体现了厚重的文化内涵。

（一）文化互动

西南茶马古道承载了古代先民在此迁徙流动①，自茶马贸易发展以来，古道交通网络更为兴盛，使得汉藏民族间的文化交流从主要发生于唐王朝和吐蕃王朝上层间的遣使、和亲和纳贡等政治交往行为，逐渐发展为普通民众间开展的更广泛、更多层面、更深程度的民间文化深度交流。

1.礼乐文化的传播与多民族康化

在民族间的交流互动中，古代内地的礼乐文化、制度观念逐渐渗透到兄弟民族的日常生活中，西南茶马古道的繁盛发展则加速了这一过程。古代中国的礼乐文化兴发自西周，经春秋时期以孔子为代表的先秦儒家的创造性转化，礼乐被赋予丰富的文化精神，形成了人伦道德规范和宗法社会结合的制度化规则，涉及古代中国社会生活的方方面面，包含典章制度、行为举止、言语学识和衣食纹饰等。公元7—9世纪的唐蕃交往是青藏高原文明与内地文明之间发生的前所未有的大规模接触、碰撞和交流过程。《唐蕃会盟碑》描述唐朝："地极大海，日之所出，此王与蛮貘诸国迥异，教善德深，典籍丰闳，足以与吐蕃相颉颃。"②吐蕃对中原地区的"教善德深"心生仰慕和向往，使得吐蕃在与唐朝的交往中形成了强烈的内驱力，从而对内地礼乐文化进行了多方位的学习，西南茶马古道交通网络的发展推进了这种交往。

---

① 石硕.昌都：茶马古道上的枢纽及其古代文化——兼论茶马古道的早期历史面貌[J].西藏大学学报，2003(4)：12-20.

② 王尧.吐蕃金石录[M].北京：文物出版社，1982：43.

史籍记载,文成公主入藏给西藏带去众多汉文典籍,其后,吐蕃“遣酋豪子弟,请入国学以习《诗》《书》”,又“请中国识文之人典其表疏”①。一时间,吐蕃遣子弟学习汉文典籍成为贵族阶层的风尚,汉藏双方人员、使者互访频繁。在藏地遣子弟学习汉文献经典的过程中,相关人员主要经由青藏茶马古道往来,吐蕃酋豪子弟、使者自藏入汉,往往携带马匹等贡物,返回时则带回赐茶。如此一来,贡马易茶贸易在唐蕃密切交往间经由古道兴起,此种交易的过程始终与礼乐文化交流密不可分。

在西南茶马古道作为汉藏主要往来通道的时期,敦煌藏文写卷记载了藏人对汉地儒家经典的接受情况。如敦煌藏文写卷 P.T.987 和 P.T.988 都是直接与孔子相关的敦煌藏文写卷。孔子作为与传入藏地的《诗》《春秋》《礼记》《尚书》《春秋后语》等众多汉文典籍的整理工作均相关的“圣人”,在吐蕃人的眼中是汉文化的象征和代表。法国藏学家石泰安认为,这两个卷子“实际上是同一部著作的两种抄本,这是一卷汉地儒教智慧格言集”②,是记述儒家伦理的道德箴言。另外,敦煌藏文写卷 P.T.992、P.T.1284、S.T.724 均为汉地民间流传的《孔子项讬相问书》的藏文译本。吐蕃人还按照自己的思维方式将孔子与其热衷的内地占卜、风水、历算等特殊灵异能力联系起来,认为孔子精通灵异之术,称孔子是“藏区五星算术四大哲士之一”③。

不仅吐蕃各部族于唐朝时通过青藏茶马古道更深入而广泛地接触并传播了汉地经典文献,宋代时期,朝廷与西南地区罗殿、自杞、大理诸国进行茶马贸易期间,南诏大理等国亦十分向往汉地典籍及相关礼乐文化。如与自杞互市输自南诏大理国的广马时期,“乾道九年,大理人李观音得等二十二人至横山砦求市马,知邕州姚恪盛陈金帛夸示之。其人大喜,出一文书,称‘利贞二年十二月’,约来年以马来。所求《文选》《五经》《国语》《三史》《初学记》及医、释等书,恪厚遗遣之,而不敢上闻也”④。这段史料记述了大理人到横山砦与执掌邕州的姚恪达成易马协议,他们所求的乃是五经、三史等汉文经、史、文学、医学和佛教典籍。如此这般,汉文化经典在南诏传播开去,使云南诸

① 刘昫,等.旧唐书[M].北京:中华书局,1975:5222.

② 石泰安.两卷敦煌藏文写本中的儒教格言[M]//耿升,译.王尧,王启龙,主编.国外藏学研究译文集(第 11 辑).拉萨:西藏人民出版社,1984:269.

③ 智观巴·贡却乎丹巴绕吉.安多政教史[M].吴均,毛继祖,马世林,译.兰州:甘肃民族出版社,1989:218.

④ 脱脱,等.宋史[M].北京:中华书局,1985:4956.

地礼乐文化日渐繁盛。如，丽江这个茶马贸易重镇，就发展为儒学兴盛之区，史称“懂诗书知礼义”“文墨比中州”。再如，宋咸平六年(1003年)六月，“知渭州曹玮言陇山西延家族首领秃逋等纳马立誓，乞随王师讨贼，以汉法治蕃部，且称其忠”①。蕃部在向汉地贡马、立誓追随宋廷的过程中，也以汉地律法治理蕃人部落，这是对汉地礼乐制度的接受和认同。

除了对汉地典籍文化、制度观念的学习，汉、藏等民族间民众的衣食住行习俗同样彼此渗透。明清至民国时期，中央政府加强管理甘青川滇与藏地交界地区的茶马互市贸易，设交通站点于汉藏连接边缘地区，加强了对四川、云南边缘藏族聚居地区的控制。在这个过程中，藏族土司为向朝廷效忠和表达感戴之情，有些取了汉姓，渐就汉化。如，清代《岷州乡土志》记载：“岷旧汉番杂处，前明国初熟番沐浴皇化，日久与汉民无异，衣服、礼俗道一风同，几于无可区别。”②清代乾隆十七年(1752年)，管辖打箭炉地区的明正土司曾率先“改归汉制之衣冠”③，“为父母建立坟茔，并延师课其子侄，习读汉书”，使“土民耳濡目染，日倾华风”④。在打箭炉城内的48家锅庄是汉藏茶马贸易的特殊中介，有的为土司经营，有的锅庄主为藏人，他们大多取汉姓汉名，生活方式和家庭观念等方面均遵从汉俗⑤，城内的藏人则多能说汉话。

与此同时，汉人和居于此地的多民族民众也有康化的趋势。政治的安定和政府的保护鼓励了更多内地汉人来此戍边、经商、垦荒、挖矿。民国时期的记述称，雅安、康定的汉人子女多有“习于穿蛮装的”，“在西康住家的汉人，多少都会一些‘蛮话’。尤其是在这地方生长的小孩，差不多没有一个不会说蛮话、唱蛮歌的；其中有的一口蛮话，和

---

① 脱脱，等.宋史[M].北京：中华书局，1985：14156.

② 佚名.光绪《岷州乡土志》[M]//中国地方志集成·甘肃府县志辑(第39辑).南京：凤凰出版社，2008：253.

③ 曾昭抡曾于1940年踏访康定城郊榆林宫，亲见明正土司祖坟墓志铭刻有“乾隆十七年，改归汉制之衣冠”。曾昭抡.西康日记(九九)[N].大公报(香港版)，1940-06-04(5).

④ 佚名.乾隆《打箭炉厅志》[M]//张羽新.中国西藏及甘青川滇藏区方志汇编(第40册).北京：学苑出版社，2003：20.

⑤ 谭英华.说“锅庄”[M]//赵心愚，秦和平.清季民国康区藏族文献辑要(上册).成都：四川民族出版社，2003：648-650.

康人没有分别”,“在西康的汉人,吸收了一部分的藏字。同时康人也吸收了少数的汉字”。[①] 特别是近几十年来,藏区康方言大有取代原有本土语言的趋势,靠近九龙北部居住的拍木依人同木雅人、北部里汝人可通用藏语康方言,各支族群的语言隔阂已消除;羌族北部方言区、南部普米语北方方言区与藏地毗邻,均不同程度地吸收了一些藏语宗教词汇。可见,缘因茶马互市凝聚于康区的汉、藏等多民族的礼仪制度、生活方式、语言等,在人们互相交往交流的过程中逐渐交融。

2.农业技术、手工业技术、医术的传播与发展

吐蕃的游牧与农耕经济相结合,以游牧经济为主,很多地区农业种植技术相对落后,高度依赖自然气候,当地人惯常于秋后丰收时节掠夺内地,唐朝曾专设边境“防秋兵”防蕃兵入侵。唐高宗继位初年,吐蕃松赞致书汉官长孙曰:“天子初即位,若臣下有不忠之心者,当勒兵以赴国除讨。”而后,赞普经由青藏茶马古道入唐朝,“献金银珠宝十五种,请置太宗灵座之前”。高宗嘉之,进封赞普为賨王,举行汉式之大庆祝会。吐蕃借此机会“请蚕种及造酒、碾、硙、纸、墨之匠”[②],高宗同意了吐蕃的请求,赐其蚕种,及造酒、作碾、硙、纸、墨的匠人进藏,酿酒、蚕桑纺织等农业技术随即传入藏地,藏人酿酒、织造水平有所提升。其后,文成公主入藏时,也携带了各种谷物以及芜菁的种子,包括 60 种营造与工技著作,带给西藏先进的农业生产技术;还带去 100 种药方、4 种医学论著、5 种诊断法,将汉地医学典籍和技术传播到吐蕃。

西南茶马古道上,内地与藏地的人员、物资往来不断,人员中包含汉地精神各种技艺的匠人,物资中含有铁器、铜器等生产生活用具,使彼此先进的农业技术互为传播。吐蕃在经西南茶马古道与汉地不断加深交往的过程中,学习了内地的耕犁技术和种植禾黍的方法、薅草积肥等精耕细作技术,还学习了防旱、排涝等农田管理技术,建立了亲族邻里互相支援劳力的互助风尚。逐渐地,吐蕃一些地区开始实行双牛耦耕,呈现王建《凉州行》诗中所描述的场景:“蕃人旧日不耕犁,相学如今种禾黍。”[③]除此之外,吐蕃的藏药也传入内地,对中国古代的医学发展影响深远。

---

① 董兆孚.徼外旅痕[J].边政,1930(4):30;曾昭抡.西康日记(八五)[N].大公报(香港版),1940-05-08(5).

② 刘昫,等.旧唐书[M].北京:中华书局,1975:5222.

③ 王建.王建诗集校注[M].尹占华,校注.成都:巴蜀书社,2006:1.

3.器物、纹饰文化的传播与发展

汉藏之间器物、纹饰文化的传播和交流，体现在内地向藏地传播和藏地向青藏高原以外传播两个方面。一方面，唐代时期，吐蕃的普通民众使用的器物仍旧比较原始，《旧唐书·吐蕃传》中记载，吐蕃人“接手饮酒，以毡为盘，捻铤为碗”，生活器皿多用弯木制成，皮革作底，毡垫做盘，炒面捏成碗，装上羹和奶酪连同碗一起吃掉，酒浆也用手捧饮。在汉藏茶马贸易开展的同时，汉地铁制、铜制等生活物品传入吐蕃，使普通蕃人的生活器具得以丰富起来，内地各地区流行的器物纹饰也为在高原生活的人们所接受和喜爱。宋朝在以茶作为主要易马商品前，一度以绢易马，后因绢马贸易带给宋廷非常大的压力，绢逐渐被生产量更大、剩余产品数量更多的茶所替代。然而，绢、布等纺织品的传入，提升了蕃人的生活品质；内地的纺织品纹饰也广泛流传于蕃部各族。

另一方面，藏族先民在与东部民族开展的茶马贸易等密切交流的各项活动中，逐渐向东迁徙，卫藏地区的文化元素或符号也随族群的迁移而传播。如，大鹏鸟是苯教独有的文化符号，嘉绒藏族土司的祖先记忆中，祖先出自“琼鸟”所生之卵。在今西藏的山南地区、林芝一带，人们仍认为当地存留的碉楼是“琼”即大鹏鸟的巢，或是为使牛等牲畜免遭大鹏鸟捕杀而制服大鹏鸟的陷阱，所以，当地民众至今称碉楼为“琼仓”①。西南茶马古道沿线诸民族和蕃部诸族群密切交往、不断整合，其文化元素彼此交融。在这个过程中，广泛留存于嘉绒藏族的大鹏鸟形象便向东传播至青藏高原东缘，在川西地区的藏彝走廊东部、东南部的各藏族支系以及滇西北纳系族群中广泛传播。

4.体育、音乐等文化的传播与发展

基于西南茶马古道的连接，唐代汉藏交往中，青藏高原多彩丰富的体育文化传入内地，其中，马球文化在唐代社会的盛行即为受吐蕃体育文化东渐的影响。一说这项运动起源于波斯，谓波罗球戏，东传中国与印度等地，又称“击鞠”，是骑手骑在马上持棍击球的运动。人们在唐代章怀太子墓中发现了一副《马球图》壁画，它展现了唐代马球运动的精彩图景。

吐蕃人擅打马球，技艺高超。唐太宗曾言：“闻西蕃人好为打球，比亦令习，曾一度

① 石硕，陈东.有关青藏高原碉楼的传说与民俗事象[J].西北民族大学学报(哲学社会科学版)，2011(4):85-92.

观之。昨升仙楼有群胡(蕃人)街里打球,欲令朕见。此胡疑朕爱此,骋为之。"①这段记载非常形象地展示了蕃人在汉地进行马球运动的场景。唐代时期,汉人球艺系习自吐蕃,松赞干布还曾赠送唐王室缠绕金线的"金球";唐朝宫廷举办过唐蕃的马球友好比赛,交流双方体育文化。如景龙三年(709年),吐蕃"遣其大臣尚赞吐等来迎女(金城公主),中宗宴之于苑内球场,命驸马都尉杨慎交与吐蕃使打球,中宗率侍臣观之"②。驸马都尉杨慎交等人受命与吐蕃迎接金城公主的臣使开展马球友谊赛,唐中宗率侍臣观赛。可见,马球比赛成了唐蕃双方交往的友好交流形式。唐玄宗也观看过汉人间的马球比赛,"开元、天宝中,玄宗数御楼观打球为事,能者左萦右拂,盘旋宛转,殊可观。然马或奔逸,时致伤毙"③。这段文字记载了打球者技术高超,能"左萦右拂,盘旋宛转"。以上史料证明唐蕃时期体育文化交流频繁,从皇室贵族到民间百姓均尚好击球,马球运动在唐代社会盛行。这项运动一直流传下来,至北宋人孟元老《东京梦华录》中依旧对马球戏有所描述。

再者,通过西南茶马古道的连接,汉地音乐文化也影响了西南地区的民族音乐。滇藏茶马古道上活跃的贸易主体纳西族于14世纪起,结合道家法事音乐、儒家典礼音乐与其本土音乐,吸纳唐宋元的词、曲牌音乐的节奏和调韵特点,创造了独具风韵的纳西古乐。乐曲忧伤哀怨、缠绵悱恻、节奏缓慢、风格柔婉、旋律舒缓,是纳西族人民融合内地洞经音乐与地方音乐而创作出的艺术结晶。

5.茶文化的交流与发展

我国西南巴蜀和滇地的各民族民众是世界上最早食用茶叶的人,西南地区多个民族至今仍流传有关发现茶、食用茶的传说和古谣。这些民族的古代社会生活中蕴含着有关茶的诸项仪式,形成了许多关于茶的成语、俚语。他们世世代代经由西南茶马古道交通网络以茶、土产与藏地民族进行着贸易往来。魏晋时期,巴蜀地区饮茶风尚已颇为盛行。晋人傅咸所著《司隶教》曰:"闻南市有蜀妪作茶粥卖之,廉事打破其器具,

---

① 赵注言:此处的"胡",原作"蕃",据秦本改。下"胡"字同。封演.封氏闻见记[M].赵贞信,校注.北京:中华书局,2005:53.

② 刘昫,等.旧唐书[M].北京:中华书局,1975:5226.

③ 封演.封氏闻见记[M].赵贞信,校注.北京:中华书局,2005:53.

使无为。"[①]这段记载说明晋代时，蜀地已有老妇以卖茶粥为业，从侧面反映出巴蜀地区以茶叶制成羹食的饮食习俗。关于这种习俗最早何时传入以及如何传入藏地，传世文献并无记载，当今许多学者从侧面入手展开了研究。从藏东石棺葬来看，唐以前不同历史时期，通过不同的河谷交通路线，西藏东部地区先后与川西、滇西北等周邻地区有接触与交往，不同民族间交流互动形成交通路线。[②] 这样一来，川滇藏地区民众在经济与文化互动中便很可能了解茶叶并逐步学会使用茶叶。此外，在考察、对比古藏语"茶"的发音演变与古汉语蜀地"茶"的记音的对应关系中，学者们论证了古藏语"茶"的读音"da"正是在藏族民众同蜀西南地区民众长期接触和往来中传播入藏的。[③]《汉藏史籍》则记载茶叶是由汉族工匠传到吐蕃的。[④] 当然，接触茶叶并不等于人们立即学会饮茶和吸纳茶文化，从接触、认识茶到使用茶，是一个渐进发展的过程。

吐蕃与唐王朝来往中，贡献包括马匹等物品给唐朝，唐朝赏赐给吐蕃赞普和贵族的有茶叶、丝绸等物品。《汉藏史籍》则记载了藏人向汉人和尚学习烹茶之事："对于饮茶最为精通的是汉地的和尚，此后噶米王向和尚学会了烹茶，米扎贡布又向噶米王学会了烹茶，这以后便依次传了下来。"[⑤]噶米王即吐蕃王朝赞普赤松德赞，他从汉地的和尚那里引进烹茶技艺，可以说是藏地对茶文化的引进。同时，唐朝禅宗僧人入藏传法也大抵对吐蕃饮茶风习起到推波助澜的作用。唐开元后，禅宗盛行坐禅者"不寐，又不夕食，皆许其饮茶。人自怀挟，到处煮饮，从此辗转相仿效，遂成风俗"[⑥]。常鲁公入藏的同一年(781 年)，唐朝许吐蕃所请，沙门善讲者入藏传法，"僧良琇文素一人行，二岁一更之"[⑦]。入藏禅宗僧人会影响吐蕃僧人的饮食方式，助推吐蕃饮茶风习的形成。所以，藏地王室贵族、藏传佛教寺庙和僧侣团体较早地成为内地茶叶主要消费群体。9

① 傅咸.司隶教[M]//王维.王右丞集笺注.赵殿成，笺注.上海：上海古籍出版社，1961：107.

② 霍巍.论横断山脉地带先秦两汉时期考古学文化的交流与互动[J].藏学学刊，2005：155-169；杨曦.从藏东石棺葬材料看西藏东部与川西、滇西北地区的文化通道[M]//国家文物局，云南省文物局.茶马古道文化遗产保护论文集.昆明：云南科技出版社，2011：280-286.

③ 杨海潮.茶文化初传藏区的时间与空间之语言学考证[J].青海民族研究，2010(3)：111-115.

④ 达仓宗巴·班觉桑布.汉藏史籍[M].陈庆英，译.拉萨：西藏人民出版社，1986：104-106.

⑤ 达仓宗巴·班觉桑布.汉藏史籍[M].陈庆英，译.拉萨：西藏人民出版社，1986：145.

⑥ 封演.封氏闻见记[M].赵贞信，校注.北京：中华书局，2005：51.

⑦ 王钦若，等.册府元龟[M].周勋初，等校订.北京：中华书局，2006：11346.

世纪初,热巴巾大力倡导佛教,施行“七户养一僧”的政策,朗达玛继任赞普之后行灭佛政策,寺院被毁、僧人还俗,饮茶之风随之传播到民间。至吐蕃王朝衰亡之后,饮茶风习已广泛流行于藏地民间。总体而言,在藏地民众饮食结构的需求、汉蕃之间佛教的传播与交流、汉藏茶马贸易规模扩大等因素的推动下,茶叶在唐宋之际迅速在藏地传播开来。

明代时期,少数民族部族贡使有前往指定地点该赏食茶的例行之举。明廷会对贡使往还之取道、食茶之地点作出规定。如,成化三年(1467年),明廷规定乌斯藏善赞、阐教、阐化、辅教四王和进贡番僧“皆由四川,不得径赴洮、岷”①,在碉门领取赏茶,贡使于是会前往明廷指定的地方该赏食茶。贡使按旨食赏茶之举表明,赏赐茶叶是中原朝廷对少数民族首领封官、赐爵,从而确立松散隶属关系的仪式;而明廷所规定的食茶地点和前往路线亦为当时茶马贸易所取道的主要线路(川藏茶马古道)和主要互市地点(碉门),可知该赏食茶之举大抵亦为双方缔结贸易契约的仪式。

茶文化在藏地的传播经历了从点到面的发展历程。中唐时期,陆羽所著《茶经》的问世使茶叶知识得到了系统整理,茶文化真正成型。在茶文化蔚然成风的背景下,茶叶销往周边地区带动了茶文化在西南茶马古道沿线地区的渗透。宋代时期,内地茶产量激增,茶文化长足发展,饮茶方式从煮茶法发展为更讲求色香味统一的点茶法和泡茶法,饮茶器具也更为简约,茶与相关艺术融为一体,品饮过程臻于化境。这种精致的饮茶风习以及把饮茶作为增进友谊与社会交际手段的茶文化,不同程度地传播、渗透到周边各民族的生活中。历代沿袭的茶马贸易保障了藏地茶源供给,推动了藏地社会饮茶习俗的发展,使吐蕃民众的饮食习惯已发展为不可一日无茶。藏地人常说“一日无茶则滞,三日无茶则痛”“饭可一天不吃,茶却不能一顿不喝”。数百年来,藏地茶文化的内涵已丰富多彩,如今的藏民将茶水煮沸、滤掉茶叶后,调入盐、酥油、鲜奶等,做成“酥油茶”;喝茶时,藏民讲究长幼、主客之序,并为做法事的僧人备置专门茶具;茶具的质地、图案标识等级;藏民频繁的宗教事务中也不可缺少供茶活动。总而言之,藏地饮茶风习已发展得极富民族特色。

---

① 张廷玉,等.明史[M].北京:中华书局,1974:8543.

6.古道沿线城镇的兴起

西南茶马古道上的贸易重镇，如青藏线今湟源、天水、临洮，川藏线今泸定、康定、理塘、巴塘、道孚、炉霍、昌都，滇藏线今丽江、田东，藏地今拉萨、山南市琼结县等市镇，在历史上都因茶马贸易而兴起、繁盛，逐步发展为当地的政治、经济中心。

以川藏线为例，大渡河畔被称为西泸门户的泸定，在明末清初不过是区区"西番村落"，境属沈村、烹坝，后才发展为南路边茶入打箭炉的重要关卡。康熙四十五年(1706年)，此处建铁桥之后，"凡使命之往来，邮传之络绎，军民贾商之车徒负载，咸得安驱疾驰，而不致病于跋涉"[①]。自此，各地商人云集于此经商，至宣统三年(1911年)设县，1930年已有商贾30余家，其中陕商8家，经营客栈，泸定成为内地与康定货物的中转运输之地。

康定的历史与茶马贸易和西南茶马古道交通的发展密不可分，任乃强考证打箭炉在宋以前"则荒谷耳"[②]，元明开始，从成都出发经临邛入雅安的飞越岭道，由民间商贾往来的一般通道发展为内地进西藏的国道之一，自此，边茶贸易带给打箭炉发展与繁荣，使这里成为边茶贸易中心，形成了一座村落。雍正七年(1729年)，清朝置打箭泸厅，设兵戍守其地，从此"汉不入番，番不入汉"的壁垒被打破，商旅往来大增。大批藏商越宁静山进入康区，大批的陕商和川商亦涌入康区，内外汉番，俱集市茶，交相贸易，形成了商业相当繁荣的闹市。嘉庆二十年(1815年)，打箭炉关税达21868两。之后，其政治中心地位不断巩固，宣统三年，改打箭泸厅、置康定府，1913年改为康定县，1939年为西康省省会，汉藏民族人民共同居住，人口达1.57万人，为西陲一大都市。[③]

藏地也有许多因贸易而发展起来的城镇。如，朗日伦赞时，吐蕃都城琼巴(西藏山南市琼结县)人口众多，客商云集，外地各族商人携带货物前来交易，这里成为商品交易的集中地，渐渐便形成集市并发展为较大的城市。此外，藏地的商业活动往往围绕寺院所在地开展，寺院通常成为商业活动的场所。藏地的逻些(西藏拉萨)是吐蕃本土的贸易中心区，赤松德赞时期，便形成了以逻些的大昭寺、小昭寺为中心的绸布市场，

① 康熙.御制泸定桥碑记[M]//程国政，编注.中国古代建筑文献集要(清代·上).上海：同济大学出版社，2013：79-81.

② 任乃强.西康图经[M].拉萨：西藏古籍出版社，2000：677.

③ 游时敏.四川近代贸易史料[M].成都：四川大学出版社，1990：45.

担任赤松德赞翻译的迦湿弥罗商人阿难陀就曾在这里经商。有的寺庙甚至是根据商人的建议选址修建的,其周围发展成贸易集市,也保障寺庙获得赖以维持的商业经济。

7.多民族宗教文化的交流互动

因官营和私营茶马互市的兴盛,吐蕃及后来的藏族各部经西南茶马古道各主线、支线和附线与青藏高原东缘河湟洮岷、川西、滇西北地带的西南众多民族广泛交流与互动,并与从东部、北部来此贸易的汉商密切沟通,使汉、藏等多民族的宗教文化彼此影响和传播。

一方面,以藏传佛教为核心的藏文化产生了向西南民族地区的辐射与影响。位于青藏高原北部的安多地区和东南缘的康巴地区是相对于卫藏中心地带的周边区域,为青藏线、川藏线、滇藏线茶马古道入藏的枢纽地带,也是藏传佛教信仰的辐射和传播中转站,故兼容性与多元共生性是青藏高原东缘地带宗教文化的显著特点。以康区为例,该地带的本土信仰是苯教,在当地的法事等宗教活动中,苯教教派的宗教人员始终保有主导地位,而藏传佛教各教派也在此地共生共存,无高下之别。

另一方面,汉地信仰随汉商在康区的聚集也有所扩张,甚至与当地宗教信仰相融合。明清时期,私营茶马贸易兴起,大大激发了汉商从事茶马贸易的积极性,他们从陕西、四川东部等多地迁入川西巴塘、理塘等气候相对优越的地区,随之到来的是大量汉文化因素和信仰事物的传播和移植。关帝庙是集宗教信仰与举办公共活动为一体的场所,在汉藏文化互动中扮演着重要的社会角色。今四川巴塘县城存有一座始建于乾隆初年的关帝庙,虽仅存断垣残骸,但这座关帝庙成了康区汉商们凝聚汉人族群身份的标志。① 同时,关帝的形象和忠义的秉性在当地藏人的理解和传述中与格萨尔的形象、神性相整合,被树立为藏传佛教护法神。人们将苯教、藏传佛教的元素融入关帝庙,在庙内设置煨桑炉、嘛呢杆,并供奉藏式绿度母画像,还在庙中开展抽签算卦活动,抽签使用签筒、竹签、卜筊、签谱,方式与内地的抽签方式大致相仿,吸引了诸多藏民前来占卜,体现了汉藏宗教文化的交流。

由此可见,汉藏民族间宗教文化的交流,体现于以藏传佛教为核心的藏文化的东

---

① 石硕,邹立波.汉藏互动与文化交融:清代至民国时期巴塘关帝庙内涵之变迁[J].西南民族大学学报(人文社会科学版),2011(6):50.

渐,汉地关帝等信仰文化的西传方面。与此同时,汉藏各民族还演进出捏合彼此历史故事与信仰因素,创设新的信仰偶像的融合模式。如,汉人将今康定的藏名“打折多”译为“打箭炉”,并将当地的山神“噶达”信仰转音诠释为“郭达”,还进一步演绎诸葛亮七擒孟获,退一箭之远,遣郭达造箭的传说。汉人还把藏人的“噶达山神庙”衍变为受汉人崇拜的“郭达将军庙”,庙外观呈汉式椽斗建筑式样;庙内汉、藏文化因素混搭布局,建有戏台、惜字库,供奉观音菩萨、李老君、川主神像等汉式神祇,也供奉藏式山神像,置藏式转经筒①,在交流互动中出现“共享”宗教祭祀的现象。此外,汉人还将“帕姆山”音转为“跑马山”,在《康定情歌》中唱到“跑马溜溜的山”;将康定温泉折多塘叫成蜘蛛塘,附会为猪八戒被困的蜘蛛精洞府。② 文化互动中的各种折中转译策略适应了各方的心理需求,模糊了边界,减少了生疏感。

(二)交流融通

1.整合地域文化,塑造内地文明与藏地文明的交往模式

藏族等少数民族居住生活的青藏高原是亚洲东部腹地中连接华夏文明、北部游牧民族文明、西部的中亚和南亚地区的枢纽地域。历史上占据青藏高原的吐蕃王朝统辖地域一度辽阔,《旧唐书》载吐蕃曾“尽收羊同、党项诸羌之地,东与凉、茂、巂州相接,南至婆罗门,西又攻陷龟兹、疏勒等四镇,北抵突厥,幅员万余里”③,言吐蕃部族东与唐代“凉州”“茂州”“松州”相接,西抵龟兹,南境与当时的印度相接④,向北的统治主要延

---

① 石硕,邹立波.“打箭炉”:汉藏交融下的地名、传说与信仰[J].思想战线,2019(3):33-44.

② 冯明心.康南纪游[J].康导月刊,1943,5(7-8):62.

③ 刘昫,等.旧唐书[M].北京:中华书局,1975:5224.

④ 《白史》言,在“墀松得赞”(松赞干布)政权极盛的时期,吐蕃也曾将恒河北岸广阔区域纳入统治范围,南极“婆罗门”国。“印度‘底惹赫达’区,时属西藏,时而不属,约历数王之久。然彼处居民,自尊以为西藏领属,故后‘卡罗’‘却杰贝’的旅行记中曾说:‘次度恒河,翌日抵印度’,似以恒河北方非属印度也。又‘黎宇’授记中,也有:‘藏王之兵曾到‘郭尝弥国’等语。”说的是恒河北岸似曾隶属于西藏,在恒河北岸,藏人曾立铁质碑柱,谓其地以北,是西藏地界,虽铁柱后为“补鲁莎”兵所毁,但残存部分尚有火烧遗痕,亦传说该地山谷中“播札塘古拉”族的城市,守护铁人柱之后裔尚居住于当地。根敦琼培.白史[M].法尊大师,译.兰州:西北民族学院研究所,1981:21-22.

伸到青海地区,甚至到达敦煌[①]。广阔的地域和多渠道的交融使青藏高原文化面貌多样而绚烂,形成了融合多元文化因素的复合文化系统。围绕青藏高原分布的西南茶马古道交通网络通往西藏和南亚,与通往东南亚的南方丝绸之路一起连接了内地通往西域、中亚的陆上丝绸之路和通往南海、印度洋沿岸的海上丝绸之路。这种道路系统的连接在历史上有迹可循,古代连接西亚、阿里、拉萨、昌都的“麝香之路”,衔接内地与南亚的“佛法上路”等商路、僧侣往来之路皆是西南茶马古道与陆上丝绸之路、海上丝绸之路的组合。西南茶马古道因此促进了面向海洋的东南部地区和面向亚洲大陆腹地的西北部地区两大历史地理板块的整合与彼此间文明的交流互鉴。

历代中央王朝均以和平共处为主要基调经营西南茶马古道,构建文化密切交流的沟通交融模式。在此过程中,西南茶马古道对沿线民族关系的发展有着多重的塑造效果。通过西南茶马古道的民族贸易来往和文化沟通,中央王朝加强了与川康地区和西藏的政治联系。以川藏茶马古道为例,明代以前,汉人在藏彝走廊的活动主要限于大渡河以东地区,这种局面在明、清时期开始发生转变。明中叶以后,政府十分重视从东向西穿越藏彝走廊的川藏茶马古道,视之为联结中央与西藏地方的重要交逌要道,使川藏茶马古道成为明朝时期内地与西藏地区贸易、入贡和使臣往来的主要通道。清朝更于 1720 年和 1727 年两度向西藏进兵,在川藏茶马古道沿途及重要隘口设置塘汛和粮台,并派四川绿营汉兵驻守,加强了对西藏地区的管理。清末民初的 1904 年,英帝国主义侵略西藏,中央政府通过川藏茶马古道出兵西藏,反对英帝的侵略和西藏上层分裂势力,守护了民族团结。川藏茶马古道可谓是捍卫我国西藏主权领土完整的国防道路。

古道承载的茶马贸易塑造了西南地区各民族的融合模式。驻扎于川藏茶马古道沿线的汉人官兵与西南地区多个民族展开贸易活动,开店经商,垦荒耕种,并与藏民通婚。贸易的发展、汉兵的驻防又吸引了更多来自四面八方的汉商等纷纭而至,包括政府官员、商贾、背夫、垦民、矿工、杂役、各类工匠、采药夫及西方传教士等,他们呈点线

---

① 故说青藏高原以北、俄罗斯以南的新疆地区(“黎宇”)亦曾归属西藏,然而“黎宇”距离藏区极远,此说难以使人信服,但于沙碛敦煌中,考古工作者发现了许多西藏式的废堡遗址和许多藏人用具,及征收赋税的许多大小木片、将官等互寄的信件等。根敦琼培.白史[M].法尊大师,译.兰州:西北民族学院研究所,1981:14-15.

状分布于川藏茶马古道沿途的城镇和海拔较低的河谷地带，在此安家落户，与当地藏民共同生活。

为加强川边治理，清朝政府派赵尔丰在川边地区改土归流，大力推行办学、屯垦、练兵、开矿与通商等新政措施。乾隆至嘉庆时期，川省人口膨胀，土地资源紧缺，相当数量的汉人进入康区垦殖与开矿。民国时期的1912年，尹昌衡率五千陆军西征，到1930年“大白事件”及之后刘文辉24军进驻康区，陆续调戍的汉人兵卒中的很多人落籍当地。民国之初的十年间，进入川西藏区的汉人就已达七八万之多[①]。抗战爆发后，汉藏以茶业贸易为主的商贸往来复苏，汉人迁居至此的浪潮再掀高潮。数万边军、商旅和各地垦民与藏族的通婚将汉人的文化因素带到了藏文化中；同时，为适应高原的独特生存环境，汉人更多地融入藏族生活方式，“亦自不觉间，装、靴、带、剑、语言、皮肤，俱康化矣”[②]。在汉、藏杂糅的文化状态中，汉、藏等多民族文化得以大幅度兼容。

2.造就西南茶马古道和平友好之路

唐宋以来，西南茶马古道交通网络承载内地与藏地的往来贸易，汉地的茶叶、绢帛、布匹等大量输送至藏地；藏地的马匹、红缨、毡衫、米、布、椒、蜡等物产被送入内地。以“茶马”互市为代表的官营、私营商贸物品交换是汉藏间的重要经济联系，发展至明清、民国，延续千年。基于此，西南茶马古道发展为中央王朝与藏地，甚至中国与南亚之间政治、经济、宗教、文化交往的桥梁，从而改变了整个亚欧大陆东部的文明格局。

茶马贸易等经济往来，使西南茶马古道交通网络沿线的多民族文化产生了密切的交流与广泛的融合，这种交流较为鲜明地体现于礼乐文化的传播与多民族康化、茶文化的发展、汉藏商业文化的塑造、多民族宗教文化的融通、古道沿线城镇的兴起，以及科技、体育、艺术等方面的文化交流中。汉、藏等多民族文化的交流交融推动了藏文明的东进和汉文明的西迁，塑造了青藏高原的文明面貌，建构了内地文明与藏地文明的交往模式，使得西南茶马古道交通网络成为民族间的商贸之路、和平友好之路。

现如今，西南茶马古道被赋予了新的时代内涵。作为历史上流通千年的大通道，西南茶马古道悠久文明互鉴的过程是推动文化交流、文明进步和多元文化和谐共处的

---

① 陈重为.西康问题[M].北京：中华书局，1930：90.

② 曾言枢.宣抚康南日记(续)[J].康导月刊，1943，5(6)：49.

鲜活而生动的历史实践与珍贵典范;在当今"一带一路"倡议的广阔视野下,在中华民族多元一体的大叙事和人类命运共同体的大格局中,西南茶马古道的文化交往、交流、交融历史对加强地区发展、与沿线国家合作、形成协调机制等现实事务,仍有着重要的借鉴作用和现实意义。

收编、观赏与控制：李唐政权对来华景教的他者化实践

◈ 王汉威*

摘　要　本文聚焦李唐王朝与景教之间的互动实践，分别从宗教内容、机械技术和城市空间三种传播媒介出发，以李唐王朝的主体视角加以归纳，由此探讨唐文明的文化底色以及这种底色之于景教本土化的影响。具体而言，“和合”作为唐代文化的基底，具有兼容并蓄、一元政治等特质，这些特质深刻影响了李唐王朝对景教的沟通实践，在宗教层面，对景教进行文化收编却未深度融汇之，在技术层面，将景教传入的机械工艺视作奇观，在城市空间层面，进行了权力的投射。可以说，上述特质为唐景教本土化的进程与结果提供了诠释话语。这为当下外来文化与中华文明之间的调适提出一种解释，认为当下基督教的中国化首先应当要求基督教在中国社会政治结构中进行正确的定位。

关键词　和合；本土化；景教；空间；技术

* 王汉威，中国人民大学博士生，电子邮箱：wanghanwei@ruc.edu.cn。

Co-opt, Contempt and Control: Tang Government's Otherization towards Nestorianism

Hanwei Wang

Abstract This paper focuses on the interactive practice between the Tang Dynasty and Nestorianism. To explore the cultural background of Tang civilization and its impact on the localization of Nestorianism, this paper begins with the three media including religious content, mechanical technology and urban space from the main perspective of the Tang government. Specifically, "harmony", as the base of Tang Dynasty culture, has specialty including inclusiveness and monistic politics. These characteristics deeply influenced the communication of the Tang Dynasty towards Nestorianism. At religious level, the cultural integration of Nestorianism was not deeply integrated. At technical level, the mechanical craftsmanship introduced by Nestorianism was regarded as a spectacle, and at spatial level, power was projected. The above characteristics provide explanatory discourse on the process and results of localization of Nestorianism. Because of all-embracing, unitary political and other characteristics of this culture system, "harmony" could provide explanatory discourse for the process and results of the localization of Nestorianism. This provides an explanation for the adjustment between foreign culture and Chinese civilization at present, and believes that the Sinicization of Christianity at present should first require the correct positioning of Christianity in China's social and political structure.

Keywords harmonious culture, localization, Nestorianism, space, technology

唐贞观九年（公元 635 年），波斯国聂斯托里派教士阿罗本来华，景教就此传入中国，之后在华绵延两百余年，到唐会昌五年（公元 845 年）的灭佛敕令颁布后销声匿迹。不过，相较于宣宗时期佛教的迅速复兴，景教的传布进程并未重启，可以说，这正是其本土化失败之显现。本文从其与唐王朝之间的互动出发，关注李唐王朝对于景教的文化要素过滤以及空间生产的干预和控制，为景教的本土化进程提供一种互动视角下、透视唐文明深层文化逻辑的原因分析。

一、本土化的理论自觉与内涵更新：景教在唐的研究综述

作为区隔于中国本土的外来宗教，本土化进程是中国语境下景教研究最关键的问题之一，学界前辈"无不着眼于景教华化的表现和过程"[①]。以景教碑这一佐伯好郎口中"中国景教研究的开始和告终"[②]为例，在 17 世纪景教碑被发掘伊始，汤若望等耶稣会士就通过对景教碑及相关史料的考察，描绘了唐代景教入华的大致事宜，并在教统上将其与彼时天主教的对华传播相接续。[③] 1895 年及 1902 年，在中国游历过的夏鸣雷先后出版了《西安府的基督教碑》（*La stèle chrétienne de Si-ngan-fou*）一、二两卷，讲述了从唐朝到 14 世纪，基督教在华的历史，将中国的本土社会纳入基督教历史考察的背景当中。佐伯好郎《景教之研究》一书不仅将景教敦煌古籍纳入了史料研究范畴，还充分重视其文本写作和翻译手法，这也是外来宗教本土化所要进行的关键实践。但另一方面，穆尔（A. C. Moule）等学者认为其中颇有遗漏与含糊之处[④]，在史料的使用上仍须多方考证。国内关于景教碑及敦煌文献的研究也颇有建树，陈垣在 20 世纪 20 年代就对景教的史料和有关分析进行了相应的整理，其中提到"景教于当时文化，无何

---

① 林悟殊.中古夷教华化丛考[M].兰州：兰州大学出版社，2011：166.

② 佐伯好郎.唐宋時代の支那基督教[M].东京：春秋社，1943：181.

③ NICOLINI-ZANI M. Jesuit Jingjiao the "appropriation" of Tang Christianity by Jesuit Missionaries in the seventeenth century[M]//WINKLER D W, LI T. Hidden treasures and intercultural encounters: studies on East Syriac Christianity in China and Central Asia. Berlin: Lit Verlag, 2009: 225-239.

④ MOULE A C. Nestorians in China: some corrections & additions[M]. London: China Society, 1940:5.

等影响"[1]，这些研究大多从景教本身的角度出发，探讨主体间的互动则更多的是基于史料的实然，本土化这一概念在其研究中是一种自发而非完全自觉的主题。

近年来，跨文化传播及外来文化本土化等议题愈发成为我国学界的重要关注对象，针对本土化范畴的理论自觉也愈发在景教研究领域展现，对景教本土化不利的诠释也愈发丰富而系统。其中，翻译策略是最被关注的视角，唐逸将基督教信仰本土化分为语义的采纳、观念的折中、价值的完成三个语义适应的层面，但景教并没有找到原教旨与中国化之间"共有的语义前设"[2]，也有学者强调景教翻译水准过低[3]；传播学领域也有青年学子尝试介入，黄晓慧进行了马莱茨克模式的解读，认为其原因在于存在编码失误和渠道不畅[4]，这也与罗继美的"经文翻译说"[5]不谋而合，不过，从翻译角度切入的"词语释义说"则认为翻译也对景教本土化"发挥了重要作用"[6]。这样一种诠释的矛盾说明，在阅读史史料缺乏和实证社科方法无从着手的背景下，专注于文本的传播效果研究并不容易。所以，研究者不妨在更宏观的历史环境下寻求答案，正如张晓华认为，外来宗教能否完成其本土化，所取决的因素不仅包括"外来宗教自身因素"和"方法论因素"，还有"外来宗教与本土社会关系因素"，她秉持的是另一种方法论思路，从比较史学的角度出发，认为景教在华早期过于偏重宫廷传播，失去了自身的个性。[7] 这从景教一端，阐明了其本土化不利的原因所在。

同时，导致这种不利的还有另一个巨大的"他者"，即作为跨文化传播对象的唐文明本身。学界可以达成共识的是，唐代景教消弭的直接原因是受到了会昌灭佛的牵连，不过倘若停留于此，又无法解释宣宗以后景教未能复衍之缘由，这也代表了溯及朱谦之的本土社会视角，罗映光、刘振宁沿袭这一思路，认为彼时的唐朝已经不具备让景

---

① 陈垣.基督教入华史略[M]//陈垣.陈垣学术论文集.北京：中华书局，1980：85.

② 唐逸.中国基督信仰本土化之类型[J].世界宗教研究，1999(2)：43-50.

③ 陈义海.从当代翻译理论看唐代景教的译经模式[J].河南社会科学，2006(4)：167-170.

④ 黄晓慧.基督教在华传播的传播学解读[D].南昌：江西师范大学，2006.

⑤ 罗季美.从经文翻译策略看景教本土化的失败[J].同济大学学报（社会科学版），2016(1)：119-124.

⑥ 聂志军.唐代景教的本土化策略：以词语释义为例[J].社会科学家，2010(3)：148-150，154.

⑦ 张晓华.佛教与景教在华早期传教策略的比较研究[J].史学月刊，2001(6)：63-69.

教介入的精神空间[①],类似的,蔡鸿生则援引汤因比景教“流产文明说”[②],以安史之乱中的景教与佛教相对比,认为佛教的存在着实阻碍了景教的崛起[③]。另有学者从历史地理的视角,发现新疆地区的景教在会昌灭佛之后仍然维持了一定的发展规模[④],至于其之后的灭绝,则与丝绸之路的断绝关系颇大[⑤],荣新江对唐早期丝绸之路的考察也从侧面支持了这一观点[⑥]。种种从客观社会因素出发的视角颇具推广性,形成了对景教本土化进程及结果的有效历史诠释。

不过,如果要进一步厘清本土化这个概念,或许这一问题仍有探讨的空间。拉尔夫·林顿(Ralph Linton)认为,不同文化都不自觉地经历了相互渗透、重叠和分离的进程[⑦],在文化运动、接触、变迁的过程中重新整合[⑧],本土化就是文化本身在这一过程中产生的重大变化。社会学家恩伯夫妇基于这一跨社会、跨文化的视角给出了一个文化传播的定义:“一个群体向另一个群体借取文化要素并把它们溶合进自己的文化之中的过程就叫传播。”[⑨]这个定义从异质文化的受众层面出发,把异质文化的融入看作一种被动的过程,相当程度上可以解释景教传播在华失败的原因:唐人尽管一定程度上借取了医学等文化要素,但是并没有史料证明唐人把这些要素“溶合进自己的文化之中”,“就唐代三夷教在华留下的影响,可数景教为最小”[⑩],这也印证了王建新的观

---

① 罗映光.对佛教、基督教及伊斯兰教在中国传播及其本土化的思考[J].四川大学学报(哲学社会科学版),2005(6):79-82; 刘振宁.唐代景教入华之际的时空环境及其影响[J].贵州大学学报(社会科学版), 2007(1):51-59.

② 汤因比.历史研究[M].刘北成,郭小凌,译.上海:上海人民出版社,2019:106-109.

③ 蔡鸿生.《唐代景教再研究》序[M]//林悟殊.唐代景教再研究.北京:中国社会科学出版社,2003:1-4.

④ 彭无情.景教在新疆的传播与嬗变特征探析[J].世界宗教文化,2019(2):167-174.

⑤ 王静.丝绸之路上景教的本土化传播及其衰落[J].西域研究,2021(4):114-129,172.

⑥ 荣新江.贞观年间的丝路往来与敦煌翟家窟画样的来历[J].敦煌研究,2018(1):1-8.

⑦ LINTON R, HALLOWELL A I. Nativistic movements[J]. American anthropologist, 1943(2): 230-240.

⑧ 殷海光.中国文化的展望[M].上海:三联书店,2002:165.

⑨ 卡·恩伯,梅·恩伯.文化的变异:现代文化人类学通论[M].杜杉杉,译.沈阳:辽宁人民出版社,1988:535.

⑩ 林悟殊.唐代三夷教的社会影响[M]//林悟殊.中古三夷教辩证.北京:中华书局,2005:364.

点:“中国本土社会文化融入程度决定外来宗教中国化成败。”[①]

“借取文化要素”暗示了这一过程的选择性,恩伯夫妇也对选择的标准进行了讨论,认为“社会会对与自己文化不相容的来自其他社会的东西加以排斥,还可以预料社会会对不能满足某些心理、社会或文化需要的观念和技术加以排斥”[②]。在这一点上,与基督教在华传播形成鲜明对比的是佛教在华的广为流布,在肖云忠看来,佛教徒相对比较包容,具有天然的亲和力;而基督教的排他性很强[③],从传统文化的视角出发,这样一种接纳也完全是主动的选择,是“文化间的积极综合或整合,而非某种单向的消极适应”[④]。

所以,本土化的视角就要求我们进一步思考作为传播客体的唐文明在面对景教文化时秉持了怎样的选择性,以及这种选择性深层的原因何在。本文意图对上述或从景教本身、或从社会本体出发的思路进行补充,将彼时的唐朝社会视为中外文化“共在”的场域,从而把外来宗教与本土社会纳入对立统一的考虑范围,剖析唐王朝与景教之间的互动实践,并就其为何采用此种实践进行文化层面的思考。而李唐王朝作为彼时唐文明的政治代言人,不仅在相当程度上折射了唐朝的文化底色,还是景教传播环境的主要塑造者,如林悟殊所言,客观外因是彼时之主要因素,探索政策或能接近此问题之实质[⑤]。

二、礼遇与容留:李唐政权对景教的收编

在会昌灭佛之前,景教在唐整体上是受到礼遇的,但这种和谐并没能完全催向景教本土化之成功。所以,我们有必要在这种礼遇的外衣之下,厘清在双方具体的交往

---

① 王建新,关楠楠.外来宗教中国化考论:唐代景教与伊斯兰教传播比较[J].世界宗教文化,2020(4):109-116.

② 卡·恩伯,梅·恩伯.文化的变异:现代文化人类学通论[M].杜杉杉,译.沈阳:辽宁人民出版社,1988:540.

③ 肖云忠.刚与柔:基督宗教与佛教传播策略的差异研究[J].社会科学家,2006(1):14.

④ 王晓朝.论基督教的本土化[J].上海社会科学院学术季刊,1998(2):105-111.

⑤ 林悟殊.唐代景教传播成败评说[M]//林悟殊.唐代景教再研究.北京:中国社会科学出版社,2003:105.

实践中，景教宗教内容在何种程度上为唐人所知、所解，以及这种知、解背后所折射的是唐代怎样的文化底色。

(一)礼遇：唐前中期兼容并蓄的文化心态

唐朝前期对包括景教在内的外来宗教是比较欢迎的，甚至景教的宗教活动还得到了官方的支持，如景教碑记载："帝使宰臣房公玄龄，惣仗西郊，宾迎入内，翻经书殿，问道禁帷，深知正真，特令传授……所司即于京义宁坊造大秦寺一所，度僧二十一人。"这段碑文记载了阿罗本一行来华之后最初的传播行为，尽管阿罗本是否持有波斯国的官方身份暂不可考，但是其来华受到了唐朝官方的礼遇是可以确信的，房玄龄、甚至唐太宗都接见了阿罗本。从效果来看，这次传播行为有一个很成功的开端，最实际的就是得到了官方的许可和赞助：组建了景教在华传播最初的一支传播队伍，获得了宗教活动的特定场所——大秦寺，值得一提的是，大秦寺于天宝四年(公元745年)由波斯寺更名而来，也是由玄宗皇帝下诏更易："波斯经教，出自大秦……其两京波斯寺，宜改为大秦寺。"①景教碑也记载了之后唐朝皇帝对于景教的态度，如"高宗大帝……而于各州，各置景寺，仍崇阿罗本为镇国大法主"。甚至一度"法流十道""寺满百城"——虽然此说法未免有托大之嫌。② 再如"玄宗至道皇帝令宁国等五王亲临福宇，建立坛场"。这些史料表明，官方在景教在华的实践过程中始终扮演着重要角色。

朝廷的这种影响在景教碑的文本上也体现得颇为明显，这座碑立于建中二年(公元781年)唐德宗在位时期，碑文也给予了他"披八政以黜陟幽明，阐九畴以惟新景命"的高度评价，同时，碑文末的词也对唐代的多位君主进行了相当程度的颂扬。如景教碑提及李唐皇帝时，除对在位的德宗使用年号之外，对其他皇帝均用庙号或谥号，如"赫赫文皇，道冠前王""代宗文武皇帝，恢张圣运"等，而在描述武则天的时候则使用的是年号，如"圣历年释子用壮""先天末下士大笑"等，臧否之意亦能得见。与对官方的高度重视形成鲜明对比的是，景教碑对于民间的景教传播活动仅写了一句："每岁集四寺僧徒，虔事精供，备诸五旬。餧(喂)者来而飰(饭)之，寒者来而衣之，病者疗而起之，

① 王溥.唐会要·卷四十九·大秦寺[EB/OL].(2020-01-01)[2023-04-14].http://publish.ancientbooks.cn/docShuju/platform.jspx.

② 黄珊.唐代景教在华传播规模探讨[J].长沙大学学报，2011(3):72-73,76.

死者葬而安之。"作为承载信息的重要载体,景教碑在相当程度上反映了景教传播的重心完全在社会上层的皇族和官僚,同时,其内容创作也必须在皇权至上的框架下进行。

在景教碑中,除了在位时间相对较短的中宗和睿宗之外,仅有武则天一人未能得到赞扬,一方面可能是有意隐去武周历史,迎合李唐宗室;另一方面是武周时期"释子用壮",景教遭受打压。在这样的背景下,波斯人阿罗憾"召诸藩王"[①]修筑了天枢这一"当时最高技术的标志"[②],日本学者佐伯好郎、羽田亨及国内学者罗香林认为阿罗憾即为景教碑中之"僧首罗含"[③],而林梅村等人则认为二者并非同一人,但也极有可能是"波斯景教难民的大主教"[④]。可以说,景教徒的主动"颂德"存有客观的政治压力,在徐晓鸿看来,这些景教徒的努力规避了武则天"对景教的反感"[⑤]。而在玄宗时期,景教的唱诗活动似乎也颇为吸引唐明皇之兴趣,但这种仪式及音乐所承载的"景教玄妙无为的教旨"恐怕并未勾起皇帝进一步的好奇心。[⑥]

可以说,在相当长的一段时间内,唐王朝与景教之间始终保持着相对良好的关系,但是双方在政治层面的交往活动,其实并没有体现景教文化要素对中华文化的有机融入,仅是浅尝辄止。要理解这种交流的无奈,还须回归中华文化自身的特质,一方面,景教所秉持的包括敬拜耶稣、上帝创世、笃信奇迹等信仰内容确实与中华文化的一些关键内容存在不可调和的矛盾,包括朱谦之、林悟殊在内的不少学者均引用儒释道观点论辩景教与中华文化间的龃龉,这就能解释为什么景教与唐王朝之交往无法达成最深层次的融合;另一方面,自先秦而发端的"和合"的文化特质在唐代已然成了彼时社会的"精神架构和文化约束"[⑦],形成了一种以"和而不同""天下一家"等核心理念为支

---

① 林悟殊.阿罗憾丘铭录文并校勘[M]//林悟殊:唐代景教再研究.北京:中国社会科学出版社,2003:268.

② 梁恒唐.武则天时代的天枢[J].晋阳学刊,1990(3):54-55.

③ 罗香林.景教徒阿罗憾等为武则天皇后营造颂德天枢考[C]//罗香林.唐元二代之景教.香港:中国学社,1966:57-70.

④ 林梅村.碎叶川裴罗将军城出土唐碑考[J].中原文物,2016(5):91-104.

⑤ 徐晓鸿.唐代景教人物考略[J].金陵神学志,2006(2):25-53.

⑥ 段晴.唐代大秦寺与景教僧新释[C]//荣新江.唐代宗教信仰与社会.上海:上海辞书出版社,2003:434-472.

⑦ 史向军.论唐初缔建和合社会的精神架构与文化约束[J].理论导刊,2005(12):27-29.

撑的观念体系的"主旋律"[①],自觉或不自觉地尝试将接触到的边缘文化容纳、吸收进来,这正是以李唐王朝为代表的中原文明能够在文化要旨上存有核心冲突的情况下仍礼遇景教徒的深层文化原因。

(二)收编:景教本土化的政治"投名状"

相较于政治层面,景教在文化层面上的本土化体现得更加明显,从现存的景教文本来看,耶稣被"扮装成老子和已中国化释迦牟尼的脸孔",并"吸收儒学思想"[②]。不仅仅是景教碑,包括敦煌发掘的一系列文本亦"借鉴仿效了儒释道"[③],唐晓峰称之"为采佛道之'形名',传弥施诃教之'实际'"[④]。但这种文化层面的本土化背后,仍然是政治的逻辑。

关于景教翻译中对本土话语体系的应用,自朱谦之以来的多位学者都进行了种种分析,本文在此重述不过是拾人牙慧。我们姑且跳出文本,关注景教徒参与的翻译实践本身,其实就会发现,与文本上的附会形成对照的是,在李唐王朝的主持下,景教徒还积极参与了佛教的各种活动,如景教碑的作者僧景净就曾与佛教徒合作翻译《六波罗蜜经》,《贞元新定释教目录》(卷十七)记载道:"乃与大秦寺波斯僧景净,依胡本六波罗蜜译成七卷。"[⑤]景教碑中记载天宝三年(公元 744 年),"诏僧罗含、僧普论等一十七人,与大德佶和于兴庆宫修功德"。这里的"修功德"指人们出于佛教信仰所做的建寺、造像、译经、斋会等事业[⑥],是典型的佛教活动。

景教徒之所以会参与到唐朝佛教的活动中,与其传教策略及李唐政权的反应密切相关,景教采用了迎合知识士子和贵族官员的受众政策,一方面,旁征博引三家掌故来试图营造与中国文人对话的平等场域,另一方面,其中提及的价值观也符合李唐王朝

---

① 宋清员,王成.中华民族"多元一体"理论与"和合"思想的内在理路[J].中共中央党校学报,2019(4):76-83.

② 郑学稼.中国化的大秦景教[J].中华文化复兴月刊,1972(10):17-27.

③ 牛汝极.敦煌景教文献的发现及其对丝路宗教研究的启示[J].世界宗教文化,2021(1):1-9.

④ 唐晓峰."以佛道释耶":唐代景教"中国化"的初步尝试[J].世界宗教文化,2021(3):16-22.

⑤ 释元照.贞元新定释教目录[EB/OL].(2020-01-01)[2023-04-14]. http://publish.ancientbooks.cn/docShuju/platform.jspx.

⑥ 周奇.唐代宗教管理研究[D].上海:复旦大学,2006.

统治者之所虑,其活动受到政府指派亦为应有之义。这种策略使得景教受到"统治者的价值取向"的巨大影响[①],武则天时期佛道盛行,景教招致"下士大笑、讪谤于西镐"。到会昌灭佛,景教更是一蹶不振,"勒大秦、穆护、祆三千余人还俗,不杂中华之风"[②]。《新唐书》和《资治通鉴》更是记载彼时信徒不足两千[③],这也从一个侧面说明景教的群众基础并不广泛。而这或许就是因为文化要素也被收编到了儒佛道主导的框架下,景教没有在这个体制下被赋予足以让其发挥作用的权能,其主体性无法从此间种种文化实践中得以展现。

景教参与的上述种种文化活动都是在李唐政权的主导之下,这也可以看作古代和合文化的重要一面,大一统的政权形态使得李唐王朝自觉地担负起了统领、引导封建文化的责任,在宗教政策上表现为"法统化和本土化"[④]原则,佛教、道教及三夷教等均受到这种一元政治文化的显著影响,皇权意志能够对诸宗教的兴衰存亡产生决定性的影响,而其施加影响的背后,则是始终围绕着具备主体内容和要素有机排列的文化格局,而宗教格局也正是这一文化格局在信仰层面的具体展现,当景教无法有效地参与到此格局中,如在武则天时期,招致"讪谤""大笑"也不足为奇,再如于会昌灭佛中,景教在文化实践上对佛教依赖颇深,其被波及亦不意外。

可以说,对景教而言,其传播的诉求在于展现自身教义的要旨,但以李唐王朝为前台的中原文明则要求其本土化必须以参与中华既有文化格局为前提,这样一种软性的"镣铐"也对景教之本土化形成了客观上的挑战。这种挑战一方面使得景教在唐代的传播始终停留在"文化披戴"[⑤]的阶段,是唐文明的文化"他者",另一方面也指明了,唐朝多元文化格局其实是以一元政治格局为基准的,外来文化的本土化必须依赖于李唐

① 林悟殊.唐代景教传播成败评说[C]//林悟殊.唐代景教再研究.北京:中国社会科学出版社,2003:104.

② 刘昫,等.旧唐书·卷十八上·本纪第十八上·武宗[EB/OL].(2020-01-01)[2023-04-14].http://publish.ancientbooks.cn/docShuju/platform.jspx.

③ 欧阳修,宋祁,范镇,等.新唐书·卷五十二·志第四十二·食货二[EB/OL].(2020-01-01)[2023-04-14].http://publish.ancientbooks.cn/docShuju/platform.jspx;司马光.资治通鉴·卷二百四十八·会昌五年八月[EB/OL].(2020-01-01)[2023-04-14].http://publish.ancientbooks.cn/docShuju/platform.jspx.

④ 史向军.论唐初缔建和合社会的精神架构与文化约束[J].理论导刊,2005(12):27-29.

⑤ 卓新平.基督教与中国文化的双向契合[J].世界宗教文化,1997(2):9-13.

政权的认可——至少是默许。

三、技术钝感:唐文明对景教传入机械的观赏

然而,即便采用了上层路线,景教所秉之文化并不是完全没有展现,技术是其中尤为明显的部分。但需要注意的是,李唐王朝虽被视作我国古代最为开放包容的封建王朝,但就科技一端,在自主发明和跨文化交际两方面都无过多建树,以至于胡戟将唐文化评价为“为文学的繁荣牺牲了科学的进步”①。对这一矛盾的透视,一方面是理解唐文明文化底色的关键一环,另一方面也能为景教本土化技术路径的遇阻提供必要的诠释话语资源。

(一)景教方伎化:李唐王朝对技术趣味性的强调

同时,一些“奇器异巧”也随着景教入华而流传至唐代社会,朱谦之认为这些产品代表了当时“机械科学的最高峰”②。《册府元龟》记载:“市舶使右卫威中郎将周庆立、波斯僧及烈等广造奇器异巧以进。”③这里的波斯僧及烈即是先天二年(公元 713 年)波斯朝贡的来华使者④,景教碑记载:“僧首罗含,大德及烈,并金方贵绪,物外高僧,共振玄网,俱维绝纽。”也有学者认为这样的行为是意图打通宫廷的交游,如日本学者桑原隲藏认为:“要之先天二年传教长安之及烈。次年(开元二年)即进奇器异巧以谋宫廷之宠。景教传教之方,颇因以窥见一斑。”⑤

另外,景教僧及烈进献的机械制品还招致了官员的批评,如御史柳泽和王制就先后上书攻击与及烈共献器物的周庆立,柳泽上书曰:“臣窃见庆立等,雕镌诡物,置造奇器,用浮巧为真玩,以诡怪为异宝,乃理国之巨蠹,明王之所严罚。紊乱圣谋,汩斁彝

---

① 胡戟.胡戟文存[M].北京:中国社会科学出版社,2000:442.

② 朱谦之.中国景教:中国古代基督教研究[M].上海:东方出版社,1993:71.

③ 王钦若. 册府元龟·卷五百四十六·谏诤部·直谏第十三[EB/OL].(2020-01-01)[2023-04-14]. http://publish.ancientbooks.cn/docShuju/platform.jspx.

④ SAEKI P Y. The Nestorian documents and relics in China[M]. Tokyo: The Toho Bunkwa Gakuin, 1937:93-94.

⑤ 桑原隲藏.蒲寿庚考[M].北京:中华书局,2009:6.

典。昔露台无费,明君尚或不忍,象箸非多,忠君犹且愤叹。”他引用汉文帝修建露台和箕子忧箸的典故,认为此类“奇器”会使君王玩物丧志,应当严罚。王制的态度与之类似,援引《月令》以驳周庆立之所为,称景教徒进献的行为“求媚圣意,摇荡上心”,并且还以“广教节俭”的价值取向将这一进献打为“宣奢淫于天下”①的行为。

景教以技术为献礼没有收到很好的效果,前者仅仅换来了一些物质赏赐,而后者甚至引起了廷议,在克勤克俭的文化背景下,这种进献在被解读出“玩物丧志”的内涵后所遭遇的阻力可想而知。从反面来看,柳泽和王制的劝谏也说明当时的李唐官僚是承认技术中所具备的趣味性的,甚至把这种趣味性当作了技术最关键的性质,其中所蕴含的实用属性尚未被充分发掘。在这样的认知导向下,李唐王朝把技术当成了奇观或表演,是一种区别于中原文明的文化符号,及烈的进献在以柳泽为代表的官员看来不过是“浮巧”,机械制品中所蕴含的技术因素被解读为一种消极的价值要素,所以对待这样的进献,当时的皇帝和士大夫们也只能停留在观赏层面而无更具体的应用了。与之形成对照的是,景教的医术通过崇一、秦鸣鹤等人得到了唐王朝的认可,这种能明显带来疗愈效果的技术因具备实用性而不至于招致批判。

这种对科技的轻视可以说是唐代文化繁荣存在着的“重大缺憾”,唐代的重要发明不但处于谷值,而且其中不少属于“注释、编撰和传播的成果”②,在面对外来技术时,轻视自傲的心态甚至被进一步放大,“唐代封建社会高度平衡层序结构和代表它行使政权的职能的唐王朝政权,在吸收外来文化的过程中,表现出一种将外来文化因素认同于自身文化,使其‘俯就我范’的倾向”③。景教所带来的机械如果无法进入唐王朝所认可的应用体系,那么,这种与中原文化存在差异的社会意识就注定难以在这种以追求极致大一统为目标的“兼容并蓄”之下得以生根发芽。

(二)本土化壁垒:唐文明的文化体系与技术钝感

综合来看,唐王朝与景教之间的关系始终保持着颇有距离的礼貌,唐王朝试图将

---

① 王溥.唐会要·卷六十二·御史台下 谏诤[EB/OL].(2020-01-01)[2023-04-14]. http://publish.ancientbooks.cn/docShuju/platform.jspx.

② 勾利军.唐代文化的开放与多元发展[J].河北学刊,2008(3):56-58,60.

③ 张广达.唐代的中外文化汇聚和晚清的中西文化冲突[J].中国社会科学,1986(3):37-51.

景教纳入既有的文化框架之下，但由于观念冲突、符号晦暗、宗教竞争等多种复杂因素而最终宣告失败，如蔡鸿生所猜想的，景教被“方伎化”①了。这样一种对文化中价值要素失察的直接后果就是，景教失去了通过自身独特文化要素来确立自身独特社会角色的可能性，从而无法融入诉求于“俯就我范”“为我所用”的唐文化之中。这种可能性的剥离其实都可以被看作是唐王朝自觉或不自觉的实践结果，可以看到，不管是试图传播教义而反被纳入佛教活动，还是因进献而遭弹劾，李唐政权对景教的影响都是显而易见的，使得景教始终对中国文化而言是边缘而异质的，也就是说，景教始终作为中华文化的“他者”而存在。

对景教而言，李唐政权的这样一种体系及其延伸出的实践，要求其向李唐王朝展现自身能够融入中华文明的可塑性，但其传播的诉求又使其必须保持自身教义的正统与自洽，这正折射了跨文化传播中的经典矛盾：独特性本身就意味着他者的存在，而本土化却是去他者化的过程。② 在唐代的政治文化生态下，景教只能勉力维持这样一种寄人篱下、若即若离的尴尬局面，其教义所倡导的一神论信仰要面对的不仅仅是儒释道为基底的世界观构想，还有政治主导、日臻完备、寻求“和合”的中原文化体系，这正是李唐王朝及其所代表的唐文明自身的文化特质所构建的本土化壁垒。尤其在安史之乱后，唐人对于“开明和多元社会的信心”不复存在，唐朝文化也愈发呈现“相对保守”且“具有排他性的”面貌③，这也为会昌灭佛中景教被驱逐埋下了社会观念的伏笔。

四、空间控制：长安大秦寺与唐廷政治权力的城市投影

唐王朝秉持的宗教政策是兼容并蓄的，然而，景教文化并没有成为被容蓄的对象，类似的，祆教和摩尼教的影响也极为有限，在会昌灭佛中一并被牵连，这说明单纯地使用兼容并蓄的框架来考察唐朝之宗教政策似乎不够完全。所以，我们不妨把视角调转，在承认其开放多元宗教政策大势的同时，认识到唐王朝与景教的交往实践中具有

---

① 蔡鸿生.《唐代景教再研究》序[C]//林悟殊.唐代景教再研究.北京：中国社会科学出版社，2003:4.

② 单波，张腾方.跨文化传播视野中的他者化难题[J].学术研究，2016(6)：39-45，73.

③ 卢国龙.唐代庙学与文化共相[J].世界宗教研究，2013，141(3)：10-22；李冉.“安史之乱”与唐代后期的儒学复兴运动[J].理论界，2015，501(5)：40-45.

控制属性的一端。列维-施特劳斯(Claude Levi-Strauss)曾根据自身广博的人类学研究,将不同文化面对"他者"时的实践策略分为佛教式的和伊斯兰教式的。在他看来,这两种宗教所追求的精神内核是接近的——"宁静",但是佛教"把宁静看作一种融合",而伊斯兰教则"把宁静建基于隔离原则上面"。[①] 本章试图沿用这一框架,分析中国本体视角下李唐王朝面向外来宗教文化本土化的历史实践。

(一)介入与监视:李唐政权对景教空间的干涉

唐朝对三夷教一直进行着比较制度化的管理,尤其针对信众最多的祆教,还设立了专门的管理机构——萨宝,并在萨宝府内设有祆正、祆祝、率府、府史等官职;而摩尼教则被佛教视作"附佛法外道"[②],在开元年间遭遇"禁断",这都能体现李唐王朝对于三夷教这样与胡人密切关联的小众宗教的关注与干预。单就景教而言,李唐王朝的态度不像对待祆教那样熟稔——祆教毕竟来华时间较早、隋已设萨保官职,也不像对待摩尼教那样决绝——景教也没有构成对"佛教正统"或"稳固王统"[③]的威胁,所以,在会昌灭佛之前,李唐王朝对于景教的干预整体上是比较温和的,即便在冲突最为激烈的武则天时期,也仅是佛教徒对景教进行排挤。另外,景教碑中还记述了唐玄宗曾派宁国等五王"亲临福宇",又派高力士"送五圣写真,寺内安置"。这里的"五圣"应该是唐王朝的五位皇帝,这样的行为可以说是在极力增加皇权在景教内的影响力,纵观历史,少有世俗贵族、异教人士可进入基督教之领域成为"圣",甚至偶像本身也是基督教正统一直反对的符号体系。此外,据洪业等学者考证,石碑出土地点崇圣寺即为唐朝长安之义宁坊,为波斯大秦寺遗址之所在[④],若此说成立,则景教碑之位置也在寺内,

---

① 列维-施特劳斯.忧郁的热带[M].王志明,译.北京:中国人民大学出版社,2009:511-512.

② 夏金华.中古时期三夷教的消亡与外来宗教中国化的路径选择[J].华东师范大学学报(哲学社会科学版),2019(1):117-123,173-174.

③ 王媛媛.唐开元二十年禁断摩尼教原因辨析[J].中华文史论丛,2008(2):293-320,395-396.

④ 洪业.驳景教碑出土于盩厔说[J].史学年报,1932(4):1-12;李弘祺.景教碑出土时地的几个问题[C]//傅乐成教授纪念论文集编辑委员会.中国史新论:傅乐成教授纪念论文集.台北:台湾学生书局,1985:547-574;足立喜六.长安史迹研究[M].王双怀,淡懿诚,贾云,译.西安:三秦出版社,2002(1):237-239.

其影响力也因此很难迈出寺门，与经常立于“大市通衢”[①]用以歌颂皇帝恩德或记录名臣事迹的德政碑相比，景教碑很难对普通唐朝民众产生影响，天然地缺乏“观众”。这些都可被视为唐王朝的某种不自觉的控制，作为“他者”的景教始终停留在他者的空间内，从而与代表着唐文明主流文化的汉人产生了一定的区隔。

另外，尽管大秦寺位于长安闹市，但其所在的义宁坊却位于长安城西北角，紧挨开远门，并不是一个靠近皇城的街坊，而唐代长安城之分布具有明确的“尊卑明确的文化特征”[②]，靠近边缘的位置本身就说明了景教与大秦寺在整个城市文化系统中的地位并不算高，这对于宗教权威的树立是不利的。同时，唐朝的城市管理制度非常严格，据《新唐书》记载，“凡城门坊角，有武侯铺，卫士、彍骑分守”。整个长安都处在军事力量的严格管控下，从时间上看，景教可公开活动的时间被局限于白天，并且唐廷对夜间的管控并未减弱：“日暮，鼓八百声而门闭；乙夜，街使以骑卒循行嚣襜，武官暗探。”[③]可以说，整个长安城都处于朝廷监视的大环境下，亦有宵禁的规定，义宁坊之“坊角”、开远门之“城门”都靠近大秦寺的武侯铺，所以景教也处在政权的控制与监视下，相应地，也就很难（尤其是在已然认同王权秩序的汉人中）以隐秘的方式树立起独立于王权、植根于民间的宗教权威。

而且，大秦寺所处的城市空间看似为景教徒与唐人进行密度更大的交往提供了条件，实则不然，其传教所依赖的接触行为本身，在其上层策略的前提下变得十分苛刻，不仅依赖唐王朝上层诸如治病、礼佛、译经之类的偶然机会，其企图开展的民间活动也都局限在有限的空间内。荣新江对波斯景教徒李素墓志铭的关注可佐证这一观点，其所居礼泉坊有波斯胡寺，甚至有学者认为此处之寺即为大秦寺[④]，类似的，葛承雍也指出，粟特景教徒米继芬家族居住在与大秦寺“斜角相邻”的礼泉坊[⑤]，这都说明彼时胡人在空间上的聚居不仅是民族层面的，还是宗教层面的。这样的聚集也使得景教以

① 仇鹿鸣.权力与观众：德政碑所见唐代的中央与地方[M]//荣新江.唐研究（第19卷）.北京：北京大学出版社，2013：79-111.

② 史向军.唐长安城市文化特征探究[J].扬州大学学报（人文社会科学版），2006(4)：86-90.

③ 欧阳修，宋祁，范镇，等. 新唐书・卷五十四・志第三十九上・百官志上[EB/OL]. (2020-01-01)[2023-04-14]. http://publish.ancientbooks.cn/docShuju/platform.jspx.

④ LESLIE D D. Persian Temples in Tang China[J]. Monumenta serica，1981，83(35)：286.

⑤ 葛承雍.唐代长安一个粟特家庭的景教信仰[J].历史研究，2001(3)：181-186.

影响西域人士为重,而长安的景教徒则主要是波斯人。[①] 这种主体面向的有限性在传播效果上体现得更加明显,到会昌灭佛前夕,时人舒元舆云:“合天下三夷寺,不足当吾释寺一小邑之数也。”[②]

这样一种胡汉的区隔意识在中唐时期由于唐王朝对周边少数民族的征伐而逐渐流露,“此疆彼界”意识逐渐凸显,并改变了唐人对于外族的形象认知[③],这也与胡族本身在长安城内的不当举措有关,如唐代宗大历七年(公元 772 年),回纥使者“掠人子女,所司禁之,殴击所司”[④],这说明彼时唐人与西域人士之间的关系是比较紧张的,民间要面对胡人的劫掠,官方亦有被暴力对待的风险,可以说,这种紧张关系已经形成了一种相对普遍的社会心态。由此,景教之所以在会昌灭佛中被牵连,唐人的夷教认知应当是一层心理动因:不但其信众主要为西域人士,而且在长安等地所构建的大秦寺自然成了夷狄文化符号的综合,而这正是李唐王朝对景教空间进行干预所产生的重要影响。

(二)在被隔离与被收编之间:景教实践空间的极化

李唐王朝将景教圈定在长安城的特定空间内,而空间又是施特劳斯提出的两种“他者”策略所蕴含的关键差异:本土文化与异质文化是否会被区隔为两个空间。正如列斐伏尔所揭示的:“统治阶级……让空间服从权力。”[⑤]具体考察微观空间的设计和分布,彼时李唐王朝对于宗教的严格管理亦见一斑。

所以,唐王朝对待景教的“他者”策略很有隔离式的意味。不仅如此,李唐王朝还介入到了景教空间的生产当中,“五圣写真”是一方面,除此之外,景教碑这一空间标识

---

① 荣新江.一个入仕唐朝的波斯景教家族[C]//叶亦良.伊朗学在中国论文集:第二编.北京:北京大学出版社,1998:82-90.

② 舒元舆.唐鄂州永興縣重巖寺碑銘[EB/OL].(2020-01-01)[2023-04-14].http://publish.ancientbooks.cn/docShuju/platform.jspx.

③ 刘顺.重建区隔与自我认同:中唐时期的“华夷”书写与思考[J].中南民族大学学报(人文社会科学版),2014,34(1):160-163.

④ 司马光.资治通鉴·唐纪四十[EB/OL].(2020-01-01)[2023-04-14].http://publish.ancientbooks.cn/docShuju/platform.jspx.

⑤ 列斐伏尔.空间与政治[M].李春,译.上海:上海人民出版社,2015:41.

也有浓厚的王权色彩,其文本中的示好已有叙述,就其创制者而言,也不乏唐王朝的官僚,波斯人李素尚显特殊,然此碑的书写者吕秀岩也有着“朝议郎的散官虚职”①,其官职信息仍要在景教的文本中加以呈现,政治力量的隐性干预由此昭显。

综上,就现存史料而言,景教徒所出现的空间基本可以用被隔离的和朝廷的两端来概括。除此之外,景教面向其他社会空间的传播实践几称寥寥。当宗教活动范围被划定,并且由于其自身的文化特质区别于主流文化,这种隔离的方式就会不断向社会成员强调景教之于本土的异质性,由此形成“他者的媒介镜像”,即“他者化”②;而用以推进文化融合的佛教活动其实也并不是面向全体社会成员的,社会空间被“用以象征君主权威”的宫殿建筑③分割开了。所以,景教从太宗时期入华到会昌灭佛期间,其在唐王朝对城市空间的持续控制之下,始终保持着之于本土文化的“他者”的身份,即所谓“显明外国之教”,到宣宗即位后为佛教平反,景教也并未复生,这也是其本土化不成功的客观后果。由此,我们可以管窥唐代宗教政策的一些要旨,于外在容蓄万方、兼收博采,但其内在则是以佛、道为主的,将诸宗教纳入官方控制的综合性文化系统,当某种宗教无法与大一统体制相协调时,就会如在会昌灭佛中那般被弃之如敝屣。

结 语

景教为基督教历史上的一支,在今天,基督教的中国化仍然是我国宗教事业面临的重要课题,回到景教在唐传播的历史现场,我们会发现景教与唐王朝之间的互动始终停留在比较浅的层次,对于李唐王朝而言,景教始终是夷狄文化的具体代表,对于景教而言,李唐王朝则构成了其本土化进程中必须要面对的强大实体,之所以这么说,是因为在大一统中国,成为中原文明关键底色的“和合”文化是以兼容并蓄为表、以一元政治为里的,这都要求景教(以及整个基督教)的中国化应当导向在中国文化体系中的某种独特性和必要性,而不是简单地通过翻译策略、受众选择等传播技术层面的优化来实现。回归到恩伯夫妇的跨文化传播理论中,我们也可以就此案例进一步发展其结

① 聂志军.景教碑书写者吕秀岩官衔中的“前行”辨正[J].史学月刊,2010(11):128-131.

② 童兵,潘荣海.“他者”的媒介镜像[J].新闻大学,2012(2):72-79.

③ 逯鹰.中国古代建筑的政治文化意涵析论[J].东岳论丛,2008(5):44-49.

论,所谓“文化的选择性”在唐景交往实践中有很大部分是由李唐政权来完成的,而这种主体的特殊性与中国传统文化中一元政治的“和合”基底是分不开的。

就像在2021年12月3日至4日召开的全国宗教工作会议上,习近平总书记发表的重要讲话中提到要“坚持我国宗教中国化方向,积极引导宗教与社会主义社会相适应”[①]。当下,“和合”仍然是我国社会重要的文化底蕴,这就使得当下基督教的中国化进程仍然需要宗教主体在坚持党的领导的前提之下,将基督教自身的文化特质与中国的具体社会实践相结合,尤其当下中国对外开放的基本格局和兼容并蓄的文化底蕴,更是为基督教的中国化提供了现实条件和观念基础。而这种融入中国实践的倡导也是对《圣经》精神的必要呼应,保罗所呼吁的传道正是这样一种处境化、本土化的实践路径。在这样的路径下,要推进基督教与中华文明的互鉴与融汇,就要像卓新平教授所言,基督教先要在中国社会政治结构中有一个正确的定位,“认同我们的社会主义核心价值观和社会主义制度、体制,拥护共产党的领导”[②],由此,基督教在中华文化精神共同体的建设中才能有积极主动的参与和展现。

---

① 坚持我国宗教中国化方向 积极引导宗教与社会主义社会相适应[N].人民日报,2021-12-5(1).

② 卓新平.基督教“中国化”问题的政治意义[J].中国宗教,2018,229(12):34-35.

跨文化路径

信札阅东方:跨文化传播语境下中国形象的“他者”塑造*

◈ 张兵娟　李　阳**

摘　要　16—18 世纪,在华传教士撰写了大量信札文本,其中所塑造的中国形象是西方世界认知中国的最初起点。研究选取了这一阶段具有代表性的四个传教士信札文本进行分析,认为这些来自传教士的中国“报道”以一种“跨文化差距比较”的视角,建构了中国在社会发展、文化形态、民族性格等方面整体落后于欧洲的形象。具有明显的欧洲中心主义价值判断的传教士信札文本经过公开化出版传播后,成为欧洲佐证和充实其文明优越性的话语信源地,由此奠定了欧洲从“东方学”视角研究中国的基础。因此,批判中西跨文化传播中的西方偏见,重新塑造积极正面的中国形象,建构中国自身话语体系显得尤为紧迫和重要。

关键词　中国形象;西方中心主义;传教士著作;信札媒介;跨文化传播史

---

* 本文系郑州大学新闻传播学学科建设专项课题“跨文化传播视域下中西‘礼仪之争’与中国形象建构研究”(项目编号:21XKJS008)的阶段性研究成果。

** 张兵娟,郑州大学新闻与传播学院教授、博士生导师,电子邮箱:bjzhangbj@163.com;李阳,郑州大学新闻与传播学院博士生,电子邮箱:1730992050@qq.com。

Reading the East through Letters and Notes: A Study on "the Other" Shaping of China's Image in Cross-Cultural Communication

Bingjuan Zhang, Yang Li

Abstract From the 16th to the 18th century, missionaries in China wrote a large number of letters and notes, in which the image of China shaped is the initial starting point for the Western world to understand China. The study selected four representative texts of missionary letters and notes of this stage for analysis, and believed that these missionary "reports" on China from a perspective of "cross-cultural gap comparison", constructed the image of China that China lagged behind Europe in social development, cultural form, national character and other aspects. After the publication and dissemination of the texts of missionary letters and notes with obvious Eurocentrism value judgment, they became the source of discourse information for Europe to prove and enrich its civilization superiority, thus laying the foundation for Europe to study China from the perspective of "Orientalism". Therefore, it is particularly urgent and important to criticize the Western prejudice in the cross-cultural communication between China and the West, rebuild the positive image of China, and construct the discourse system of China itself.

Keywords the image of China, occidentalism, missionary writings, letters and notes media, history of cross-cultural communication

引　言

中国形象的建构是一个动态发展的累积过程,理解当今中国在国际传播中的西方文化偏见,有必要重返全球化初期中西跨文化传播的最初语境,在跨文化传播历史中把握中国外部形象形成过程的复杂性与延续性。西方的中国形象是基于西方文化对无数连续性的个体经验的创造转化,探险、传教、商贸等跨文化活动中积淀的信息碎片不断汇聚为具有某种特定特征与意义的中国想象,这些特定形象经过特定历史时期内的重复表述,最后形成一系列能够为表述中国形象提供多语境性和延续性的观念、意象和词汇体系,一套固定的、具有先主之见、似乎理所当然的看法。[①] 早期中国形象的“他者”外部塑造与西方殖民扩张的宏观历史背景相伴而生,是在传教士的见闻所感、执笔书写的信札中被动完成的。传教士对中国的观察、描述与评价带动了一大批西方文化学者的中国研究,在中西跨文化传播史上留下了浓墨重彩的关键性一笔。据此,本研究依据信札文本内容的丰富性、信札媒介传播的影响度、信札作者的代表性等因素,选取了16—18世纪时间跨度内,与在华传教士跨文化传播活动密切相关的四个关键文本,即《利玛窦中国札记》《中国近事报道(1687—1692)》《中国近事:为了照亮我们这个时代的历史》《清廷十三年:马国贤在华回忆录》。

从现有研究来看,关于《利玛窦中国札记》的研究相对较为丰富,集中在对中国形象的研究[②],对利玛窦的人物形象变化研究、中国文化观研究[③];对具体中国文化形态

---

① 周宁. 跨文化研究:以中国形象为方法[M]. 北京:商务印书馆,2011:23.

② 参见:朱爱莲.《利玛窦中国札记》中的中国形象:纪念利玛窦来中国传教四百周年[J]. 河南师范大学学报(哲学社会科学版),2001(6):97-100;邹雅艳. 13-18世纪西方中国形象演变[D]. 天津:南开大学,2012;刘洛君,张春梅. 中古时期西方想象中的中国形象:解码《马可·波罗游记》与《利玛窦中国札记》[J]. 汉字文化,2021(6):113-114.

③ 韩旭. 论利玛窦在华形象流变[D]. 上海:上海师范大学,2018;赵文. 利玛窦的中国观:以《利玛窦中国札记》为中心的考察[J]. 太原师范学院学报(社会科学版),2012(6):14-17;赵文.《利玛窦中国札记》视域下的中国文化[J]. 学理论,2012(27):87-88;李艳. 利玛窦“耶华之辩”的三教观研究[D]. 西安:陕西师范大学,2017.

的研究,如茶文化、服饰习俗、饮食文化、语言发音、司法制度等①;此外,还有在政策人类学视角下关于利玛窦对他者文化参与的研究②,对书中所载的对外汉语教学情况的研究③。关于《中国近事报道(1687—1692)》的研究也有一些,如对该书本身史学价值的评析④,对作者及著作内容本身及其影响的个案研究⑤,对书中记载的战争的解读⑥,对书中所述儒家思想与文化的概括和总结⑦。关于《中国近事》的研究相对较少,2005年,有专门针对该书及作者的国际学术研讨会⑧,其余研究关注该书的文献来源、写作过程、历史意义等方面⑨。关于《清廷十三年》的研究,仅有李天纲对作者及该书时代背景和内容的介绍⑩,未见其他相关研究。

传教士与中国的关系有着明显的时代烙印,现有研究主要从历史学、文献学、国际汉学等方面展开分析,从传教士著作分析特定历史时期的中国形象的研究较多也相对

---

① 李理卯,顾绅楠. 利玛窦眼中的中国茶文化:以《利玛窦中国札记》为视角[J].广西职业技术学院学报,2018(5):13-16;牛犁,崔荣荣. 从《利玛窦中国札记》看明代中晚期民间服饰习俗[J]. 学术交流,2017(11):200-206;周鸿承,计翔翔. 利玛窦与中西饮食文化交流研究[J]. 浙江学刊,2015(6):50-57;刘朴兵. 利玛窦视野中的晚明饮食文化[J]. 西夏研究,2014(1):67-80;黄笑山. 利玛窦所记的明末官话声母系统[J]. 新疆大学学报(哲学社会科学版),1996(3):100-107;萧平汉. 从《利玛窦中国札记》看明代末期司法制度的弊端[J]. 衡阳师专学报(社会科学),1996(1):48-53.

② 杨蕾,周洋.《利玛窦中国札记》:政策人类学视角下参与他者的研究[J]. 惠州学院学报,2017(1):106-110.

③ 高永安.《利玛窦中国札记》所记的明末对外汉语教学状况[J]. 中州大学学报,2007(1):62-65.

④ 赵华. 17 世纪晚期传教士眼中的中国:评《中国近事报道(1687—1692)》[J]. 社会科学战线,2007(1):187-189.

⑤ 周燕. 法国耶稣会士兼"国王数学家"李明及其《中国近事报道》研究[D]. 杭州:浙江大学,2008.

⑥ 唐博. 乌兰布通之战考释:关于《中国近事报道》的讨论[J]. 兰州学刊,2008(9):142-144.

⑦ 李晟文. 从《中国近事报道》看法国耶稣会士李明对儒家思想与文化的认识与评介[J]. 国际汉学,2019(2):86-93.

⑧ 柳若梅. 多元文化和谐共存:"莱布尼茨的政治哲学思想与《中国近事》学术研讨会"综述[J]. 哲学动态,2005(10):69-71.

⑨ 参见:何大进. 莱布尼兹与中国文化[J]. 历史档案,2003(3):86-90;张西平. 简论莱布尼茨《中国近事》的文化意义[J]. 世界哲学,2008(1):106-111;李文潮. 莱布尼茨档案中的"中国文献"[J]. 现代哲学,2010(3):99-101;李秀芳. 莱布尼茨《中国近事》研究[D]. 长春:东北师范大学,2015.

⑩ 李天纲. 康乾中梵交往及其世界史意义[M]//马国贤.清廷十三年:马国贤在华回忆录.李天纲,译.上海:上海古籍出版社,2004. 该文同时见于:李天纲."礼仪之争":康乾时代的世界史意义[M]//李天纲.跨文化的诠释:经学与神学的相遇.北京:新星出版社,2007:211-257.

成熟,但未有研究从综合比较的视角分析这些具有历史关联度的著作,从跨文化传播学角度进行的研究有所不足。四个文本在中西跨文化传播初期具有某种程度上的实地调研与通讯报道的性质,对中国国际形象的塑造产生了深远持久的影响,这也为中西跨文化传播研究提供了一个更为宏观的历史视角。据此,本研究对不同历史时期传教士所撰写的信札内容进行横向比较研究,注重探讨信札媒介文本内容与社会交往实践,从话语的动机、表达特点等社会文化类语境因素入手进行深入剖析,具体从跨文化传播史的视角主要探讨:全球化初期以传教士为代表的西方跨文化“他者”如何建构关于中国的认知评价体系,以及信札文本描述中的话语偏见以何种程度反映在西方的刻板印象之中等。

一、作为跨文化传播媒介的传教士信札

16 世纪,西方殖民势力的全球扩张推动了新航路的开辟,经济全球化带动全球范围内的跨文化传播活动深入开展,狭义的跨文化传播活动与西方殖民扩张以及世界经济全球化保持着基本一致的步伐。

(一)殖民浪潮下的西方来华传教士

16—18 世纪是“西学东渐”与“中西初识”的关键阶段,历史跨度涵盖中国明末清初时期、西方“新航路开辟”时期和“启蒙运动”时期。“支持欧洲海外传教活动的物质动力乃是地理大发现以后西欧殖民国家所进行的海外扩张,而基于这个势力之上的一切上层建筑活动归根到底都是不可能违背这一物质势力的利益或者是超出它所能许可的范围之外”,因而,研究者从跨文化传播史视角将早期传教士视为全球化初期沟通中西文化的桥梁时,首先应当明确他们沟通与传播的文化是什么。①

西方对中国开展正式的跨文化传播,始于 16 世纪 80 年代以意大利耶稣会传教士

① 何兆武,何高济.中译者序言[M]//利玛窦,金尼阁.利玛窦中国札记.何高济,王遵仲,李申,译.何兆武,校.北京:中华书局,2010:15.

利玛窦(Matteo Ricci)为首的西方传教士有组织、有规模的在华传教活动①。最初来华的传教士的唯一目的即是传播天主教并且让尽可能多的中国人信奉天主教,跨文化交流对于西方传教士来说"只是一种手段,而非目的"②。传教士视对外传播宗教文化为其个人远涉重洋的第一要务与神圣使命,了解、认知乃至适应东方异域国度的社会文化是他们从事传教活动的必要环节,探识中国社会、输入西方宗教文化,与对外输出中国文化、塑造中国形象,是传教士跨文化活动的一体两面。

传教士是第一批深入中国本土开展中西文化交流的跨文化传播主要群体,他们以书面记录的方式向西方世界发出了关于中国情况的"第一组电报",扮演着类似于"驻站通讯记者"的角色。在具体的传播实践上,他们一方面将契合其宗教宣传主张的西方文化撒播在陌生的东方土地之上,另一方面通过信札传播媒介形式维系他们与西方世界的人际关系,把在中国遇到的逸趣见闻及当地的风土人情和社会历史记录下来,以各种途径向欧洲故友传递和"报道"中国各方面的境况。与中国近代相比较而言,这一时期,中西之间相互了解程度不高,未有较大的政治、经济、军事矛盾冲突,因而后者基于政治目的性的文化侵略和美化侵略成分尚未明显表现出来,在华传教士的跨文化传播活动相对温和,其观察和评价中国的视角也相对平实。

(二)"报道"中国的传教士信札媒介

信札是一种通常被应用于较大时间和空间跨度内,旨在记录和传递信息,以书面文字或图片符号为主要内容的信息通讯和私人传播媒介形式,包含札记、书信、报告以及回忆录等具体类别,具有直观性、私密性和亲切性等特点。信札作为相对原始的第一手资料,通常是小范围私密往来、封闭式小众传播的。特别是对早期西方传教士而言,以信札为通讯媒介的信息传播活动是他们与好友知交谈资闲叙、保持社交往来、了

① 利玛窦于1582年入华,于1583年获准在中国内地定居并开展持续的传教活动。在利玛窦来华传教之前的16世纪四五十年代,西班牙传教士沙勿略(Francis Xavier)一开始在中国、菲律宾、日本等亚洲国家和地区传教,但未深入中国大陆。随后又有一大批传教士,如范礼安(Alexander Valignano)、罗明坚(Michele Ruggieri)、巴范济(Francesco Pasio)等人,都先于利玛窦或与其同期来华传教,但都集中在广东沿海地区活动。利玛窦与之相比,是首位深入中国内地传教的人物,他在华开展的跨文化交流程度最深、影响力最大。

② 许明龙.中西文化交流先驱[M].北京:东方出版社,1993:2.

解外部世界、获取心理慰藉的宝贵途径。例如,意大利传教士闵明我(Philippus Maria Grimaldi)在写给欧洲友人的信中十分感切地表示:“如果我不跟您或其他人很多人保持书信联系,我会比我看见过的野蛮人还野蛮。书信使我们心灵相通。我到北京以后一定会给您写很多信……应该动员我所有的会友来参加这项工作……我很乐意把所有我知道的事告知那些充满好奇心的欧洲知识分子。”①对远在欧洲的知识分子来说,只有在华传教士“能够打开一条路,使我们的人能够获得这些以及另外一些我们至今还不了解的其他方面的重要知识,从而开辟一个新的知识王国”②。

私人性质的信札承担着为通信双方传递见闻与情感的功能,通常不会为大众所知,然而,当信札以出版物这一媒介形式面向欧洲社会大众出版时,其信息属性就从漫谈闲聊转向社会知识,其媒介性质就从私人领域走向公共领域、由人际传播走向公共传播,其媒介的功能也就从低维度的信息传递走向更高维度的社会话语塑造,进而对当时社会乃至后世的认知观念产生深远影响。正是传教士的这些信札,使得欧洲世界开始更为详细、深入地了解一度神秘的东方中国。

信札的书写是一种跨文化的话语实践,话语的表达离不开话语使用者自身的社会特征以及其他社会文化情境。传教士在西方社会中所处阶层的复杂性决定了其信札文本传播功能、传播效果的丰富性,这些信札媒介不限于私人文化圈层内部关于异域见闻的信息互通与共享。本研究所涉及的信札媒介文本不同于尘封在档案室里、一般意义上的旧闻故纸或文献,它们是经过传教士本人或同时代的人编校整理后结集出版、以书籍媒介形式公开发行传播的,因其第一人称讲述视角、私人信件的“非虚构性写作”而更具说服性和可读性。描述中国的传教士信札文本,成为西方对中国开展东方学研究的重要依据之一。

二、四个具有代表性的传教士信札文本

研究选取了四个具有代表性的文本,其在具体的文本形式上略有不同,经由传教

① 莱布尼茨.中国近事:为了照亮我们这个时代的历史[M].梅谦立,杨保筠,译.郑州:大象出版社,2005:40.

② 李文潮.莱布尼茨致闵明我的两封信[J].中国科技史料,2002(4):364.

士本人或是由同时代的人整理、编校之后在欧洲结集出版,并且此后历经多次再版、外译,能够反映出中西跨文化传播初期西方对中国形象塑造的多维侧面。

(一)综合型札记文本:《利玛窦中国札记》

《利玛窦中国札记》〔(*China in the Sixteenth Century: The Journalism of Mathew Ricci (1583-1610)*)〕记录了意大利籍传教士利玛窦(Matteo[①] Ricci)于16世纪80年代至17世纪初在华从事跨文化传播活动的内容,它是较早予以公开出版的传教士札记文本。该书由比利时在华传教士金尼阁(Nicolas Trigault)汇总编校而成,包含日记、书信、报告等内容,初版为拉丁文版,于1615年在德国奥格斯堡出版,封面上的书名为"耶稣会士利玛窦神父的基督教远征中国史/会务记录五卷/致教皇保罗第五/书中初次精确地、忠实地描述了中国的朝廷、风俗、法律、制度以及新的教务问题"。该书名一方面明确地以军事政治性质词汇"远征"(expeditione)定性利玛窦的跨文化宗教传播活动,有着典型的欧洲殖民扩张时代烙印;另一方面采用"初次精确地、忠实地"(primordia accurate et summa)这种鉴定式评价来明示文本内容的信度。作者在开篇部分介绍撰写第一卷的理由及其方法时解释道,正是因为他是一个真实的目击者,在中国游历多、交际广、懂语言、识文献,故而他写下的文字比那些道听途说的人的言说更有可信性[②],该书也因此在欧洲一经出版就引发强烈反响。此后于1616—1648年间,该书共计出版了4种拉丁文版本,5种其他语言译本,绝大多数版本集中在初版后的10年间问世,足见其传播范围之广、传播影响之深。

(二)集结型信件文本:《中国近事报道(1687—1692)》

在17世纪90年代的法国,率先相对全面地介绍中国的传教士著作当属法国传教士李明(Louis Le Comte)的《中国近事报道(1687—1692)》〔*Nouveaux mémoires sur l'étatprésent de la Chine (1687-1692)*〕,该书首版为双卷本,收录了作者与国内要人在1687—1692年间的14封书信。书信往来对象不仅有国王的忏悔神父、红衣教主、

---

① Matteo的英文译法为Mathew。——笔者注

② 利玛窦,金尼阁.利玛窦中国札记[M].何高济,王遵仲,李申,译.何兆武,校.北京:中华书局,2010:3.

地方大主教等宗教界人物,更有如法国财务总监、外交国务秘书侯爵、海军枢密局职位继承人、国务参事、法国皇家科学院院长等政治、经济、文化、军事和外交等世俗领域的位高权重之人。该书于1696年出版于巴黎,此后4年间重版5次,先后出现英译本、意大利译本和德译本。1700年,巴黎索尔邦神学院禁止其出版传播,作者的意识形态立场以及当时的中西“礼仪之争”与这一禁令有着直接关系。该书是当时法国第一本传教士个人独著的关于中国的全面报道,以往与远东相关的著作则是由未曾涉足中国的新闻检察官编辑、整理出版的。因此,《中国近事报道(1687—1692)》的最大特点在于内容真实可信、叙述风格一致、行文逻辑连贯,这也是它能够从同时代出版物中脱颖而出、被广泛引用的主要原因。

(三)混合型信札文本:《中国近事:为了照亮我们这个时代的历史》

几乎在同一时期的德国,著名哲学家、数学家莱布尼茨(Gottfrido Guilelmo Leibnitio)于1697年出版了《中国近事:为了照亮我们这个时代的历史》(*Novissima Sinica: Historiam nostri temporis illustratura*)一书,需要特别说明的是,该书相对其他几本著作比较特殊,莱布尼茨本人虽不是传教士,也未曾涉足中国,但该书的主要内容来自他与传教士的直接通信,或是从传教士手中搜集而来的札记、报告。特别是第一版,收录了在华传教士所撰写的6个附件,包含宗教、政令、天文、军事、人物传记等方面的内容,对于人们了解当时的中西跨文化传播状况具有重要的史料价值;1699年再版的版本收录传教士白晋(Joachim Bouvet)撰写的《康熙皇帝传》,也提供了近距离了解中国历史人物和政治面貌的翔实资料,整体而言,该书也可被视为一种重要的信札类出版媒介文本。作者的写作动机也不是出于散布宗教的狂热、窥探东方的猎奇心、比较民族的优越感、殖民他者的野心,而是坚信“当这两个文明程度最高和相隔最远的民族携起手来的时候,也会把它们两者之间的所有民族都带入一种更合乎理性的生活”[①]的人文主义理念,而让更多的欧洲人了解中国。

---

① 莱布尼茨. 中国近事:为了照亮我们这个时代的历史[M]. 梅谦立,杨保筠,译. 郑州:大象出版社,2005:1.

(四)回忆录札记文本:《清廷十三年:马国贤在华回忆录》

与前述著作相比,回忆录著作《清廷十三年:马国贤在华回忆录》(*Memoirs of Father Ripa, During Thirteen Years' Residence at the Court of Peking in the Service of the Emperor of China*)出版年代稍晚,带有一定主观色彩,个体感受与史实混杂,具有游记体裁风格。该书是意大利传教士马国贤(Matteo Ripa)于1710—1724年在中国传教经历(其中13年在北京)的个人回忆录,为三卷本《中国圣会和中国学院创办记事》(*Storia della fondazione della congregatione e del collegio dei Cinesi*)的英文选译本,原书和英译本分别于1832年、1844年出版。这一著作历来被欧洲的汉学研究视为奠基之作,19世纪西方人的许多中国知识皆来源于此,它至今仍是欧美大学的中国课程中关于清代社会的基本参考书。① 该书采用第一人称叙述角度,记录了许多中国宫闱秘闻,特别是有别于中国档案的历史细节为补充和验证中国历史提供了参考。

三、信札媒介文本所呈现的中国形象

"形象"是"一种文化隐喻或象征,是对某种缺席的或若有若无的事物的想象性、随意性表现,其中混杂着认识的与情感的、意识的与无意识的、客观的与主观的、个人的与社会的经验内容",不同时代西方世界中的中国形象变异和极端化表现背后有其意义结构原则。② 传教士作为第一批向西方"报道"中国的西方人,其信札文本涉及领域广泛,具体包括中国的城市建筑、自然地理、民族性格、生活风俗、天文历法、宗教文化、思想教育、政治管理和宫廷见闻等方面内容。在以欧洲为参照的中西对比论述中,既有正面形象的塑造,也有极端化负面形象的渲染,具有历史学、人类学、社会学意义的中国形象体系基本被建构起来。

---

① 李天纲.康乾中梵交往及其世界史意义[M]//马国贤.清廷十三年:马国贤在华回忆录.李天纲,译.上海:上海古籍出版社,2004:40.

② 周宁.跨文化研究:以中国形象为方法[M].北京:商务印书馆,2011:23.

(一)物产富饶、逊于欧洲的社会形态

初入中国的传教士看到的是一个地大物博、物产丰盈的东方国度,在他们看来,中国的自然资源非常之丰富,“凡在欧洲生长的一切都照样可以在中国找到”①。富庶的自然资源造就了发达的农业社会和城乡文明,这令传教士不由地心生感慨,“不得不承认在种植蔬菜方面确实超过了我们”②;“欧洲应真诚地承认,在这方面(城乡社会的富饶)她没有什么可以与中国相媲美的”③;正是凭借远胜别国的辽阔疆域与富饶物产,中国的皇帝“无疑是当今世界上最强大的君主”④。中国四大发明中的火药在13世纪中后期就已经传入欧洲,当欧洲的传教士来到中国,目睹春节期间烟火表演的热闹繁盛之后,不由地发出钦叹:“我可以很有把握并毫不夸张地说,中国人辞旧迎新一晚上消耗掉的火药,要比全欧洲在十二个月里消耗掉的还要多”⑤,这也从侧面反衬出中国社会生活的富足。

在社会行业百态方面,利玛窦不自觉地将亲眼看到的中国事物同他的欧洲经验相对比:中国的缫丝业“规模如此之大,很容易与欧洲产品竞争,虽然后者或许质量更要好一些”;对羊毛的使用“赶不上欧洲人熟练”;吹制玻璃的工艺“远远逊于我们在本国所看到的”;生产出的最好的纸也“远不如我们自己的许多产品”;铸塑工艺“一点也没有掌握欧洲人的技巧……作品更像是死的”;中国房屋建筑的风格和耐久性“在各方面都逊于欧洲”;生产制作的钟“在音色上比不上我们的……他们用乐器在音乐会上演奏……对于外国人来说,它却只是嘈杂刺耳而已”;计时仪器“都远不如我们的仪器完美,常常出错,测时不准确。至于日晷,他们知道它从赤道而得名,但还没学会怎样按照纬度的变化摆正日晷”⑥。传教士李明丝毫不加掩饰地评价中国的城防设施,“走遍

---

① 利玛窦,金尼阁.利玛窦中国札记[M].何高济,王遵仲,李申,译.何兆武,校.北京:中华书局,2010:10.

② 李明.中国近事报道(1687—1692)[M].郭强,龙云,李伟,译.郑州:大象出版社,2004:106.

③ 李明.中国近事报道(1687—1692)[M].郭强,龙云,李伟,译.郑州:大象出版社,2004:108.

④ 莱布尼茨.中国近事:为了照亮我们这个时代的历史[M].梅谦立,杨保筠,译.郑州:大象出版社,2005:68-69.

⑤ 马国贤.清廷十三年:马国贤在华回忆录[M].李天纲,译.上海:上海古籍出版社,2004:49.

⑥ 利玛窦,金尼阁.利玛窦中国札记[M].何高济,王遵仲,李申,译.何兆武,校.北京:中华书局,2010:13-24.

中国居民认为是世界上防卫最好的那些城市之后,我时常欣慰地想到,如果上天让我们离中国更近些,使欧洲最强大的地方不过阻挡少许时日就不得不举起降旗的路易大帝,将会多么轻而易举地整个取下这些省份”[①]。在传教士的比较视野中,中国的各行各业虽种类繁多,但其发展程度以及城市的军事防卫设施与欧洲的相比都黯然失色,几乎皆存在着不同程度的差距。

(二)专制体制、君主贤明的政治形态

自利玛窦入华传教之后,传教士与中国的官僚阶层和士大夫阶层保持着密切的联系。尤其是在康熙时期,传教士能够进入宫廷内部,以外国特殊大臣的身份接近政治权力中心,了解中国政治中枢机器的运转。他们对16—18世纪中国政治的评价基本持肯定态度,利玛窦较早地归纳了中国与西方在政治体制上的两大差别:其一是不具侵略性,他在查阅中国历史文献、调研考察之后,并未发现中国有侵略他国的历史记录,即便在人口、物资、军事等方面具备发动战争的实力,但“他们的皇上和人民却从未想过要发动侵略,他们很满足于自己已有的东西,没有征服的野心”;其二是文人治国,“全国都是由知识阶层,即一般叫作哲学家的人来治理的。井然有序地管理整个国家的责任完全交给他们来掌握”[②]。

中国社会政治秩序的稳定给传教士留下了深刻印象,这一时期,中西方普遍实行的是君主专制政体,传教士对君主专制的评价是中性或褒扬的。他们认为中国社会安定的法宝、政府统治的灵魂有三方面:向所有子民灌输道德指南、确立广泛的治平法则、奉行或被迫奉行纯政治箴言(如异地做官、官宦子弟入宫、钦差审查、拒绝外国人居留等)。[③] 在他们看来,中国君主制源远流长且保持着极大的有效性和稳定性,“在古代形成的各种政府思想中,可能没有比中国的君主制更完美无暇的了”,最核心的逻辑支柱是法律赋予君权的同时又要求其温和适度地行使权力[④];中国的这种政体是“不

---

① 李明. 中国近事报道(1687—1692)[M]. 郭强,龙云,李伟,译. 郑州:大象出版社,2004:85.

② 利玛窦,金尼阁. 利玛窦中国札记[M]. 何高济,王遵仲,李申,译.何兆武,校.北京:中华书局,2010:58-59.

③ 李明. 中国近事报道(1687—1692)[M]. 郭强,龙云,李伟,译. 郑州:大象出版社,2004:229-243.

④ 李明. 中国近事报道(1687—1692)[M]. 郭强,龙云,李伟,译. 郑州:大象出版社,2004:217-218.

折不扣的君主专制政体,惟独皇帝享有至高无上的权力……这种政治体制本身是十全十美的”[①]。

在君主专制体制之下,皇帝对政治的核心干预作用便显现出来。传教士认为,康熙皇帝正是凭借其“强大有力、拥有绝对权威、性情温厚而富于自制力”的个人魅力,能够在行事拖沓的朝廷中高效率地推行自己的意志[②]。特别要提到的是,传教士能够享受到超越绝大多数中国大臣的待遇并长期进入宫廷内部活动,与康熙皇帝的个人意志和至高权威密切相关。他们对此深表感激,认为中国人自古以来就有排外的陋习,只有康熙皇帝与之大相径庭,能够包容西方传教士带来的异域文化,故而其“秉性和习惯与一般中国人相比,无疑存在着天壤之别”[③]。

(三)礼仪繁缛、停滞落后的文化形态

中国素以礼仪之邦和礼仪文明为鲜明的文化特征,传教士对待中国礼仪持一种厌倦、敷衍乃至排斥的态度。例如,利玛窦认为繁多的中国礼仪是对时间的巨大浪费,“熟悉他们的风俗的人实在感到遗憾,他们为什么不摒弃这种外在的表现,在这方面他们远远超过所有的欧洲人”[④]。同样,李明认为规定国家礼仪的礼部“是外国人天生的审判官”[⑤];他还认为中国丧葬礼仪中,用丧服装扮外表不过是一种装模作样[⑥],恸哭只是假哭,其目的不是为亡者而悲痛,而只是因为“这些参加丧礼的人经受着损失,情不自禁地洒下真正的泪水”[⑦]。信奉天主教的传教士遭遇中国的丧祭礼仪时,唯恐避之不及,马国贤将礼部为康熙皇帝驾崩后所做的献奠礼仪看作一种迷信活动,即便他是

---

① 莱布尼茨. 中国近事:为了照亮我们这个时代的历史[M]. 梅谦立,杨保筠,译. 郑州:大象出版社,2005:64.

② 莱布尼茨. 中国近事:为了照亮我们这个时代的历史[M]. 梅谦立,杨保筠,译. 郑州:大象出版社,2005:85.

③ 莱布尼茨. 中国近事:为了照亮我们这个时代的历史[M]. 梅谦立,杨保筠,译. 郑州:大象出版社,2005:60.

④ 利玛窦,金尼阁. 利玛窦中国札记[M].何高济,王遵仲,李申,译.何兆武,校.北京:中华书局,2010:63.

⑤ 李明. 中国近事报道(1687—1692)[M]. 郭强,龙云,李伟,译. 郑州:大象出版社,2004:49.

⑥ 李明. 中国近事报道(1687—1692)[M]. 郭强,龙云,李伟,译. 郑州:大象出版社,2004:121.

⑦ 李明. 中国近事报道(1687—1692)[M]. 郭强,龙云,李伟,译. 郑州:大象出版社,2004:60-61.

无意识地参与进来的,也感到惊恐,最后甚至为了避开此类活动而选择离开中国。[①]

建筑是凝固的艺术,反映着一个国家的文化审美与价值观念。传教士对中国建筑的文化评判基于自身经验的跨文化审美过程,在他们看来,中国的宫殿不过是很一般的平房,"套房之间缺乏浑然一体的联系,互相没有呼应,装饰也无规律可循,没有我们宫殿那种既华丽又舒适的相辅相成的美感……那是一些欧洲人不喜欢的、会使对真正建筑术少有品味的人反感的东西",凡是称赞中国建筑为杰作的人,要么是没见过欧洲更美好的建筑,要么就是和"毫无品味"的中国人待久了而品味变差。在对中国建筑的审美一番奚落之后,紧接着,他又以一种十分鄙夷的语气写道:"如果称那些大人物的房子是宫殿的话,那简直就是我们词汇的堕落、降级";类似地,在评价中国观象台的建筑外观时,他也满是溢于言表的轻狂,"如果中国以它的观象台的宏伟华丽,从六千里外蔑视我们,它是有道理,因为靠近了,它会为与我们相比而感到羞耻"[②]。显然,在这些描述中完全没有跨文化交流的基本尊重,优越感、排外感充斥他们的眼眶,中国建筑粗糙、丑陋、不具欣赏和审美价值的形象被反向塑造起来。

在其他文化形式方面,传教士认为中国以儒教治国,它起源于"大约五个世纪以前开始流传的那种崇拜偶像的教派",与信奉释迦牟尼的佛教和信奉老子的道教同为"中国与其他异教教派不同的三种迷信",而中国人对这些信仰佯装相信,"并不真心遵循其中的任何一种"[③];中国的道德尽管优秀美好、源远流长,但不过是"一缕非常微弱的、局限的、理性的光",一旦同天主教的教义相比,就会变得暗淡无华[④];中国的伦理学缺乏逻辑规则的概念,只是中国人"在理性之光的指引下所达到的一系列混乱的格言和推论"[⑤];中国的汉字数目之繁多是中国人无知的根源所在,只因他们终其一生的大量时间都耗费在"往自己头脑里不停地装这数不尽的丑陋的图形"以及"忙于辨认那些东西和意义几乎毫无相似之处的并不完善的象形字"上面,而无暇顾及其他科学研

---

① 马国贤. 清廷十三年:马国贤在华回忆录[M]. 李天纲,译. 上海:上海古籍出版社,2004:106.

② 李明. 中国近事报道(1687—1692)[M]. 郭强,龙云,李伟,译. 郑州:大象出版社,2004:68-72.

③ 利玛窦,金尼阁.利玛窦中国札记[M].何高济,王遵仲,李申,译.何兆武,校.北京:中华书局,2010:100-114.

④ 李明. 中国近事报道(1687—1692)[M]. 郭强,龙云,李伟,译. 郑州:大象出版社,2004:164.

⑤ 利玛窦,金尼阁. 利玛窦中国札记[M]. 何高济,王遵仲,李申,译.何兆武,校.北京:中华书局,2010:31.

究，同时，枯燥艰难的学习过程使得中国人徒增“自以为已是相当有学问”的虚荣。[①]由此观之，西方传教士凭借既有的欧洲经验并不能深刻理解中国文化的价值理念，反而只会助长有色眼镜下跨文化偏见的形成，有选择性地只关注并放大某些不为西方人所接受的文化特征。

（四）伪善怯懦、自负傲慢的民族性格

在信札文本中，传教士对中国人的民族性格的评价以负面评价为主。他们秉持欧洲中心主义的偏见，通常以某种社会现象来片面地为中国人的民族性负面定性，归纳来看有以下几点：

其一，传教士认为中国人是伪善的，有诚意与大公无私精神的人只是个例。他们认为中国人不尚暴力，但却有着极深的城府和报复心机，中国人善于迂回曲折、计谋划策，“一切报仇都是通过说理和秘密进行”，常常暗度陈仓、伺机而动，最终达到“设法消灭对方而又要显得自己并未参与”的效果和目的。[②] 传教士将中国人善于经商的天赋归因于中国人被“不断地折磨”自己的挣钱欲望驱使，是因为其民族本性是“只要能骗就骗，许多人并不隐讳这一点”[③]。他们还注意从社会风俗方面入手，将一些历法、风水、占卜等全都列入迷信和欺骗的范畴，进而将其上升到整个民族的共有品性的高度，认为中国人“极为迷信，在魔术或巫术方面，或真或假，没有任何民族可以与之相比”[④]；“要在占星术上取得成功，只需是一个机灵的骗子就行了，只需撒谎得妙，这一点没有哪个国家可以和中国媲美”[⑤]。他们的表述中使用“没有任何”“只需”“没有哪个”等绝对化词语，字里行间流露着鄙夷与蔑视。

其二，传教士认为中国人是怯懦的。哪怕是在共同面对海上疑似海盗的危险时，传教士也先要以旁观者视角评判一番，指责中国船员的胆小懦弱，“如果说世界上有什么人怕死的话，那就是中国人……他们的恐慌神情给我们造成的恐惧比敌人要可怕得

① 李明．中国近事报道（1687—1692）[M]．郭强，龙云，李伟，译．郑州：大象出版社，2004：170.
② 李明．中国近事报道（1687—1692）[M]．郭强，龙云，李伟，译．郑州：大象出版社，2004：215.
③ 李明．中国近事报道（1687—1692）[M]．郭强，龙云，李伟，译．郑州：大象出版社，2004：311-312.
④ 李明．中国近事报道（1687—1692）[M]．郭强，龙云，李伟，译．郑州：大象出版社，2004：159.
⑤ 李明．中国近事报道（1687—1692）[M]．郭强，龙云，李伟，译．郑州：大象出版社，2004：194-195.

多,因为,必须真诚相告,我们自己的恐慌比中国人更有甚之。什么宗教,什么殉道都谈不到了"[①]。对未知风险心生恐惧是人的正常生理反应,然而,同样是面对危险,传教士非但不去辨别危险源、参与抗争备战,而把恐惧心理主要来源归因于中国人,为其贴上贪生怕死的标签,这其中暗含着强烈的异族偏见与极端不信任。

其三,传教士认为中国人是自负、天生傲慢的。传教士印象中的中国人"看任何人都比他们无知",并且长期贪图于"平静地享受着世界上最博学者的声誉",不思进取,因而,数千年来无人在任何思辨科学上有突出建树,哪怕只是一般的深入研究也没有。[②] 传教士李明将这种文化现象归因于民族性,认为中国人天生欠缺"那些努力认识自然的人所需的洞察力和敏锐性",在逻辑学、几何学方面,"欧洲人永远会是他们的老师"[③]。在这里,传教士将对中国文化观的偏颇认知上升到民族性的高度,又在此基础上放大中西文化之间的差异,以欧洲人为中国人的文化"教师爷"自诩,关于中国的描述被披上了一层典型的"东方学"色彩。

四、中国形象话语的"东方学"表征

西方传教士往往受制于其个人性格涵养、学识履历、欧洲文化的思维定式以及客居中国的时间长短等因素,这导致他们分析事物的视角、对中国形象的评价并不能摆脱原有欧洲文化的认知偏见。这种戴着有色眼镜的认知偏见,正是一种"东方学"话语的表征。按照萨义德(Edward W. Said)的观点,以西方经验评判东方的"东方学"研究起始于 18 世纪晚期,它既是一种以"东方"和"西方"这一本体论和认识论意义上的区分为基础的思维方式,也是一种西方通过控制、重建和"君临东方"来处理东方的机制。[④] 而东方学作为一种研究取向和思维方式出现之前,必然有深厚的关于东方的信息资源作研究基础。当东方学研究的重点聚焦在中国时,自 16 世纪 80 年代利玛窦深入中国内陆传教之时起,西方就已经开始试图以一种文化优越姿态描述东方、教授东

---

① 李明. 中国近事报道(1687—1692)[M]. 郭强,龙云,李伟,译. 郑州:大象出版社,2004:26-27.

② 李明. 中国近事报道(1687—1692)[M]. 郭强,龙云,李伟,译. 郑州:大象出版社,2004:193.

③ 李明. 中国近事报道(1687—1692)[M]. 郭强,龙云,李伟,译. 郑州:大象出版社,2004:193.

④ 萨义德.东方学[M].王宇根,译.北京:生活·读书·新知三联书店,1999:3-5.

方，进而在华传教士从西方中心主义视角所给出的关于中国的评价话语深刻影响到西方对华的认知。从这一角度而言，传教士即是东方学研究的先行者与开拓者。

来自传教士的中国“报道”，是欧洲“东方学”研究中国的基础。具有代表性的文本，如李明的《中国近事报道(1687—1692)》一书，书名明确采用了“近事”和“报道”的表述，切合作者所处年代的信札（特别是书信）具有强时效性的特点。此处的“报道”是一个行为描述词，在国际交通尚不便利、没有通讯社、缺乏大众传播媒介的时代，书信就是比较理想的远距离信息传递媒介。如果从新闻的定义“新近发生的事实的报道”来看，传教士最接近记者的身份和角色，他们的信件中关于中国所发生的一切内容都是类似于新闻通讯类题材，特别是那些被及时刊印发表的通信内容更是如此。长期旅居中国，并深入了解中国文化的稀缺性和真实亲历的在场性遮蔽了传教士文本中的失真。前大众传播时代，信札媒介文本不具备真实性与客观性的最基本的新闻报道要求，其中随处可见夸大其词、标签化并且极端化的表述，以偏概全的思维定式、有失偏颇的感性表达时而不经意间流露，有关这一区别，大家从上节所述的分析中可见一斑。

从传教士言说中国形象时的跨文化心理来看，他们塑造中国形象的真正意义，不在于“认识或再现中国的现实，而是构筑一种西方文化必要的、关于中国的形象，其中包含着对地理现实的中国的某种认识，也包含着对中西关系的焦虑与期望，当然更多的是对西方文化自我认同的隐喻性表达，它将概念、思想、神话或幻象融合在一起，构成西方文化自身投射的‘他者’空间”。[①] 传教士信札文本的内容中不乏真知灼见的客观评价，但也随处可见高人一等的文化傲慢心理与潜在认知偏见。究其原因，他们均在不同程度上受到了当时殖民扩张的宏观社会文化背景的制约与影响，传教士嘲笑中国对其他文化的傲视自大时，殊不知他们时刻以“异教徒”的有色眼镜审视中国，这种不自知的文化心理早已为跨文化的交流立下了无形的界碑，他们深陷以自我文化信仰为中心的思维漩涡之中。部分具有客观性与真实性的信息被裹挟在充满优越感的文化自负心理中，一经出版传播，便涌进西方学界和大众的视野。

从传教士信札著作所产生的跨文化传播效果来看，这些信札出版物曾在西方社会流行一时，短期内被译为多种语言文本，形成极具影响力的社会传播话语。这些认知

① 周宁. 跨文化研究：以中国形象为方法[M]. 北京：商务印书馆，2011：23.

中国的思维方式与话语表达，为此后逐渐成为西方文化显性特征的欧洲中心主义的学术研究倾向进一步提供了依据。尤其是全球化进程从初步走向深入的18世纪，西方在对外传教、贸易、游历过程中累积的关于区域文明状况的感性材料逐渐转化为理性化的理论认识，西方学术界出现了对全球各大区域文明线性排序的“文明等级论”。按照这一理论，欧洲处在“文明的”第一世界梯队，中国则属于“未开化的”第二世界梯队。第二世界梯队即第二等级文明梯队，第二等级文明梯队的国家在综合文明特性上是不正常的，具有以下特征：自然气候干燥酷热；种族具有黄色的皮肤、抑郁呆板的性格、异教徒的特性；政治是东方专制主义、充满奴役、中央集权主义、非理性的；人的特性是不成熟的、阴柔的、易受迷惑的和非理性的；总体而言，中国人是堕落的民族，在社会合法准则与政治合法准则方面是残缺的，属于居住空间未界定的非主权国家。① 这些标准均是以欧洲的地理、政治、文化和社会特征表现为参照，不断放大欧洲文明“我者”的优越性与非欧洲“他者”文明的低劣性。

如上节分析所示，传教士对中国形象的描述，不是基于平视和尊重态度的“跨文化差异比较”，而是在线性优劣程度上判别的“跨文化差距比较”。他们对中国君主专制政体的细致描述、大加褒扬，此后成为欧洲启蒙运动时期西方攻击中国封建专制主义的靶子。他们承认中国物质文明的伟大，但认为中国在社会的各个方面与欧洲存在着明显的差距。传教士眼中的中国礼仪文化繁缛落后，民族性格伪善怯懦、自负傲慢，这与文明等级论的判断指标基本一致。如果说“欧洲‘文明’观念是在欧洲社会发展与对外扩张的过程中，在自诩为‘文明’群体的‘自我’与被贬低为‘野蛮’群体的‘他者’之间的互动中，通过建构‘他者’而形成的欧洲‘自我’意识形态，是欧洲经验的历史产物，是欧洲以其个人主义和物质主义征服世界的集体意识的产物”②，那么，很显然，西方传教士信札中关于中国全方位的细致描述、观点评论，成为佐证和充实其文明话语、极具信服力的信源。

结　语

跨文化传播研究与历史学对历史细节、史实互证的关注不同，更关注传者的跨文

---

① 霍布森.西方文明的东方起源[M].孙建党，译.济南：山东画报出版社，2009：201-202.

② 刘文明.全球史理论与文明互动研究[M].北京：中国社会科学出版社，2015：162-163.

化传播动机、跨文化活动中的媒介内容、传受互动的传播过程和对社会的传播影响。人类社会的全球化进程是一个政治、经济和文化多维度相互作用的过程,“大航海时代”的传教士乘借西欧殖民扩张的东风,将他们传教的触角延伸至世界各地。这场声势浩大、影响深远的全球“文化拓荒”运动,客观上促进了世界文明各区域间的跨文化传播与交流互动,推动了西方的中国形象塑造。这一时期,中西跨文化交流中的殖民意识虽不甚强烈,但从文化刻板认知形成与发展的整体过程来看,跨文化成见有其延续性、传承性和历史性,早期西方对中国认知相关的文化观念深刻影响到此后的西方对华态度、中西关系、中国历史进程乃至全球格局的变化。在这个意义上,长期以来西方对中国的偏见和刻板印象,同西方传教士认识中国伊始的观感、认知与评价有着千丝万缕的联系。传教士的信札媒介文本最深远的影响在于,中国的国际形象借由这些带有作者文化观念色彩的内容被传播扩散开来,这些具有个人主观色彩的中西跨文化交往初印象不断被抽离出来,成为一种程式化的评价话语,由此开始,奠定了此后若干世纪西方世界关于中国的负面刻板印象。

西方世界所塑造的那些脱离事实的负面中国形象,是中国长期“挨骂”的重要表现,解决“挨骂”问题的路径之一就是直面中国现实,回归历史真实。新时代以来,中国十分注重中国形象国际传播能力的建设,要向世界展现“可信、可爱、可敬”的中国形象。立足于“中华民族伟大复兴的战略全局”和“世界百年未有之大变局”的国内外复杂形势,应清醒地认识到,主动的历史批判与积极的形象塑造是讲好中国故事、传播好中国声音、塑造好中国形象的“一体两翼”:一方面,聚焦当代中国社会经济发展现状、展现新时代中国人民精神面貌是合宜的、迫切的,另一方面,以史为鉴、反对历史虚无主义、保持历史清醒也是适当的、必要的。“前事不忘,后事之师”,立足当下、面向未来,应注重从跨文化传播史视角对复杂现实问题进行寻根溯源,对西方话语叙事中的傲慢与偏见予以深刻批判,将高度的历史自觉意识融入现实的跨文化传播实践活动之中。宏观的、对比的、全面的历史视野,对新时代的跨文化传播及国家形象塑造而言,无疑更具吸引力、感染力和说服力。

作为跨文化传播新载体的中国游戏：基于玩家的考察

◇ 甘丽华　任执政　欧阳敏　鲍　娟*

摘　要　《原神》及其他中国自主研发游戏在全球市场的成功，使得游戏超越数字娱乐功能和单一商业价值，被视为中国文化对外传播的新载体。本文聚焦《原神》游戏中以古代中国文化为原型的“璃月”，在游戏玩家社群聚集地 Reddit 网站搜索相关讨论文章及其评论，结合线上参与式观察及有关新闻报道，探讨中国文化在海外游戏玩家社群中的传播与接受。研究发现，海外玩家社群乐于开展针对游戏角色及场景的文化“科普”和文化考据，游戏体验激发了包括美食、音乐、绘画、旅游与 cosplay 在内的各种文化实践活动，同时，他们也关注游戏翻译中的“文化折扣”问题，对游戏呈现的部分价值观进行“对抗式解码”。

关键词　中国游戏出海；文化“科普”；对抗式解码

* 甘丽华，华中师范大学新闻传播学院副教授，武汉大学媒体发展研究中心研究员，电子邮箱：5171553@qq.com。任执政、欧阳敏、鲍娟，华中师范大学新闻传播学院硕士研究生。

Chinese Games as New Channel of Cross-Cultural Communication: Textual Analysis of Foreign Gamers' Discussions and Comments on *Genshin Impact*

Lihua Gan, Zhizheng Ren, Min Ouyang, Juan Bao

Abstract With successful overseas launching of *Genshin Impact* and other similar games, Chinese games are seen not only as digital entertainment and beneficial business but also as new channel of cross-cultural communication. Based on the postings on gamer online community site Redditt, this article focuses on the communication and acceptance of Chinese culture among foreign gamers of *Genshin Impact*. The findings include the gamers are intended to share and explore relevant Chinese culture knowledge, and practice those cultural elements which are mentioned in *Genshin Impact*, such as food, music, painting and so on. Foreign gamers also discuss about cultural discounts with translation and show a kind of adversarial decoding toward some cultural values highlighted by Genshin Impact.

Keywords overseas launching of Chinese games, cultural populization, adversarial decoding

引 言

2023年1月,中国音像与数字出版协会游戏工委发布《2022年中国游戏产业报告》,报告显示,2022年中国自主研发游戏海外市场实际销售收入173.46亿美元,同比下降3.70%。但报告提出,海外业务拓展将成为企业中长期战略增长点,游戏产业会进一步迈向全球化发展;持续以中华优秀传统文化为依托打造内容精品,游戏文化载体的定位会进一步明确。①

近年来,中国游戏“出海”成为广受关注的跨文化传播现象。一方面,受国内暂停核发游戏版号等政策性调整因素影响,游戏企业“走出去”意愿强烈。有研究者将 2018 年称为中国移动游戏“出海元年”②,而凯度和 Google 发布的“2022 中国全球化品牌 50 强”榜单显示,最受海外消费者欢迎的 50 种中国品牌里,国产游戏品牌占据了 11 位。③

另一方面,游戏产业“走出去”被赋予对外文化传播的重要意义,获得国家相关政策支持。国家“十四五”规划纲要提出,要“积极发展对外文化贸易,开拓海外文化市场,鼓励优秀传统文化产品和影视剧、游戏等数字文化产品‘走出去’,加强国家文化出口基地建设”④。2022 年 7 月,商务部等 27 部门联合印发《关于推进对外文化贸易高质量发展的意见》并指出,要大力发展数字文化贸易,积极培育网络游戏、电子竞技等各类数字文化领域的出口竞争优势,“提升文化价值,打造具有国际影响力的中华文化符号”⑤。上海市启动“中华文化走出去”专项扶持资金项目,其中入选的就有米哈游《原神》和莉莉丝《万国觉醒》等中国自主研发游戏。⑥

赫伊津哈认为文化以游戏的形式出现,文化从发轫之日起就在游戏中有所体现。⑦ 游戏与文化传播的勾连与互动也成为重要的研究议题。有学者认为国产游戏与中华优秀传统文化对外传播相辅相成。一方面,国产游戏是中华优秀传统文化数字

---

① 宋宇晟.中国音数协:2022 年中国游戏市场实际销售收入 2658.84 亿元[EB/OL].(2023-01-16)[2023-01-30].https://www.chinanews.com/cj/2023/01-16/9936627.shtml.

② 郭璇,徐欣怡.中国移动游戏“出海”的机遇和路径[J].未来传播,2022,29(5):91-99.

③ 凯度网站.中国出海品牌另辟新径,持续赢得世界认可[EB/OL].(2022-07-20)[2022-11-30].https://cdne. kantar. com/zh-cn/inspiration/brands/2022-kantar-and-google-top-50-chinese-global-brand-builders.

④ 新华社.中华人民共和国国民经济和社会发展第十四个五年规划和 2035 年远景目标纲要[EB/OL].(2021-03-13)[2022-12-30]. http://www. gov. cn/xinwen/2021-03/13/content_5592681.htm.

⑤ 商务部服贸司.商务部等 27 部门关于推进对外文化贸易高质量发展的意见[EB/OL].(2022-07-21)[2023-01-31].http://www.mofcom.gov.cn/article/zcfb/zcfwmy/202207/20220703334843.shtml.

⑥ 上观新闻.2021 年上海市“中华文化走出去”专项扶持资金入选项目公布[EB/OL].(2022-02-23)[2023-01-30]. https://www. shio. gov. cn/TrueCMS/shxwbgs/wxdtt/content/15f05386-8dc3-4023-b2ca-42fa3cd35725.html.

⑦ 马梅,丁纪.作为文化传播和消费的剧本杀游戏:基于玩家的考察[J].现代出版,2022(2):89-98.

化产品对外传播的新载体。另一方面，中华优秀传统文化赋予国产游戏对外传播的文化底蕴。① 以游戏作为方法，以青年作为主体，以科技创新形式，以创意活化内容，将为中华优秀传统文化的当代传播，特别是国际传播，开辟崭新的可能。② 高度还原文化元素的游戏可以作为一种“柔性”的文化输出形态，通过无意识下高度参与的互动模式，影响海外玩家对中华文化的认知，从而有效提升国家文化软实力的输出。③

还有学者着眼于探索游戏实现文化创新性传播的可行性路径。“新世界主义”的理念可以让游戏尽可能地规避在现实世界中意义明确的政治观念和文化背景，转而深度挖掘全球 Z 世代用户的共同兴趣偏好。Z 世代玩家可以通过构建“异托邦”式的实践场所，在不削弱现实社会中的社会联结的同时，通过新的意义框架来延续或重塑网络社会联结，打破现实世界的国内外用户在地缘、文化、语言等方面的壁垒，探索出理解和接受中华优秀传统文化的创新性发展路径。④

但也有学者做了冷静的思考，认为我国“游戏出海”是在产品维度获得了市场认可，而搭载着中国传统文化的文化维度的“出海”却难称成功，出现“产品出海”和“文化出海”的效果悖论。游戏对于文化而言，不仅是文化符号的载体，更是容纳人类进行多维传播实践的文化场域。中国游戏应该从“传播载体”向“创新主体”转变，最终实现中华文化“走出去”的价值创新。⑤

上述文献为相对较新的中国游戏对外传播研究奠定了理论与实践基础，具有重要的参考价值。但目前的研究主要集中在宏观层面，较少从玩家视角出发。本文将结合具体案例，深入中国游戏海外玩家社群，结合在线参与式观察和文本分析，进入中国游戏跨文化传播的“现场”，探讨中国游戏在跨文化情景下的传播与互动。

---

① 裴永刚，索煜祺.中华优秀传统文化走出去的创新路径探析：以数字出版中游戏出海为视角[J].出版广角，2022(15)：47-52.

② 胡钰，朱戈奇.网络游戏与中华优秀传统文化的当代传播[J].南京社会科学，2022(7)：155-162.

③ 张妍，李金昊，赵宇翔.文旅融合背景下国产游戏创新与推广的模式探索：基于《原神》的案例分析[J].图书情报知识，2021，38(5)：107-118.

④ 郭璇，徐欣怡.中国移动游戏“出海”的机遇和路径[J].未来传播，2022，29(5)：91-99.

⑤ 曾培伦，邓又溪.从“传播载体”到“创新主体”：论中国游戏“走出去”的范式创新[J].新闻大学，2022，193(5)：94-104，122.

一、研究数据与方法

本文以上海米哈游网络科技股份有限公司制作发行的开放世界冒险类角色扮演游戏《原神》为具体研究案例。选择这款游戏的原因有:第一,它从诞生之日起即为一个全球化的文化产品。2020年9月28日,《原神》在Windows、PS4、Android和iOS平台同时上线,目前以中、英、日、韩、法、德、俄等13种语言在全球超过170个国家和地区发行。第二,游戏的开发者具有积极的文化传播意识。米哈游公司创始人刘伟认为,"文化是一个精品游戏的内核和灵魂",传统文化与游戏的有机结合,让游戏参与者"了解中国人文、地理、历史甚至是哲学文化内容",游戏将变得"更加鲜活,更有生命力,更具有独特魅力"①。第三,这款中国自主研发游戏已经获得了一定的全球影响力,三年来获得多个国际奖项,例如,有"游戏界奥斯卡"之称的The Game Awards(TGA)"2021最佳移动游戏"②、"2022玩家之声"奖项③,以及游戏开发者选择奖(GDC)、App Store年度游戏、Google Play年度游戏等荣誉④。

《原神》以"随时随地进入异想世界"为游戏口号,参考现实世界的文化元素设计了一个名为"提瓦特"大陆的虚构世界。这个世界有七个城邦,分别是以英国为原型的"蒙德"、以中国为原型的"璃月"、以日本为原型的"稻妻"、以法国为原型的"枫丹"、以古罗马为原型的"穆纳塔"、以印度为原型的"须弥"、以俄国为原型的"至冬"。⑤ 目前,已完成开发并向玩家开放的有蒙德、璃月、稻妻及须弥。Reddit是一个国际化的论坛网站,和一般社交网站以个人用户为中心不同,该网站以话题和社区为中心,用户可以加入自己感兴趣的社区,通过发帖、上传照片、发布备忘录、贡献故事等方式参与相关

---

① 第一财经.米哈游创始人刘伟:游戏是跨越文化和地域的共同语言[EB/OL].(2022-11-25)[2023-01-30].https://baijiahao.baidu.com/s?id=1750468899796203737&wfr=spider&for=pc.

② 原神官方网站.致旅行者的答谢信[EB/OL].(2021-12-10)[2023-1-30].https://ys.mihoyo.com/main/news/detail/19075.

③ 原神官方网站.致旅行者的答谢信[EB/OL].(2022-12-9)[2023-1-30].https://ys.mihoyo.com/main/news/detail/25061.

④ 第一财经.米哈游创始人刘伟:游戏是跨越文化和地域的共同语言[EB/OL].(2022-11-25)[2023-1-30].https://baijiahao.baidu.com/s?id=1750468899796203737&wfr=spider&for=pc.

⑤ 原神官方网站.世界[EB/OL].[2023-1-30].https://ys.mihoyo.com/main/map.

话题的讨论。它已成为各类观影社群、动漫社群及游戏玩家社群的聚集地。在主要聚焦中国文化以游戏为载体在海外的传播与接受的背景下，本文聚焦以中国文化为原型的“璃月”，在 Reddit 中的 Genshin Impact Official 社区，以“璃月”“文化”等为关键词搜索相关讨论文章及其评论，结合线上参与式观察及有关新闻报道，探讨游戏参与者群体聚焦哪些文化议题，从事何种文化实践，以及产生了什么样的文化价值观共享或冲突。

二、研究发现

（一）游戏空间中的文化“科普”与文化考据

《原神》游戏中的“璃月”以中国文化为原型，其角色、音乐、节庆、建筑、自然环境等设定背后均有复杂的现实文化要素，文化“科普”和文化考据因而成为海外玩家社群讨论的热点议题。

首先，是针对游戏角色设定的文化“科普”与文化考据。璃月里的角色主要有守护璃月的仙人“魈”、船队头领“北斗”、权贵“凝光”、大厨兼跑堂“香菱”、商人家的二少爷“行秋”、云游方士“重云”、戏曲名角“云堇”、“往生堂”客卿“钟离”等 18 个主要角色。在 Reddit 的 Genshin Impact 讨论分区，这类文化“科普”与文化考据聚焦角色设定背后的中国神话故事、历史知识、文化现象乃至价值观体系，如考据与“凝光”相关的古诗词、古代神话，“云堇”代表的中国传统戏剧中的“刀马旦”形象，“钟离”与历史人物王安石的关联，“胡桃”收枪手势背后的道教文化，等等。关于游戏角色收到的“锦囊”，有玩家发帖介绍《孙子兵法》、三十六计等相关文化知识。还有的玩家结合“北斗”这个角色，普及天枢、天璇、天玑、天权、玉衡、开阳、摇光七星等北斗七星对应的角色及其文化意涵，乃至联系到当代中国自行研制的全球卫星导航系统——北斗卫星导航系统。

其次，是针对游戏中出现的中国文字及其发音的“科普”与考据。就璃月中各个角色名字的发音，玩家会基于自己的理解或积累的知识发表看法，其他玩家则会在评论区对不正确的角色发音或者名字介绍提出质疑，大家最终通过讨论达成共识。也有的玩家为了更好地体会中国拼音的音节发帖求中国诗歌或文言文的英文翻译，形成相关文化知识的普及。如,为了更好地让海外玩家理解“昔日宗室之仪”,有玩家发帖推介李白的诗词。承担这类文化“科普”的主力是普通海外玩家和海外华人,但也有玩家朝专业文化科普方向发展。如,一位日本玩家在推特上专门成立了“原神汉字研究所”账号,对《原神》游戏场景中出现的汉字进行资料查阅,结合自己的理解,发布相关的科普内容,在更大范围内引发关注和传播。

玩家社群的文化“科普”与文化考据话题广泛、互动频繁、参与者众多,犹如织就了一张超越游戏空间的文化传播之网,使得海外玩家的中国文化知识存量不断增加,从而实现跨文化接受广度与深度的双向拓展。

(二)游戏中介的文化实践:美食、音乐、绘画、旅游与 cosplay

除了增加海外玩家的中国文化知识存量外,《原神》游戏中介的各种文化实践活动也成为玩家社群分享与讨论的重要议题,其内容覆盖美食、音乐、绘画、旅游及 cosplay 等诸多方面。

饮食文化是《原神》“璃月”的重要组成部分,玩家乐于在现实中还原游戏中的食物道具,如“原神食物在现实生活中!(游戏)制作还原了佛跳墙、杏仁豆腐等美食”“我在现实生活中做了璃月的菜”①,有部分玩家发布自己制作黄金虾球等游戏中的美食的视频。而这些有关美食实践的讨论贴在玩家社群内广受欢迎,且能激发其他人的参与热情,在评论中留下“看起来很不错!希望能品尝到它们”“令人惊叹!你真是个好厨师”“第一,这些看起来真的很有意义。第二,我喜欢游戏激发粉丝的这种爱的劳动”“黄金虾球看起来不错。我很想试着做一下”“我需要食谱”等正面互动。

针对“璃月”带有较强中国民族音乐特色的游戏配乐的二次创作也是玩家文化实践的重要内容。玩家会用不同乐器进行乐曲改编,如“用钢琴改编璃月战斗主题曲”,用吉他弹奏“璃月”的背景音乐等。这种二次创作激发了其他人对中国的乐器和音乐的兴趣,推动了中国音乐文化的传播与接受。如,有玩家就古筝改编乐曲这一形式咨

---

① 本文楷体部分内容均来自网络论坛 Reddit 上的 Genshin Impact Official 社区讨论文章及评论。该社区共分为“讨论(discussion)”“原创内容(OC)”“角色扮演(cosplay)”“乐子/梗(fluff/meme)”等 12 种类别(flair),网址为:https://www.reddit.com/r/Genshin_Impact/。读者如需要相关数据来源网址列表,可发邮件联系第一作者。

询改编乐曲者其中乐器的名称："这把琴叫什么名字?"也有玩家表示："我想学着吹笛子，有谁知道编曲中使用的笛子类型的名称吗?"通过绘画进行的角色二次创作也激发了玩家社群的文化杂糅与创新，如"用赛博朋克的风格来画胡桃"，"用像素风的绘画"再现游戏场景等。

《原神》"璃月"中的场景以中国的自然风光和历史建筑为原型进行设置，游戏还曾与黄龙景区、张家界、桂林等发起"游戏＋景区"的文旅跨界联动活动，激发海外玩家到中国旅行，实地探访游戏场景的意愿和行动。在 Reddit 的主题帖"这些在中国桂林拍摄的真实生活照片太好了，不容错过!"中，桂林真实风景与游戏内"传送锚点"等元素的结合让海外玩家表示，"现在就想去中国"，渴望有一天"能去中国看看大自然中漂浮的岩神瞳"，一定要去的地方是桂林，"那里的山是如此独特和高耸"。

对游戏角色进行真人化演绎的 cosplay 也是《原神》海外玩家进行文化实践的重要内容。玩家社群中，大家会发布自己 cosplay 某一特定角色的照片和心得，讨论如何实现对角色服装、道具、配件等的高度还原，因此，cosplay 成为一种独特的文化实践。关于 cosplay 服装和道具材料的来源和制作方法是各位玩家评论互动的重要话题，如在关于 cosplay "钟离"和"甘雨"的帖子中，有玩家提问："你是怎么让'征服者'发光的，你真的在里面装了灯吗？看起来很神奇。""你是用哪种材料来制作角的?""从哪里得到杆状武器?"

上述自发、积极的文化实践活动具有一定的创新性，助推中国文化元素的传播和普及，并通过人际传播和网络传播，影响和带动更多的海外人士了解中国文化甚至进行文化实践。

（三）角色偏好："钟离""君子"品质下的文化内涵

对游戏角色的偏好，能够在一定程度上反映玩家对于该角色某种特质的喜爱和亲近。剖析受欢迎角色的文化特质，有助于发现引起海外玩家共鸣的吸引力"内核"。在《原神》"璃月"的诸多角色中，"钟离"成为讨论度最高的角色之一。游戏中，"钟离"的官方介绍为"应'往生堂'邀请而来的神秘客卿。样貌俊美，举止高雅，拥有远超常人的学识。虽来历不明，却知礼数、晓规矩。坐镇'往生堂'，能行天地万物之典仪"，带有很强的中国传统文化特征，同时，其服饰、爱好等又融合了部分西方文化要素。角色的反差令"钟离"赢得了海外玩家的关注与喜爱。有玩家感叹:"只要他出现在屏幕上,就会给你一杯茶和一个温暖的拥抱。"甚至有玩家建议推出"钟离"的应用程序,在一个人"情绪低落或需要鼓励时告诉你积极的事情"。玩家社群针对"钟离"的讨论不仅涉及外表,更深入品质和价值观层面。

在外表方面,海外玩家对"钟离"优雅的翩翩公子形象表达了赞赏,钟离清俊优雅,服装以燕尾服和中国"龙形"符号为点缀,"一袭长衫,外形优越",和电子游戏中常出现的强壮、野心勃勃、富有攻击性的男性形象不同。玩家对"钟离"的评价甚至模糊了性别差异,如有评论认为"钟离"的角色设计"没有真正男人的体型","他有很多女性的细节,比如他的发型,他眼睛里有鳞片状的闪光点"。

与此同时,"钟离"体现出的文人气质、契约精神以及家国情怀受到玩家赞赏。首先,"钟离"上知天文、下晓地理,从语言到行动都体现了较高的传统文化修养,"钟离说话与其他角色不同,他说话很有诗意","说话结构和模式要成熟一些"。除此之外,"钟离"的生活方式也非常讲究,不吃辣,不吃鱼,豆腐必须甜口,他还精通珠玉瓷器、酒食点心、花卉虫鸟,也擅长政治、贸易及外交话题,"他基本上被写成一个完美的中国绅士"。"钟离"于海外玩家而言,"是一个如此神秘而强大的人物,却又如此谦虚和儒雅"。

其次,"钟离"角色的刻画中无处不体现着契约精神,玩家对"钟离"有关信守契约的台词印象深刻,如"破坏契约的人要承受愤怒的'岩之力'",以及"当这里有一个契约时,任何东西都不允许滑动,如果契约没有被遵守那它就遭到了破坏"。

"钟离"体现的家国情怀及其舍己为国、运筹帷幄的智慧形象也受到玩家称赞,有玩家形容他"就像一个永远溺爱的父亲,而璃月,隐喻的是他的孩子。他培育了它数千年,直到他终于让它自己飞翔"。有玩家总结道:"对于钟离而言,一个人能给他的最好的临别礼物就是看着他的国家、他的人民繁荣昌盛。"还有的玩家认为"往生堂"的工作可以让"钟离"以"避世"的姿态掌握全局,既保持低调又能隐藏身份,最终完成对"璃月"社会的重塑。

在西方文化的刻板印象中,中国男性的气质较为阴柔与女性化。[①] 在《原神》游戏中,"钟离"成为最受玩家喜爱的角色,他身上被认同和欣赏的品性和气质与中国文化中的君子形象有诸多重合之处。在某种程度上,《原神》借用"钟离"展示了君子个性鲜明的一面,具备中国文化特质的个体成为跨文化互动的中介,打破了海外玩家对中国人的刻板印象,实现了以游戏人物为载体的精神文化传播。

(四)文化折扣的产生与破除

翻译是中国游戏出海所要面临的共同问题,直接影响着海外玩家对游戏内容和游戏价值的体验与理解。《原神》"璃月"的翻译问题也成为海外玩家讨论的焦点之一。

首先,人名、地名、武器及物品名的翻译遇到一定的困难。对这些"专有名词"的翻译,《原神》一般采取音译,虽然简单易行,却可能在玩家那里产生意义的折损。有玩家表示,游戏角色"胡桃"音译为"Hutao",就无法体现出胡桃木在中国文化中的驱邪之意。游戏角色"重云"音译为"Chongyun",但有玩家分析,"重云"在中文中意指"a huge cloud(巨大的云团)",同时"云"还有"to say(言说)"的意思,"重云"也有"say it again"或"say it twice"的意思。音译在意义和意境上都打了折扣。有玩家表示:"Primordial Jade Winged-Spear 是我唯一的 5 星武器,翻译起来也很痛苦。没有字典,我根本听不懂英文或中文的名字。"还有的玩家认为,"将地名南天门直译为 Nantianmen、Southern Skygate"有可能令人们错失理解其背后文化意涵的机会。还有一些名称在转换语言和文化环境后,直译会造成某种尴尬和误解,有玩家表示称呼人物为"'Big Sister'或'Big Brother'在英语口语中常常让人感觉很不自然"。

其次,"璃月"游戏的情景设定涉及大量的中国诗词歌赋、神话传说、历史故事及宗教元素等,翻译更加不易。例如,中国诗词言简意赅,大多具有对仗、押韵及长短句的用法,这些都是翻译的难点。有玩家认为"胡桃的星座是一首在翻译中迷失的中文诗"。星座诗原文为"赤团开时斜飞去,最不安神晴又复雨。逗留采血色,伴君睡花房。无可奈何燃花作香,幽蝶能留一缕芳"。英文翻译为"Crimson Bouquet/Ominous

---

① 曹晋.批判的视野:媒介与社会性别研究(Media and Gender Studies)评述[J].新闻大学,2005(4):3-12.

Rainfall/Lingering Carmine/Garden of Eternal Rest/Floral Incense/Butterfly's Embrace(深红花束,不详的降雨,挥之不去的胭脂红,永恒安息的花园,花香,蝴蝶的拥抱)”。英文翻译只能体现原诗中的几个意象,无法传达意象构成的画面和整体的情感氛围。此外,英文翻译每行字数相同,形式规整,未能译出乐府长短句的灵动变化与韵味。中文星座诗的句尾押韵也很难在英译诗中体现,如第一、二句句末的“去”和“雨”押“ü”韵,第四、五、六句句末的“房”“香”“芳”押“ang”韵。

尽管在翻译过程中存在难以避免的“文化折扣”,《原神》有关“璃月”的有些翻译还是取得了突破和成功。如衣着华丽、行动统一的“千岩军”被翻译为“Millelith”,而不是直译的“Thousand Rock Army”。译名的前半部分“Mille”在拉丁语中的意思为“千”,后半部分“lith”在拉丁语中意为“石头”,两者组合不仅形式上互补,在意义上也创造了一种想象空间。此外,“千岩军”的口号为“千岩固牢,重嶂不移。干城戎甲,靖妖闲邪”。四字一节,字数对仗,言简意赅,且使用了中华传统文化中特定的文化意象。游戏英文版的翻译为“While the rock stays hard, the mountain shall never fail; while the Millelith stands guard, evil shall never prevail”。大意为“只要坚如磐石,山就不会倒;只要千岩军站岗,邪恶就永远不会得逞”。译文的形式和逻辑都更符合英文表达习惯,得到了玩家的认同。

作为一个庞大而复杂的多媒体叙事文本,游戏的翻译不仅是两种语言的转换,还是两种文化之间的碰撞与交流。如何信达雅、尽可能少文化折扣地传递其背后的丰富文化意涵,是值得进一步探讨、面临新挑战的老问题。

(五)游戏文化与现实文化的耦合与疏离

作为大型开放世界冒险类角色扮演游戏,《原神》游戏设计的“提瓦特”大陆依托的是中国、日本、英国、印度等七种不同的现实文化。游戏设计者意在突出文化旅行的意义,称呼游戏玩家为“亲爱的旅行者”,在宣传片的开头充满感情地通过游戏角色之口讲述:“捕风的异乡人,当你重新踏上旅途的时候,一定要记得旅行本身的意义。”《原神》的官方介绍如此写道:“你将在游戏中探索一个被称作‘提瓦特’的幻想世界。在这广阔的世界中,你可以踏遍七国,邂逅性格各异、能力独特的同伴,与他们一同对抗强敌,踏上寻回血亲之路;也可以不带目的地漫游,沉浸在充满生机的世界里,让好奇心驱使自己发掘各个角落的奥秘……"

游戏设计者对不同文化的包容和欣赏得到了海外玩家社群一定程度上的接受。有玩家表示,自己虽然不理解这种文化的表现形式,但仍然认为这是一种值得肯定的文化传播方式。有玩家发帖称:"我不喜欢中国戏曲,但我很高兴他们将它放在游戏中供喜欢的人使用。"对于游戏中的一些文化要素,有玩家表示:"说实话我不喜欢它,但我很高兴它在那里。这是对文化的一个很好的介绍。这是一个巧妙的细节,我很欣赏。"

但对于游戏的部分价值观设定,海外玩家社群呈现一种"对抗性解码"。如,海外玩家社群对"往生"这一概念的讨论,就呈现了与中国文化价值观相冲突的一面。源自佛教的"往生""转世"等观念在《原神》"璃月"的游戏设定中有推动游戏情节、完成游戏角色塑造的重要意义。但在海外玩家看来,"往生"的意义不大,没有存在的必要。有玩家表达了心中的疑问:"为什么编剧希望过去的角色转世为另一个角色?"还有的玩家直接表示:"是的,我讨厌那个理论,因为它基本上毁了凝光的整个性格。"此外,海外玩家着重关注当下的价值观,也会影响他们对于"往生"的态度,"我不喜欢轮回的事情。为什么我们现在不能判断人的价值,而要靠前世发生的事情呢"?再如,在《原神》"璃月"的一场战争的游戏设定中,"凝光"为了保护"璃月"子民放弃了自己呕心沥血建立的群光阁,这一设定意在表现角色为集体利益而敢于牺牲自己的精神。但在海外玩家看来,这并不是一件值得赞扬的事情,甚至得出了相反的解读。有玩家认为,游戏角色"凝光""非常富有,牺牲玉室,就像比尔·盖茨牺牲几座豪宅一样,没什么大不了的"。还有玩家提出:"牺牲是当你没有很多东西,但还是放弃对你来说非常稀缺和重要的东西,或者当一个人很穷但还是赠予他人物品的时候。有钱人大量扔东西,算不上牺牲,她以后还可以多建一些玉室。"甚至有玩家认为:"她不是在牺牲自己,而是在为自我牺牲建造一座新的纪念碑。这是一个人可能做出的最不起眼的牺牲。"

结 语

《原神》及其他中国自主研发游戏在全球市场的成功,使得游戏超越数字娱乐功能和单一商业价值,被寄予连接全球玩家、传播各国文化、带动文旅产业发展等社会期待，游戏开发者也越来越具备一定的跨文化传播意识与能力。《原神》所属的上海米哈游网络科技股份有限公司创始人刘伟曾表示："游戏作为新新媒介，一定可以肩负起跨越时空的传统文化传承和现代表达的重任。"①

在对中国游戏出海报以良好期待的同时，我们必须认识到游戏作为跨文化传播新载体所具有的特殊性和复杂性。《原神》以虚构的异世界为游戏场景，虽然"璃月"以中国文化为原型，但仍对其进行了改造乃至挪用，如"璃月"居民身穿旗袍，脚上却套着现代化的西方舶来品——黑丝袜。不恰当的文化"杂糅"可能引发争议，甚至消解所依据文化的独特性。还有学者提出，文化强国在域外的呈现不应该局限于"传统文化的稀缺与美感"，而要更多以"当代文化的价值与力量"为核心。② 此外，通过游戏进行"文化输出"在游戏玩家群体中尚有争议，处理不当可能引起他们的反感，乃至抗拒。

未来的研究可结合大范围的问卷调查、针对游戏开发者和玩家的深度访谈以及对于游戏文本的全面分析，进一步总结中国游戏海外传播的路径、策略与机制，为推动中华优秀传统文化创造性转化和创新性发展提供可借鉴的经验与理论支撑，切实增强中华文化的亲和力、感染力、吸引力、竞争力。

① 米游社.跨越时空的文化传承和现代表达[EB/OL].(2020-12-19)[2022-12-10].https://www.miyoushe.com/ys/article/3206364.

② 曾培伦，邓又溪.从"传播载体"到"创新主体"：论中国游戏"走出去"的范式创新[J].新闻大学，2022，193(5)：94-104，122.

数字时代以趣缘为纽带的文化适应研究*

——以豆瓣英文梗(English meme)小组为例

王润珏　刘嘉音**

摘　要　随着数字时代的来临,文化之间的交流模式更加多元,接触交往频率更高,不同的文化个体均面临着数字空间中的文化适应问题。基于共同的喜爱偏好形成的趣缘纽带以其消弭物理空间限制的特点,成为数字时代跨文化关系建构的可能路径。本研究以豆瓣平台的英文梗(English meme)小组为研究对象,通过问卷调查法验证了建立在层级化结构基础上的趣缘群体能够在适应动机、信息支持与情感支持三个方面助力群体成员提升文化适应水平。同时,个体在数字空间中获取的信息内容、群体归属情感以及文化价值导向也深刻影响着现实层面的个人日常工作与交际,实现了数字空间的文化交流对现实生活情境的反哺。

关键词　数字时代;文化适应;趣缘群体;英文梗(English meme)小组

---

* 本文系国家社科基金后期资助项目"数字化时代世界性通讯社的权力体系研究"(项目编号:20FXWB027)的阶段性成果。

** 王润珏,中国传媒大学国家传播创新研究中心研究员,博士生导师,电子邮箱:wangrunjue@163.com。刘嘉音,中国传媒大学媒体融合与传播国家重点实验室硕士研究生,电子邮箱:edges_ina@163.com。

A Study of Interest-Based Acculturation in the Digital Age Based on Douban English Meme Group

Runjue Wang, Jiayin Liu

Abstract With the advent of the digital age, communication patterns between cultures have become more diverse. Individuals of different cultures face the problem of acculturation in the digital space. The online interest-based group has become an accessible path for creating cross-cultural relationships in the digital age by eliminating the limitations of physical distance. This research takes the English meme group on the Douban platform as the object and evaluated members' adaptive motivation, information support, emotional support, platform use, and acculturation. It verifies that online interest-based groups based on a hierarchical structure can help group members improve their acculturation level in these aspects. At the same time, the information content, group affiliation, and cultural value orientation obtained in the digital space also profoundly influenced the individuals' daily work and communication in reality, and digital acculturation has a direct impact on their real lives.

Keywords digital age, acculturation, interest-based group, English meme group

一、研究缘起

（一）文化适应：数字时代更具普遍性的议题

文化适应是不同文化背景之间个体或群体由于直接的、持续性的文化接触，在不断地接纳与适应中改变原有文化模式与体系的过程。数字时代，互联网平台对个人及公共生活空间实现全方位的渗透，数字空间中多元文化间的适应问题成为一个具有普遍性的议题。

最初，划分不同文化的主要依据是天然形成的地理文化界限。因此，文化适应的过程是在跨地域的文化接触基础上发生的，身体所处的物理空间变化被认为是个体文化适应需求产生的前提。随着数字时代的来临，互联网的无边界性与社交开放性特点使得全球化背景下的文化交流方式更加多元、文化接触频率更高，在一定程度上削弱了文化适应中“人-地”的实体物理空间变更因素的必要性。

与数字平台中日益普遍化、日常化的文化交流和互动相伴的是，越来越多的“个人”不得不面对因文化差异而产生的信息损耗、文化折扣，甚至是误读、曲解等问题。在此背景下，“文化适应”的话题早已突破留学生、移民、少数民族等传统研究主体范畴，成为数字化、平台化社会中每个个体所面临的现实问题。与传统“文化适应”研究语境不同的是，数字化时代人们面临的“文化适应”问题存在以下特征：一是因为文化交往的脱域，数字文化适应的压力较小、紧迫性较低；二是由于数字分身的普遍性，数字文化适应的情境和目标具有复合性；三是数字文化适应话题同时涉及对互联网原生文化的适应。

（二）趣缘：一种数字时代跨文化关系建构的可能路径

当互联网将整个世界联结在一起时，数字空间中的交往与交流脱离了地理、政治边界的限制，AI 等智能技术的出现甚至证明数字交往不再局限于“人类”主体之间，个体之间的文化交流模式呈现更多元的可能性。

互联网重塑了人的文化生存空间与人际交往形态，文化交流呈现地缘、趣缘、学缘、业缘等多维度、多逻辑、多路径与多语境模式相互交织的趋势。其中,趣缘以共通的兴趣取向吸引多元个体,使得人们能够根据自己的特定目的进行空间选择。这种基于共识与文化喜爱偏好形成的纽带天然具有消弭地域等物理空间限制的特点,实现文化交流的“脱域”,为作为“文化他者”的个体建构跨文化关系提供了更多的可能路径。同时,建立在趣缘上的交往通常是具有主动性、平等性的文化交流,而非在地域迁移等物理因素下的被动适应。

(三)豆瓣英文梗(English meme)小组:兼具数字属性与跨文化属性的趣缘聚合

随着全球化浪潮的来临,国际间的人际交流逐渐成为人们日常面临的重要交往场景。英语作为国际通用语言,在国际交流间起到重要的会话媒介作用,学习和理解英语文化成为当下人们不可绕开的重要命题。

在互联网英文语境之中,英文梗(English meme)同时结合了俚语、流行元素的图文表述习惯,具有简单、易复制、易模仿的特征。个体模仿、化用、传播英文梗,与交流对象之间围绕引申含义进行对话、讨论和演绎,从而体会到共享“默契”的交流乐趣。使用流行英文梗已经成为数字社交与现实社交中重要的语言交流模式。因此,加强对英文梗的认知有助于我们通过共同的文本含义与共通情感理解人际交流之中的潜在语境,从而做出符合语言环境的适当反应,缓解文化背景所导致的误读、尴尬等弱焦虑感知,实现新文化环境下的人际交流支持并促进文化适应。

当下的社交媒体上也已经形成了以“英文梗”为主题的兴趣小组,例如豆瓣平台的英文梗(English meme)小组,成员数量已突破 21 万人。小组成员通过发帖、评论的方式对英文梗、俚语、中英文的精准互译、地道表达等英文相关内容进行发布或询问,帖子下会有其他成员进行语境、翻译表达等内容的阐释与解读,成员在互动之中更加精准地理解英文梗,从而也进一步加强对于英语文化的内化与吸收。

基于此,本文以豆瓣平台的英文梗(English meme)小组为研究对象,尝试回答以下三个问题:①“趣缘”能否在个体对于异文化的文化适应过程中发挥纽带作用?②若以异文化为主题的趣缘群体对成员的文化适应存在影响,这种影响是如何发生的?③趣缘群体的内部结构如何影响组内成员的文化适应过程?

二、文献综述

（一）文化适应

文化适应（acculturation）最早由 Redfield、Linton 和 Herskovits 于 1936 年提出，最初的含义是指不同文化群体的持续的文化接触所导致的一方或双方文化模式发生变化的现象。[①]

从研究层面看，最初的跨文化适应研究多从人类学和社会学的角度，考察文化交往引起的社会中的文化变迁。随后，心理学开始关注个体层面的跨文化适应研究，多聚焦外国人在新的文化环境中的心理反应和社会整合，侧重个体价值观和态度的变化以及行为的变化。[②] 早期，国内学者对文化适应相关理论出现了引入与述评[③]，并对文化适应领域模型理论进行阐述与分析[④]，但初期研究大多视角单一，缺乏对文化适应理论系统的梳理和反思。在传播学角度的研究中，学者们开始关注文化与传播的同构，将传播视为创造、修改与转变共享文化的过程。[⑤] 近年来，学者们梳理了跨文化传播之中文化适应的路径与框架[⑥]，研究理论模型不断被修正和完善，该命题下出现了大量的理论与实证研究，研究对象也从移民、难民转变为留学生、商业人士、外交人员与旅行者等。[⑦]

---

① OUDENHOVEN J P，WARD C. Fading majority cultures：the implications of transnationalism and demographic changes for immigrant acculturation[J]. Journal of community & applied social psychology，2013，23(2)：81-97.

② 杨军红.来华留学生跨文化适应问题研究[D].上海：华东师范大学，2005.

③ 陈慧，车宏生，朱敏.跨文化适应影响因素研究述评[J].心理科学进展，2003(6)：704-710.

④ 余伟，郑钢.跨文化心理学中的文化适应研究[J].心理科学进展，2005(6)：134-144.

⑤ 单波.跨文化传播的基本理论命题[J].武汉：华中师范大学学报（人文社会科学版），2011，50(1)：103-113.

⑥ 李加莉，单波.跨文化传播学中文化适应研究的路径与问题[J].南京社会科学，2012(9)：80-87.

⑦ 袁琳，赵丽霞.留美亚裔青少年跨文化适应困境与对策[J].重庆大学学报（社会科学版），2014，20(5)：141-147；衣博文，史达.文化适应与文化认同：基于中国邮轮游客的行为研究[J].云南民族大学学报（哲学社会科学版），2021，38(2)：19-29；付京香，叶翠英.来华留学生跨文化适应分析：以在京高校的渥太华大学留学生为例[J].现代传播（中国传媒大学学报），2014，36(12)：144-145.

随着互联网的发展与普及,媒介化、平台化的文化适应研究成为热点议题。新媒介是跨文化传播、文化研究的重要前沿领域,需要对跨文化接触中的数字理论进行探讨。① 新媒介能够促进旅居者的社会化、信息交换并缓解其文化适应压力。② 国内对于数字文化适应的研究兴趣主要集中在留学生等跨国旅居者的社交媒体使用与跨文化人际关系建构方面。董晨宇等探究了不同类型的在美留学生对社交媒体平台的分配差异,并将这种差异视为在不同文化环境下自我身份的调适。③ 杨恬等发现旅居者在中美社交平台上的自我呈现策略呈现差异化驱动状态,并将其定义为“跨文化逆反效应”。④ 林昱君发现媒体国别会通过国别、语言、使用惯性等差异因素影响媒体使用意愿,从而对旅居者文化适应产生影响。⑤ 虽然聚焦的文化群体有所不同,但是研究成果表明,数字化平台对于文化适应具有联动性、多元化的影响。

(二)趣缘群体

趣缘群体是社会学意义上基于在共同的兴趣爱好、价值取向上建立起趣缘关系并结合起来共同活动的一类社会群体⑥。对于趣缘群体的研究最初起于美国社会学家Fischer ⑦,他认为城市中的居民脱离地缘的限制,基于某些特定的关系(如共同的兴趣爱好等)建立新的群体,这种群体在当时被称为“脱域的共同体”。随后 Robert D. Putnam 从社会资本学的角度出发,将以兴趣爱好为纽带组成的社会团体或各类俱乐部之中进行的人际与社会交往视为一种重要的社会资本,在群体内的参与行为也成为

---

① CHEN G M. The impact of new media on intercultural communication in global context[J]. China media research,2012(2):1-10.

② ADIKARI S, ADU E K.Usage of online social networks in cultural adaptation(2015)[J/OL]. PACIS 2015 Proceedings.7.(2015-06-17)[2023-06-09].https://aisel.aisnet.org/pacis2015/7.

③ 董晨宇,丁依然,段采薏.作为复媒体环境的社交媒体:中国留学生群体的平台分配与文化适应[J].国际新闻界,2020,42(7):74-95.

④ 杨恬,张放.关系动机驱动自我呈现策略的跨文化逆反效应:基于在美中国旅居者社交媒体使用的实证研究[J].国际新闻界,2021,43(6):73-97.

⑤ 林昱君.功能满足与心理满足:媒体国别差异对旅居者文化适应的影响[J].当代传播,2022(2):75-78.

⑥ 蔡骐.网络虚拟社区中的趣缘文化传播[J].新闻与传播研究,2014,21(9):5-23.

⑦ FISCHER C. Toward a subculture theory of urbanism[J]. American journal of sociology,1975:80.

人们拓展社会交往范围与人际网络的重要渠道。① 林南在其著作中也指出，这种依靠共享的信息资源或经历所形成的非正式关系，促进成员进入超越单纯由地缘、业缘组成的社会交际圈，扩大了个人的社会交际网络。② Manuel Castells 指出，出于共同兴趣和价值加入网络线上团体能够为个人提供实质上的情感支持。③

蔡骐对趣缘群体的缘起与发展进行了综述，他认为，不同趣缘圈子的层级是外部社会文化权力的植入，展现出各自不同的话语模式及文化实践。④ 罗自文认为网络趣缘群体的聚众传播实现了传播渠道与传播内容的融合，趣缘群体成员参与传播的过程本身成为一种目的和效果。⑤ 对趣缘群体研究较集中的方面是对其形成原因与传播机制进行探讨，如孙信茹、王东林关注四驱车趣缘群体如何将对童年的记忆寄托并重构于“玩四驱”的过程中，并使群体拥有共享的经验与文化。⑥ 同时，也有研究者关注在新媒体环境下趣缘群体的传播机制。⑦

与学缘、业缘、血缘等基于物理纽带的联系不同，趣缘群体的形成完全出于个体主体的情感偏好，超越了结构性的社会角色划分，能够为个体的信息获取与内化提供动力和依托。⑧ 作为个体表征自我的渠道，成员能够在群体中跳脱出原有的文化身份，在新的文化氛围中找到“新的身份”⑨，形成潜移默化的、长期的、持续性的对异质文化的适应。

---

① 帕特南.独自打保龄：美国社区的衰落与复兴[M].刘波，祝乃娟，张孜异，等译.燕继荣，审校.北京：北京大学出版社，2011：325-327.

② 林南.社会资本：关于社会结构和行动的理论[M].上海：上海人民出版社，2005：215-216.

③ CASTELLS M. A sociology of power: my intellectual journey[J]. Annual review of sociology, 2016, 42(1): 1-19.

④ 蔡骐.网络虚拟社区中的趣缘文化传播[J].新闻与传播研究，2014，21(9)：5-23.

⑤ 罗自文.网络趣缘群体中传播效果的价值转向：传播过程刍论[J].现代传播(中国传媒大学学报)，2014，36(8)：116-119.

⑥ 孙信茹，王东林.玩四驱：网络趣缘群体如何以“物”追忆——对一个迷你四驱车 QQ 群的民族志考察[J].新闻与传播研究，2019，26(1)：24-45.

⑦ 吕品.现代性背景下网络趣缘群体对自我认同的建构[D].武汉：华中科技大学，2008；杨睿楠.网络趣缘群体中的聚众传播现象研究[D].郑州：郑州大学，2016.

⑧ 蔡骐.网络虚拟社区中的趣缘文化传播[J].新闻与传播研究，2014，21(9)：5-23.

⑨ 蔡骐.网络虚拟社区中趣缘文化传播的社会影响[J].湖南师范大学社会科学学报，2015，44(4)：137-141.

三、研究设计

(一)研究假设

跨文化适应的辩证模式认为驱力与动机是旅居者学习适应新文化的力量①,因此动机是在文化适应过程中学习、发展解决策略的前提条件。同时,在跨文化适应过程中,对于跨文化接触的想象与期望会影响旅居者的心理适应②,事实上也是适应动机的一种心理体现。基于此,本研究提出以下假设:

H1:成员的适应动机能够促进文化适应。

趣缘的核心在于共有的兴趣爱好与价值取向,个体基于对趣缘主题的兴趣与情感偏好,通过主动的、有目的的搜索进入群体。这种趣缘纽带连接群体的过程反映出个体本身对于趣缘主题及其所处的文化氛围环境的喜爱与期望,在这种兴趣驱动之下进行文化接触与学习会面临更少的阻碍。同时,动态减压模式认为,跨文化适应事实上是旅居者面对陌生文化时减轻面临压力与挑战的心理不平衡状态的过程③.即文化适应是消减面对压力时所产生的心理焦虑,对焦虑的感知会促进旅居者进行文化接触,从而消除这种心理上的不适应与压力感。由此,本研究提出以下假设:

H1a:成员的兴趣取向有助于提升文化适应水平;

H1b:成员的焦虑感知会促进提升文化适应水平。

在跨地域的文化适应过程中,有关文化的知识与技能有助于增强人们对新社会环境的心理适应。④ 互联网拓宽了信息接收渠道、丰富了信息传递的形式,将人直截了当地与信息内容连接起来,极大地丰富了个人接收、内化、运用信息与知识的过程。而

---

① 陈国明,余彤.跨文化适应理论构建[J].学术研究,2012(1):130-138.

② 陈慧,车宏生,朱敏.跨文化适应影响因素研究述评[J].心理科学进展,2003(6):704-710.

③ 陈国明,余彤.跨文化适应理论构建[J].学术研究,2012(1):130-138.

④ 陈慧,车宏生,朱敏.跨文化适应影响因素研究述评[J].心理科学进展,2003(6):704-710.

数字社群是人们获得线上信息的重要地点[①]，碎片化的信息不断流动、交汇并聚合，在群体内部形成密布的信息网络，使得成员们更轻易、更高效地获得异文化的相关知识。由此，本研究提出以下假设：

H2：成员在趣缘群体中获得的信息支持能够提升文化适应水平。

在以趣缘为纽带所建立起的数字环境中，人与内容的连接被转化为人与人之间的连接[②]，在互动与信息交换中通过创作生产呈现在群体之中。具有扎实文化基础、熟悉异文化生活环境或是群内资历较高的成员通过经验贴、工具/资源集合等渠道向新进入群体的成员提供既有的文化经验与知识，促进新成员与异文化的初步接触。

在文化跨域传播过程中，由于文化差异与文化鸿沟的存在，异文化的本土呈现面临被误读与曲解的问题。在以异文化为主题的趣缘群体中，具有相同文化背景的成员，基于共通的文化经验与社会价值判断，结合语境与语言表述习惯，对现有的异文化信息进行转译，把人对内容的单线理解转化为与他人互动之中的双线内化与运用，在互助中进一步提升对共同所处异文化氛围的适应程度。

趣缘群体建立在兴趣与共同文化判断之上，具有准入门槛与垂直领域划分。细分化的信息扩散路径为成员提供经过筛选与整理的特定信息，在流动循环中通过热度、关注度等指标，在非人工参与的条件下，筛选过滤冗杂信息，提升信息纯度并增大有效信息密度，提高成员文化适应效率。由此，本研究提出以下假设：

H2a：趣缘群体中的知识获取有助于成员的文化适应；

H2b：趣缘群体中的转译解读有助于成员的文化适应；

H2c：趣缘群体中的时效信息有助于成员的文化适应。

社会支持是预测心理适应的显著因素，其中社会支持的重要组成部分是对跨文化者的情感支持。[③] 大众媒体的使用能够有效提升跨文化者的语言能力，帮助其在良好

---

① 库兹奈特.如何研究网络人群和社区：网络民族志方法实践指导[M].叶韦明，译.北京：北京大学出版社，2011：45.

② 喻国明，曾佩佩，张雅丽，等.趣缘：互联网连接的新兴范式——试论算法逻辑下的隐性连接与隐性社群[J].新闻爱好者，2020(1)：9-13.

③ 陈慧，车宏生，朱敏.跨文化适应影响因素研究述评[J].心理科学进展，2003(6)：704-710.

交流与文化应用之中提升自尊与信心,并产生社会归属感和情感依赖。① 在趣缘群体中,成员的信息生产与讨论交流与趣缘主题密切相关,能够引起广泛的情感共鸣②,在这一过程中,成员间的互动能够提供以自我表达、文化困惑等内容为主的正向反馈,给予彼此积极的情感支持。由此,本研究提出以下假设:

H3:成员在趣缘群体中获得的情感支持能够提升文化适应水平;

H3a:趣缘群体所提供的信心增强有助于成员的文化适应;

H3b:趣缘群体所提供的焦虑缓解有助于成员的文化适应。

根据上述变量之间的假设,本研究概括出如图 1 所示的基于趣缘纽带的数字文化适应影响机制模型假设。

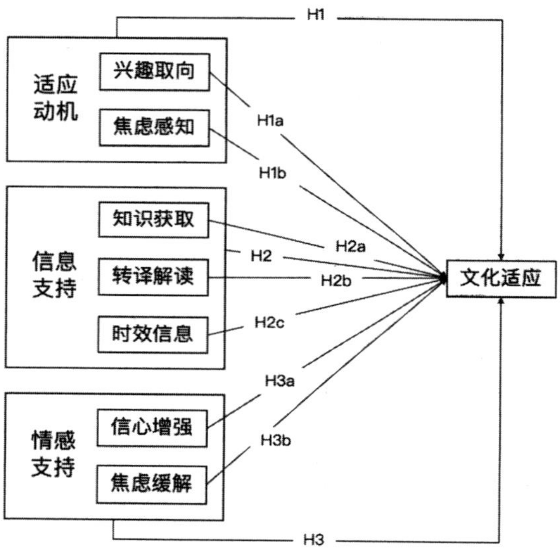

图 1　基于趣缘纽带的数字文化适应影响机制假设模型

(二)研究对象

本研究选取豆瓣英文梗(English meme)小组作为研究对象。

---

① MIGLIETTA A, TARTAGLIA S. The influence of length of stay, linguistic competence, and media exposure in immigrants' adaptation[J].Cross-cultural research, 2009, 43(1):46-61.

② 蔡骐,岳璐.网络虚拟社区人际关系建构的路径、模式与价值[J].现代传播(中国传媒大学学报),2018,40(9):143-147.

豆瓣小组是趣缘群体在我国数字环境中具有代表性的发展形式，在中国文化传播语境中具有重要研究价值。英文梗（English meme）小组的趣缘主题，从其命名来看为英文模因，即一种流行的、以衍生方式复制传播的互联网文化传递方式。

作为互联网的原生文化，英文梗的话语表述模式、隐含语境与解读方式会随着社会发展与互联网的潮流变迁持续变化，其背后事实上是不断发展流变的英语文化语境与社会价值判断，反映在英文梗中就使其具有语义动态化的特征。同时，对英文梗的解读与社会背景及语言表述语境密切相关，人们在对英文梗的理解和使用过程中极易出现文化误读与文化折扣等现象。因此，对于英文梗的认知理解与解读阐释难以通过书本教材等形式进行，而须借助互联网环境下的人际信息交换与获取，结合文化语境与动态语义进行。

在豆瓣平台的英文梗（English meme）小组中，成员们询问具有理解难度的 meme（模因）、分享与文学艺术、历史文化、影视作品、网络流行内容相关的英文 meme（模因）、讨论一切与英文相关的知识询问。[①] 互动与信息交换，促进了成员们对英语文化的理解学习。

目前，该小组共有 210868 个成员（统计时间为 2023 年 4 月 28 日），日均活跃度较高，是以英语文化表征为趣缘主题的较有代表性的趣缘群体。因此，出于与研究主题契合度与可操作性的考虑，本文选取该小组为研究对象。

（三）研究方法

1.问卷调查法

本研究主要采用问卷调查法进行研究，并将问卷调查作为研究的主体。

以既往文化适应模型理论研究中的逻辑框架为基础，本研究在进行问卷设计时参考了文化适应的现有框架结构，对其进行操作化定义，并在前人既有的量表基础上修改问卷内容。问卷内容包括人口统计学变量、情境变量与文化适应量表。

人口统计学变量部分包括性别、年龄、学历、英文水平、现居住地等。情境变量包

---

① 豆瓣“英文梗（English meme）”小组组规组务｜小组建设记录[EB/OL].(2022-08-04)[2022-12-03].https://www.douban.com/group/topic/270861403/?_i=7002983429e0d0a&dt_dapp=1.

括适应动机、信息支持、情感支持与平台使用情况。其中,适应动机包括兴趣取向、焦虑感知两个维度;信息支持又分为知识获取、转译解读、时效信息三个维度;情感支持分为信心增强与焦虑缓解两个部分。在实际操作中,文化适应量表部分借鉴了Zhang① 等人基于 Berry 提出的二维模型设计的量表,该量表包含融合、同化、分离和边缘化四个维度,并参考王祖嫘②包含语言适应、生活适应、心理适应和文化适应四个维度的量表对既有文化适应量表进行完善。

2. 参与式观察法

参与式观察是质性研究中较为常见的研究方法,本研究将其作为对量化结果的补充与完善。在实际操作中,研究者将作为参与者实际进入英文梗(English meme)小组并参与小组内的讨论与互动,观察讨论内容的进展与偏向,包括用词表达、情绪态度等。

四、数据结果与分析

本次研究在豆瓣平台的英文梗(English meme)小组内进行了问卷发放。研究筛除填答时长小于 1 分钟与答案一致性过于明显的问卷后,得到有效样本共计 229 份。其中,男性 28 人,占比 12.1%;女性 203 人,占比 87.88%。大学本科学历成员占比 64.5%,研究生及以上学历者占比 26.41%。样本年龄分布集中在 18~25 岁,占比 80.1%。小组内部成员数据调查帖的信息表明,样本的性别、年龄以及学历分布与小组用户数据基本相契合。

本研究根据变量与类目设计,对问卷量表各维度进行了基本的数据处理。首先,对量表各部分进行信效度分析;其次,对量表各部分进行均值与标准差计算,以评估量表的可靠性与有效性,以及各维度的样本态度与整体测量效果。

---

① ZHANG H,CHO T,WANG H,et al.The influence of cross-cultural awareness and tourist experience on authenticity,tourist satisfaction and acculturation in world cultural heritage sites of Korea[J].Sustainability,2018,10(4):927.

② 王祖嫘.北京高校留学生跨文化适应实证研究[J].中国高教研究,2016(1):91-96.

表 1　描述统计与量表信效度检验

变量	Mean	Std.	Cronbach's α	KMO
适应动机	4.142	0.933	0.760	0.707
信息支持	4.110	0.854	0.887	0.805
情感支持	3.762	0.772	0.886	0.816
文化适应	3.604	1.023	0.930	0.925

有效个案数(N)=229。

信度分析与探索性因子分析表明,量表各部分信效度良好且因子与维度设计基本保持一致,说明量表本身具有较好的可信度与稳定的结构。统计数据结果显示,样本的适应动机均值为4.142,说明小组成员普遍对英文梗的兴趣取向性强,存在对英文梗学习的焦虑感知。同时,小组成员在组内能够获得丰富的信息资源与一定的情感慰藉,可能由此在一定程度上提升了文化适应程度。据此,研究者进一步根据研究假设对变量之间的相关性与回归性进行数据分析。

表 2　相关分析与回归分析汇总[a]

变量	相关性	回归系数(标准误差)	R^2	显著性(P 值)
适应动机	0.410**	0.931(0.138)	0.168	0.000
兴趣取向	0.400**	1.556(0.236)	0.160	0.000
焦虑感知	0.294**	1.114(0.241)	0.086	0.000
信息支持	0.267**	0.563(0.135)	0.071	0.000
知识获取	0.287**	1.466(0.325)	0.082	0.000
转译解读	0.181**	1.065(0.384)	0.033	0.006
时效信息	0.213**	1.146(0.349)	0.045	0.001
情感支持	0.316**	0.817(0.163)	0.100	0.000
信心增强	0.313**	1.604(0.323)	0.098	0.000
焦虑缓解	0.283**	1.304(0.293)	0.080	0.000
关注时长	0.156*	1.199(0.503)	0.024	0.018

a.因变量:文化适应。

**.在0.01级别(双尾),相关性显著。

*.在0.05级别(双尾),相关性显著。

双变量相关分析结果表明，适应动机、信息支持、情感支持三个变量以及变量下的各个维度分别与文化适应变量在0.01的水平上显著正向相关。其中，适应动机与文化适应的相关系数最高，两者具有较为明显的正相关性。与此同时，当地文化适应作为因变量进行线性回归模型分析时，各变量维度均能够在0.01的显著水平上对文化适应起到正向解释作用。在已有的设计变量之外，成员对于英文梗(English meme)小组的关注时长也在0.05的显著水平上对小组成员的文化适应程度起到正向作用，关注时间越长，文化适应水平越高。

表3 多元拟合回归模型摘要

模型		R	R^2	Std.	F	sig.	B(未标准化系数)
1		0.444[a]	0.197	7.807	18.430	0.000[b]	
	常量					0.000	15.938
	适应动机					0.000	0.901
	信息支持					0.112	−0.323
	情感支持					0.005	0.617

a.因变量：文化适应。

b.预测变量：(常量)，情感支持，适应动机，信息支持。

将适应动机、信息支持、情感支持三个变量进行多元线性回归方程拟合，相关系数与多元拟合方程回归系数表明，影响水平从高到低依次为适应动机、情感支持与信息支持，即适应动机对文化适应的解释能力最高，情感支持次之，信息支持最后。

基于上述数据分析结果，本研究可验证假设结果并完善模型如下。

表4 研究假设检验结果

假设	检验结果
H1 成员的适应动机能够促进文化适应	成立
H1a 成员的兴趣取向有助于提升文化适应水平	成立
H1b 成员的焦虑感知会促进提升文化适应水平	成立
H2 成员在趣缘群体中获得的信息支持能够提升文化适应水平	成立
H2a 趣缘群体中的知识获取有助于成员的文化适应	成立
H2b 趣缘群体中的转译解读有助于成员的文化适应	成立
H2c 趣缘群体中的时效信息有助于成员的文化适应	成立
H3 成员在趣缘群体中获得的情感支持能够提升文化适应水平	成立
H3a 趣缘群体所提供的信心增强有助于成员的文化适应	成立
H3b 趣缘群体所提供的焦虑缓解有助于成员的文化适应	成立

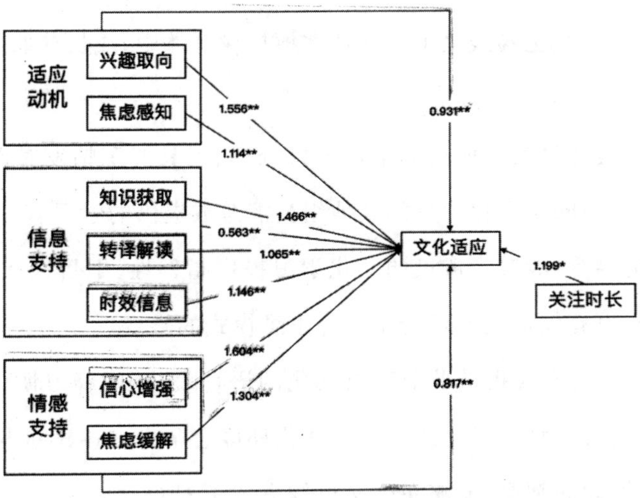

图 2　基于趣缘纽带的数字文化适应影响机制模型

五、研究发现与讨论

趣缘之"趣"即在于群体基于同质兴趣所形成的本质特征。个体围绕特定的趣缘主题聚合成为趣缘群体,并在群体内进行信息交换、互动交流。本研究以豆瓣平台的英文梗(English meme)小组为例,发现趣缘群体成员积极参与趣缘群体的文化互动活动,并在沟通共享的空间中不断获取知识信息与情感支持,加深个体对新文化身份的认同与对文化氛围的理解,从而推动提升数字空间中的文化适应。

在英文梗(English meme)小组中,对于英文梗有趣、巧妙的共同认知以及兴趣取向能够作为个体主动学习、接受、适应新文化的动机和驱动力,有利于成员们维持探知和学习新文化的积极情感。同时,个体进入新文化环境(英语文化环境)的不确定性和压力会使之感受到学习英文的迫切性与重要性,从而促使个体选择通过持续的自我学习来缓解因文化差异所产生的焦虑心理,提升对于新文化环境的适应水平。

第一,个体获得群体(如英文梗小组)成员的身份后,基于兴趣取向与焦虑感知的文化适应动机进行持续的自我发展实践,反映在趣缘群体之中最明显和最主要的方式即为信息的交流与互动。成员在小组内通过浏览、发帖、回复等形式,理解、吸收群体内流动的信息,并将这些信息转化为支撑自己进行文化适应学习的知识信息,同时也参与到了信息生产和文化实践之中。在英文梗趣缘群体中,成员获取信息的主要方式有三种:

一是,小组成员通过其他成员的学习经验分享、工具资源帖发布以及信息归纳等方式获取知识。经由同质文化背景的其他组员汇总或提供的学习软件、小众语法知识点、资料资源与链接等,能够为成员的文化学习提供指领性、纲目性或辅助性的指导,帮助他们更轻松、更有效地进行理论学习与思维模式的转变。

二是,组内成员能够帮助彼此对英语文化的语言表述、阐释习惯以及所隐含的社会价值判断导向进行理解与讨论。不同的文化环境会孕育出各异的表述习惯,经由本土化编码与转译解读的阐释,能够在中文思维方式下对英文表述进行情境回应,帮助正在进行文化适应的个体逐渐了解跨文化互动的核心经验,即在新文化环境中以非原生文化的意识与思维模式进行表述与互动,从而使个人与所处文化环境之间实现意识与体验感知的统一。

三是,组内成员通过特定的、细分化的信息网络提升知识获取的纯度与密度,从而提高文化适应的效率。在组规管理限定下,英文梗(English meme)小组首页的信息流集中于英文梗图、英语知识、关于英文表述的讨论等高度垂直的信息,包含当下的流行表述与文化元素,能够使进入组内浏览的成员沉浸在高密度的英文知识学习的赛博环境中。同时,个体对英语文化知识从获取到应用的过程,事实上也是达成文化信息内化的过程,有利于个体在知识储备的基础上提高文化适应程度。

第二,趣缘群体能够为成员的文化适应提供情感支持。个体在最初接触或进入新的文化时,常常会产生不同程度的迷失感。这种迷失感体现在焦虑、无助的心理状态与犹豫、迟疑的行为之中。英文梗(English meme)小组提供了一个将新文化环境中可能出现的交往焦虑场景进行预演的空间,把他人已经经历的情境放到组内讨论与复盘。个体在语言交流环境中遭遇或使用在组内已了解到的英文梗或语境时,因为有信息基础,就能够更加自信地回应。在这个随时能够与身处世界各地且具有同质文化背景的组员交流英文相关知识的群体空间中,成员们通过虚拟在场的形式回到熟悉的文化环境中,在原生文化的支持下适应新文化。互动与情感的不断深化与叠加,促使媒体文本表达形式被不断编辑、改写,文化的内涵在持续的信息更新与观点汇聚中被不断充实、扩展，个体在参与互动与情感累积的过程中接纳并内化媒体文本意义与隐含的文化思想价值，也在共通的互动形式、共建的情感信任与共享的文化信息之中串联整合了多元化、立体化的文化身份。

第三，在英文梗(English meme)小组中，英文梗作为趣缘主题，具有突出的数字时代特质，体现出多语态与视听结合的特征。小组中的英文梗主要分为模因图与英文流行语两种形式。模因图多以人物、动物的图片与解释性文字组成，其内容涵盖历史、政治、日常生活与文化等方方面面，通过描述现象表达一定的戏谑与幽默消遣的成分。模因图能够通过改变文字进行梗的复制与模仿，在传播者与接受者之间传递，并在不断传播之中达成文化的进化。在小组中，成员除了关注模因图本身所传达的含义之外，更多的是可以学到某句英文表达应当如何结合图片进行理解。图片本身成为语境的一部分，承担着表达隐藏含义的语用价值，与文字一同随着复制与传递行为活跃在数字空间之中。这种流行的衍生文化，事实上正是互联网环境对英语文化甚至文学的再编码与数字化文本创作。趣缘群体中的成员浏览信息流中的英文梗，通过分享与讨论对梗进行理解与记忆，并在不同的、与梗契合的场景中再次表达与传输，这一过程也是对梗背后的表述与隐含文本意义进行的记忆与传播，大家在“玩梗”中潜移默化地加深了对语言与语境的文化认知。

第四，个体在数字空间中获取的信息内容、群体归属感以及文化价值导向深刻影响着现实层面的个人认知、语言表述、生活习惯以及社会交往。小组成员在趣缘群体数字虚拟空间中所获取的文化信息与情感支持潜移默化地影响了个体对异文化的感知与理解，在帮助其实现在异文化语境中自由交流的同时，也增强了他们在异文化环境中工作和生活的信心。例如，有组员在群内讨论客户在工作场景下的困惑表述，该帖得到了许多来自其他组员的解释与建议。后续帖主表达了感谢，并表示自己在对接沟通结束后获得了客户的赞赏。这体现出数字空间中的文化事件对现实世界的反哺。在此过程中，人的感性认知、知性认知和理性认知再度进行数字化调和，线上与线下情境在“趣缘”这一作为不同文化之间求同存异纽带的联结下交汇融合。新的数字文化形态对接现实空间，赋予真实的个体以情感、生活、文化等层面的现实加成。

第五，趣缘作为纽带促进成员文化适应的过程，建立在趣缘群体内部层级化的结构之上。从纵向结构来看，趣缘群体内部展现出层级链条形态的话语模式。除平台管理层,如组长、管理员等组织者之外,居于链条顶端的成员通常具有更高的学历水平、更丰富的文化储备与更扎实的语言根基。他们可能是英语国家长期居住者、英语专业人士或外企工作人员等。这些人掌握较多的文化资本,主动参与信息文本的生产、传播与再生产,在现实情境中表现为向其他成员提供权威信息的分享与阐释,并从中获取以自我表达、自我赋权等形式实现的情感支持。居于链条中部的成员在群体中起到中流砥柱的作用,通过仪式化的行为,如点赞、留言、鼓励、建议等,给生产者们提供文化信息的正反馈,也在互动与情感交流中内化知识储备,进一步积累自我文化资本,提升其在群体内的文化地位。更多的普通成员在群体内聚集,以关注与浏览的形式与群体产生联结与交流,在信息接触中初步对接文化适应场景。非实体信息的获取与趣缘群体情感的感知赋予个体极大的主动权,群体成员在本土数字环境中共享异文化的信息与知识储备。趣缘在结构化的文化信息与地位的流动之中发挥着纽带的作用,赋予个体更多元的跨文化机会以及主动掌控文化适应过程的能力。

文化之桥与地域想象的再生产：西方来华留学生的留学动因分析*

◇ 刘 杨**

摘 要 基于推拉模型，笔者对24位西方来华留学生进行了深度访谈，分析外在的宏观结构与微观的个体因素如何在互动过程中形塑其来华留学动因。研究发现，宏观、中观和微观层面的不同外在结构交织在一起，令个体转化出多样化的来华留学动因。在复杂推拉因素交织的过程中，中国被想象成一个令人向往的他者国度，这揭示了留学动因形成过程中的地域想象维度。此外，本研究还指出，留学动因的形成并非单纯的理性使然，其中夹杂偶发性，并包含强烈的情感因素。

关键词 留学动因；地域想象；来华留学生；推拉模型

---

* 本文系2018年度教育部人文社会科学研究青年基金项目“来华欧美留学生文化他者身份及在华所需社会支持分析研究”(项目编号:18YJCZH108)和2018年度北京社科基金研究基地一般项目“民间外交中与文化他者的跨文化沟通策略研究——以在京留学生的跨文化经历为例”(项目编号:18JDXCB002)的阶段性研究成果。

** 刘杨，北京外国语大学英语学院副教授，工作邮箱：vivian.liu@bfsu.edu.cn。

Cultural Bridge and Reproduction of Geographical Imagination: A Push-Pull Analysis of Western International Students' Mobility to China

Yang Liu

Abstract Based on the push-pull model, the author conducted in-depth interviews with 24 Western international students to analyze how external macro-structures are interwoven with micro-individual factors to shape their motivation to come to study in China. The study reveals that different external structures at the macro, meso and micro levels are intertwined and transformed into individuals' diverse motivations for studying in China. During the complex interweaving of pushing and pulling factors, China is imagined as a desirable Other, thus revealing the dimension of geographical imagination when international students decide to move. Additionally, the study demonstrates that motivations to study abroad are more merely formulated out of rationality but mixed with contingency and strong emotions.

Keywords motivation of study abroad, geographical imagination, international students in China, push-pull model

自2015年开始，中国就已经从传统的留学生输出国，转变为仅次于美国和英国的世界第三大留学生接收国，并在2018年凭借10%的国际留学市场份额，追平英国，跃居为继美国(22%)之后的全球第二大留学目的国。[①] 虽然来华留学生数量激增，但海内外学界依然对这个群体的跨国流动缺乏关注。目前，国际上开展的留学生研究主要聚焦美国、英国、澳大利亚和加拿大等传统留学生接收国的高校，研究对象多为从亚洲到西方求学的留学生群体；与之相比，来华留学生研究起步较晚。虽然相关英文研究在2014年进入提速阶段，但无论是研究规模还是研究深度都尚未在国际学界占据优势地位。[②] 国内学界虽对来华留学生这个群体有所侧重，但相关研究多着眼宏观层面的政策建议，对实证研究关注不够，且以预测为目的的定量研究远多于质性研究。[③] 就所涉题目而言，现有来华留学生实证研究多关注留学生在华学习经历以及迁入之后的跨文化适应与融入，相比之下，来华留学动因研究相对薄弱。[④]目前，国际学生留学动因的相关研究多以全球南方向北方的教育流动人口为立足点，但随着中国在全球高等教育版图上的崛起，现有留学动因研究不足以也无法被用来解释留学生因何来华留学。因此，本文以西方来华留学生这个鲜少被单列出来的留学生群体为例，基于对24位留学生的深度访谈，试图回答如下问题：中国作为新兴全球教育中心，对留学生的吸引力具体体现在哪些方面？不同的宏观、中观以及微观结构如何影响留学中国这个决定的做出？本文希望以来华留学动因作为研究切入点，深度挖掘并还原西方年轻人开始跨国流动之前对中国的地域性想象。这种地域想象不仅为留学生制定流动规划提供基础，还深刻影响着他们的流

① LU Z, LI W, LI M, et al. Destination China: international students in Chengdu[J]. International migration, 2019 (57): 354-372.

② 樊静薇，田美.来华留学生研究综述：基于 WoS 核心合集 SSCI 文献[J]. 学术研究，2021 (1): 81-95.

③ CAO C, MENG Q. A systematic review of predictors of international students' cross-cultural adjustment in China: current knowledge and agenda for future research[J]. Asia pacific education review, 2022 (23): 45-67.

④ WEN W, HU D. The emergence of a regional education hub: rationales of international students' choice of China as the study destination [J]. Journal of studies in international education, 2019(23): 303-325.

动实践、轨迹和体验,形塑他们对自身、他者和远方的感知。①

一、文献回顾

推拉理论(push-pull theory)作为阐述移民动因的经典理论之一,在国际学生流动领域被广泛地用以解释留学迁徙动因。该理论认为,学生的国际流动是流出国的"推力"与流入国的"拉力"综合作用的结果。②其中,推力一般具体表现为流出国不利于学生发展的种种排斥力,例如,经济形势不好、政治局势不稳定、高等教育质量差及高等教育机会缺乏等;而拉力则通常指流入国吸引留学生的拉动性因素,诸如大学排名及声望、奖学金的资助、纯正的外语学习环境等。推拉理论的经典诠释看重宏观因素,指出流出国和流入国之间整体实力的差距是吸引个体进行跨国流动的决定性因素,并在此基础上阐述为何流动个体觉得离开优于留下。具体到国际学生流动领域,推拉理论的经典诠释认为,流出国和流入国在经济实力、教育资源以及政策支持力度等方面的不对等是形成推/拉力的重要原因。例如,中国以强劲的经济增长为依托,将国际教育视为国家长期发展战略之一,先后出台相关教育合作政策和学历学位互认政策,增加中国政府奖学金数量并增设专项奖学金,提升中国文化全球影响力,通过多个渠道在多个面向形成重要拉力,成功吸引大批留学生来华学习。③

推拉理论在长时间的发展过程中也衍生出了不同的解读。已有中国学者基于中国高等教育国际化实践经验指出,推拉理论的经典诠释对宏观因素过于看重,忽视了迁移个体的特质,因而提出应将微观个体因素纳入推拉理论视域下的留学动因研究。④现有研究成果显示,吸引留学生来华学习的拉力在个人微观层面按重要性排序,

---

① 王炳钰,陈敬复,吴思莹.流动想象与学术移民:中国回流学者工作与生活研究[J].广东社会科学,2020:199-211.

② 马佳妮.留学中国:来华留学生就读经验的质性研究[M].北京:社会科学文献出版社,2020:102.

③ 马佳妮.留学中国:来华留学生就读经验的质性研究[M].北京:社会科学文献出版社,2020:105.

④ LU Z, LI W, LI M, et al. Destination China: international students in Chengdu[J]. International migration, 2019(57): 354-372.

分别是对异乡求学以及体验异国文化的渴望、对中国繁荣未来以及参与到中国的繁荣未来之中的期待、对以留学的方式更好地了解自己的希冀、对中国教育质量的肯定以及对留学中国高性价比的青睐。①虽然个人微观层面因素被纳入传统推拉理论的视域，但其与宏观因素仍处于二元对立的状态，现有研究对二者之间如何相互影响尚未进行深入剖析与完整呈现。已有研究指出，宏观因素本身并不能直接促成留学生的跨国流动，它们需要在与留学个体互动的过程中，形塑后者在未来对留学本身及流入国的想象。这种在特定地理文化空间中所产生的想象作为内在驱动力，推动留学生做出留学的决定。因此，留学动因从伊始就带有鲜明的地域想象维度，而塑造这种想象的关键在于流动个体与结构性因素之间的互动。②此外，中国学者还指出，传统推拉理论之前多被用于探讨留学生从南方向全球北方的教育流动，行为理性视角认为这些个体流动实践的生成是权衡利弊之后的结果。③这一暗含的假设使得研究者极易忽视个体迁徙动因形成过程中的情感维度，以及这个动因随着时间推移或情境转变而动态变化的可能性。④因此，本文立足中国语境，依据上述中国学者对推拉理论的修正与思考，从影响西方来华留学生留学动因的外在结构入手，分析这些结构性因素如何在与个体互动的过程中形塑后者对中国的想象，促成他们做出留学中国这个决定；同时，对留学动因形成过程中的情感维度给予观照。

二、研究方法

与很多来华旅居者所青睐的上海相比，北京凭借深厚的传统文化底蕴、丰富的历

---

① WU M-Y, ZHAI J, WALL G, et al. Understanding international students' motivations to pursue higher education in mainland China[J]. Educational review, 2021 (73): 580-596.

② KHEIR Z. Cultural bridges and reimagined geographies: international students navigating and engaging the complex cultures present in the academic world of Taiwan[J]. Research in comparative and international education, 2021 (16): 209-227.

③ YU Y, CHENG M, XU Y. Understanding international postgraduate students' educational mobility to China: an ecological systematic perspective[J]. Higher education research & development, 2022 (41): 2137-2153.

④ 王炳钰，陈敬复，吴思莹. 流动想象与学术移民：中国回流学者工作与生活研究[J]. 广东社会科学，2020(2): 199-211.

史文化遗迹以及高质量的高等教育资源一直以来是很多来华留学生的首选之地。[①] 2008 年奥运会的成功举办更是极大地提升了北京的国际影响力与竞争力,使其成为最能代表中国形象、极富东方文化魅力的所在。[②]随着北京城市文化国际推广进程的加快,在京留学生人数迅速增长,2018 年共计 80786 名,是 2004 年总人数的 2.2 倍。[③]考虑到北京在来华留学教育版图上的独特地位,本研究着眼于来京西方[④]留学生群体,通过滚雪球的方式在 2019 年春季至 2020 年秋季这一时间段对 24 位受访者进行了一对一的深度访谈。所有受访者在接受访谈时都已经至少在中国持续生活 6 个月,并认为自己是西方人士。为了最大限度地减少样本偏差,笔者选取不同的社交网络作为滚雪球的起点。这些社交网络包括笔者曾经指导过的留学生、目前的同事、以前的合作者及个人好友。此外,笔者还在微信群里发布了受访者招募启示,在筛选潜在参与者的时候参考了对方的国籍、学习性质及婚姻情况等标准,以期提升样本多样性(见表 1)。

访谈根据受访者意愿以中文或英文进行。笔者与每位受访者的访谈时长约为 1—2 个小时,并在征得对方同意的情况下进行录音。访谈主要围绕以下问题展开:来华留学的动因与期望是什么?未来规划是什么?如何看待自己在中国的求学经历?前 16 个访谈均在线下以面对面的方式进行。但随后暴发的新冠疫情使得其余受访者滞留本国。最终,笔者以线上访谈代替线下访谈。访谈结束之后,笔者对所有访谈录音进行了逐字逐句转录,并借助质性数据分析软件 Nvivo 12 对访谈内容展开主题分析。[⑤]首先,笔者反复阅读访谈文本,从中确定与受访者留学动因有关的内容;其次,笔

---

① 文雯,陈丽,白羽,等.北京地区来华留学生就读经验和满意度国际比较研究[J]. 北京社会科学,2013(2):63-70.

② 李春雨. 北京文化的异域审视:针对在京留学生群体的考察[J]. 北京师范大学学报(人文社会科学版),2006 (6):122-126.

③ 教育部. 2018 年来华留学统计[EB/OL]. (2023-03-17) [2019-04-12]. http://www.moe.gov.cn/jyb_xwfb/gzdt_gzdt/s5987/201904/t20190412_377692.html.

④ 西方这个表述带有极大的模糊性,一般主要包括欧洲、北美洲和大洋洲。尽管学界对拉丁美洲的地缘政治和文化地位存在争议,但我们遵循塞缪尔·亨廷顿的分类,将这一地区列为西方的一部分或西方文明中的一个亚文明,因而也将其视为本文所阐述的西方世界的一部分。

⑤ BRAUN V, CLARKE V. Using thematic analysis in psychology[J]. Qualitative research in psychology, 2006(3):77-101.

者采用不断比较分析的质性分析技巧对这些核心内容进行比对,从中归纳出留学动因类属;最后,笔者重新检视与留学动因类属相关的所有文本,将其还原到访谈原文,结合上下文语境从中提炼出最终的核心主题(见表2)。

表1　受访者社会人口属性信息表

平均年龄	23岁		性别	男性	15
来华时间	短于一年	11		女性	9
	长于一年	13	国籍	阿根廷	2
族裔身份	华裔	4		澳大利亚	1
	非华裔	20		哥斯达黎加	1
学习类型	全日制博士生	1		法国	3
	全日制硕士生	4		德国	3
	硕士交换生	3		意大利	4
	全日制本科生	8		波兰	1
	本科交换生	7		俄罗斯	2
	自费短期学生	1		英国	3
婚姻状态	已婚	1		乌克兰	1
	未婚	23		美国	3

表2　核心主题及类属

核心主题		类属
拉力	被中国蓬勃发展前景吸引	追寻更好的职业发展机会
		学好中文有助于增加就业机会
	体验中国文化	体验完全不同于西方的文化
		在实际体验中更好地理解之前所学
		中国文化引人入胜的元素
	追求丰富的中国高等教育资源	寻求更好的教育质量
		从丰富的短期学习项目中获益
	受其他人影响	与重要他者团聚
		挑战自我,实现个人成长
推力	来自母国的限制	对少数族裔的排斥
		就业机会有限
		教育水平不高

三、研究发现

(一)中国蓬勃发展前景的全球拉力

现有研究指出,中国未来发展的乐观前景是吸引留学生来华的重要拉力之一。① 具体而言,得益于经济的快速发展和全球影响力的攀升,中国逐渐成为留学生眼中的应许之地,充满了各种各样让他们可以成就自我、实现抱负的机会。为了抓住中国蓬勃发展带来的时代机遇,这些留学生不约而同地把留学中国当作积累职业发展所需资本的最佳途径。例如,意大利姑娘斯诺和英国男生乔纳森均希望借助在中国求学的经历顺利进入中国的电影行业,获得更多的工作机会。这种以未来职业发展为导向的留学期冀,在其他国家低迷的就业市场的衬托下显得愈发强烈,直接作用在留学生身上就转化为强大的迁移动因,促使他们以留学为手段,离开母国,奔向更具发展前景的地方。

> 意大利是一个适合老年人的地方,这意味着没有年轻人的工作。所以,当我在中国的时候,我觉得我有更多的机会去做我想做的以及我喜欢做的事情。而且中国的人很多,我可以认识不同的人,做新的尝试,或许获得一个更好的工作。我想去香港尝试那里的电影行业。(斯诺)
>
> 我 14 岁的时候开始对中国非常感兴趣。我一直在看亚洲电影。我曾经看了很多香港电影,我很喜欢那些武侠片。中国电影业仍然是一个正在成长的行业。那我想做一些与电影相关的事情,所以我就来中国留学。我不想去美国,因为美国的电影业已经非常成熟了,很难进入。所以,我想,如果我可以去中国学习,那我会有一个更好的机会进入中国电影业。这就是我的出发点。另外,西方更喜欢那种大型武打片,但我觉得中国的武侠电影更有品位,

---

① MA J. Why and how international students choose Mainland China as a higher education study abroad destination[J]. Higher education, 2017(74): 563-579.

所以我打算在北京参与武侠电影的制作。（乔纳森）

这种“问题重重的母国”和“充满机会的他乡”二元对立的想象性叙事在阿根廷华裔约翰的留学动因中体现得淋漓尽致。不同于那些逆来顺受的华裔，约翰坚定地认为阿根廷当地针对少数族裔的排外与歧视亟待解决。因此他选择到中国攻读国际关系专业，期待将来可以借助中国在国际社会所享有的地位改善阿根廷华裔的生存环境。与斯诺和乔纳森类似，约翰希望从中国的蓬勃发展前景中获益，将留学中国视为实现个人抱负的手段。但不同的地方在于，约翰的个人抱负与其母国的未来紧密相连，这种带有强烈集体主义色彩的留学愿景见诸很多亚洲和非洲来华留学生的留学动因。①

有很多华裔很小的时候就受到了歧视，所以他们在心里还是有那样的想法，比如这件事（反抗或改变歧视）是不可能做到的。但我不觉得改变现状会有什么难。众所周知，中国在国际关系中享有很高的地位。我觉得如果我来中国学习国际关系、外交或政治学就可以做到这一点。然后我就可以改变阿根廷的文化。（约翰）

中国的蓬勃发展前景不仅提升了中文的全球传播力，还赋予了它一层新的内涵，即获得众多工作机会的入场券。②俄罗斯姑娘凯特坦言，很多西方人，尤其是俄罗斯人都认为中国将引领全球经济发展，因此她选择中文作为自己的本科专业。与此相似，英国留学生艾米莉直言中国拥有庞大的潜在市场，而中文会成为自己将来在国际贸易领域谋求更好机会的强有力筹码。澳大利亚的留学生玛丽果断地在西班牙语和中文之间选择了后者，因为她觉得自己日后凭借中文技能，可以在中国经济的版图上找到属于自己的职业机会。

---

① SINGH J K N. Benefits of studying in China：international students from top-tier Chinese universities ‘spill the beans’[J]. Journal of further and higher education, 2022(46)：1107-1119.

② SINGH J K N. Benefits of studying in China：international students from top-tier Chinese universities ‘spill the beans’[J]. Journal of further and higher education, 2022(46)：1107-1119.

> 我的专业是国际贸易,所以我想把外语融合进来。我当时的选择是西班牙语和中文。但我觉得后者对我而言更有意思,因为很多人都会说西班牙语,而且如果你去了拉丁美洲,你就会发现那里的发展没有那么快。但中文不一样,中文是中国的语言,那是中国!中国的经济非常繁荣,市场潜力很大。我觉得学习中文对我的未来以及职业发展都有好处。(玛丽)

(二)东—西方对比框架下的文化拉力

除了追赶中国高速发展的步伐,留学生来华学习的另外一个显著动因就是深入体验中国文化。[①]这种文化驱动下的留学动因在欧洲及北美洲学生的讲述中更为凸显,因为母国具有相对完善、发达的高等教育体系,所以他们更容易将留学视为沉浸式体验中国文化的有效手段。[②]在他们的叙述中,中国是完全不同于西方的一个国度,这种截然不同所营造的神秘感、距离感以及陌生感激发了他们的留学愿景。当谈及自己的来华原因时,来自德国的凯文坦言他是为了体验一种完全不同于西方文化的文化。

> 我大学里有一年用来交换留学。我很快就决定去中国。我去过很多国家,但从来没有去过中国。我想去一个一切都跟德国不一样的国家。我觉得从文化这个角度来看,中国距离我们西方文化最远,最不一样。所以我就来了。(凯文)

这种"中—西"二元对立的地域想象在意大利留学生安迪的故事中也被提及。安迪幼年生活的地方有很多中餐厅,在日常与餐厅老板接触的过程中,他对中国产生了浓厚的兴趣,并将中国视为世界的另一个重要组成部分,与代表西方文明起源的母国并立。

---

① MA J. Why and how international students choose Mainland China as a higher education study abroad destination[J]. Higher education, 2017 (74): 563-579.

② WEN W, HU D. The emergence of a regional education hub: rationales of international students' choice of China as the study destination[J]. Journal of studies in international education, 2019 (23): 303-325.

我对中国的热情应该就是从 11 岁或 12 岁的时候开始的。意大利有很多中餐厅，我很快就对中国文化产生了兴趣。我经常跟餐厅老板问这问那，比如中国什么样子，中国的生活方式是什么，中国哲学，还有中国古代文明。我一下子就很喜欢这个文化，喜欢它的一切，哲学，历史什么的。意大利和中国是世界的两个重要组成部分，一个在西方，一个在东方，都有着悠久的历史。（安迪）

正如现有研究指出的那样，欧美留学生来华学习更像是一场文化之旅，他们抵达一个神秘、古老、迥然不同的国家，期待在这里深入体验他们之前就已经从其他渠道获知的文化符号、生活方式、民间习俗和风土人情并收获新的认知。[①]法国留学生苏西与中国的结缘纯属偶然，但系统深入的学习使她萌生了来这个国家留学的想法，她希望在实际接触和体验中更好地理解自己之前所学到的东西。

我在本科的时候偶然上过中国文学、中国历史这些课。我上完就爱上了中国，我觉得中国有真正强大的文化，有古老的历史和文学，所以就觉得中国文化特别深奥。另外，古代中国的思维方式也非常有趣，跟西方的非常不同。我觉得如果做一个中西比较的话，会非常有意思。既然我学了这些，那我就要来中国，这样才能更好地理解我之前学到的那些东西。（苏西）

除了中餐厅和汉学课堂，海外离散华人个体也是远距离塑造留学生地域想象的重要主体。参与本研究的一些受访者在来华之前就已经对武术产生了浓厚兴趣，进而做出留学中国的决定。在他们的故事中，与华人拳师的海外偶遇是促成其留学动因的关键所在。斯诺大约在 12 岁的时候开始跟随一位中国拳师学习少林拳，而法国留学生弗兰克在高中之前就已练习迷踪拳长达五年。这些以习武经历为依托的跨文化交际，在他们心中种下了中国文化的种子，最终使得他们决定远赴中国，深入体验中国文化。

① 马佳妮.留学中国：来华留学生就读经验的质性研究[M].北京：社会科学文献出版社，2020：84.

我们有一个老师,他是中国人。他最开始在少林寺学习,后来跟朋友先去了欧洲其他国家。然后,他们中间的一个人去了波兰,另外两个人来了意大利。我很幸运,因为这两个师傅中的一个就住在我所在的城市。所以就是那种很幸运的感觉。我跟着这个师傅学习少林拳。(斯诺)

我对中国文化的浓厚兴趣跟我学习武术有关。我在上高中之前学了五年的迷踪拳。在我的城市,有一个中国武术老师会打迷踪拳,我就跟着他学。我就是从那会儿开始对中国文化产生浓厚兴趣的。(弗兰克)

(三)高等教育国际化的政策吸引力

如果说中国全球影响力的提升以及对中国文化的向往是很多外籍人士来华工作生活的核心动力,那么,中国高等教育国际化的深入开展则从制度层面为留学生来华学习提供了政策拉力。①因受访者个体差异,这些政策在转化为他们的留学动因的过程中也呈现了不同的表现形式。如上所述,来自高等教育体系欠发达国家的留学生更容易将留学视为追逐高质量教育的手段。例如,华裔学生利奥在家人的支持下,决定离开教育水平不尽如人意的阿根廷,前往中国接受更好的教育。

在阿根廷,教育不是那么好。怎么说呢?就是文化水平比较低,教给学生的东西很简单。我表姐当时在中国读书,她觉得中国整体的教育水平比较完善,可以教给我更多知识,然后就跟我父母讲,觉得我回来读书比较好。我父母觉得有道理,所以我就来了。(利奥)

相比之下,来自欧洲和北美国家的留学生更倾向于短期留学项目,期待以较低时

① 魏浩,袁然,赖德胜.中国吸引留学生来华的影响因素研究:基于中国与全球172个国家双边数据的实证分析[J].教育研究,2018(39):76-90.

间成本获得一手的、亲历的中国经验,并以此为基础制订长期留学中国的计划。[①]这种将"游"与"学"融合在一起的流动愿景,深深嵌入中国向区域性教育中心的转变历程,并借助中国政府推行的一系列举措(例如,增加中国政府奖学金数量并增设专项奖学金,出台教育合作政策和双方学历学位互认政策)进一步促进留学生的流动实践。[②]意大利留学生萨拉所在的学校与北京的一所著名大学一直保持合作关系,彼此相互派遣大三年级的学生,令其在对方学校学习一年,学习期满之后即可获得双方学校出具的学位证书。两校之间的学历学位互认政策为萨拉来华留学提供了极大便利,使她有机会夙愿得偿。除了学历学位互认政策,孔子学院组织的国际夏令营也是吸引留学生来华的一个重要政策拉力。[③]弗兰克首次来华就是借助孔子学院组织的夏令营项目。第一次中国之行给弗兰克留下了很深的印象,进一步坚定了他对中国未来将蓬勃发展的信心,最终推动他选择来华求学。

当我知道学校有这个交换项目的时候,我所有的努力都是为了获得这个机会。我整个本科阶段都学得非常刻苦,我当时努力的目标只有一个:获得奖学金,去中国留学。(萨拉)

在我的家乡尼斯有一个孔子学院。我当时在那里学了一年中文,然后听说天津有个夏令营。我就申请了。那是我第一次来中国,2018 年,待了两周。我很享受自己在中国的那段时间,我觉得非常有意思。一年之后,我就来留学了。(弗兰克)

---

① YU Y, CHENG M, XU Y. Understanding international postgraduate students' educational mobility to China: an ecological systematic perspective[J]. Higher education research & development, 2022 (41): 2137-2153.

② 宋华盛,刘莉. 外国学生缘何来华留学:基于引力模型的实证研究[J].高等教育研究,2014(11):31-38.

③ 林航,谢志忠,郑瑞云. 孔子学院是否促进了海外学生来华留学:基于 40 个国家 2004~2014 年面板数据的实证检验[J]. 国际商务(对外经济贸易大学学报),2016(5):52-65.

(四)留学中国的内在情感驱动力

虽然留学动因的形成很多时候根植于理性主导的成本-收益核算,但流动实践本身作为一种承载着丰富情感动态的体验,从留学动因成型伊始就被赋予强烈的情感维度。①但一直以来,留学驱动力的内在情感维度在强调行为理性的推拉理论视野下并未得到足够的重视。②就参与本研究的受访者而言,他们在制订留学计划的时候的确深受理性驱动,但同时也展示出明显的情感属性,因为留学中国不仅仅是获得更好的发展机会、深度体验中国文化和追逐更好的教育资源的手段,还是实现自身情感诉求的最佳方式。其中,与重要他者相聚是受访者叙述中浮现的第一个情感诉求。社会心理学家米德(George Herbet Mead)在论述身份的时候提出了"泛化他者"这个概念,同时,把对个体产生重要影响的社会群体划定为"重要他者",诸如父母、老师、偶像、同辈群体等均可划入这个范畴。③具体到受访留学生,与至亲家人团聚是他们留学中国的内在情感驱动力。美国华裔麦克自小父母离异,由外婆抚养长大。为了报答外婆的养育之恩,麦克高中毕业之后毅然决然地选择留学中国,并且将留学目的地锁定为北京,因为他的外婆生活在这个城市。与麦克相似,英国华裔杰克幼时跟随父母回国定居。后来,为了继续与家人相守,同时为了减轻家庭经济负担,杰克选择留在中国攻读本科学位。

> 我回来念书主要是因为我姥姥在中国,其实我是姥姥带大的,她现在80多岁了。我只有姥姥,她想让我回来。如果我不回来的话,就太不合适了。而且,中国对我而言是一个更像家的地方。(麦克)
>
> 2008年金融危机爆发之后,我父母觉得是时候搬回中国去了。然后,我们全家一直住在杭州,直到现在。我当时选择学校主要有两个顾虑。第一个

---

① PRAZERES L. Challenging the comfort zone: self-discovery, everyday practices and international student mobility to the Global South[J]. Mobilities, 2017 (12): 908-923.

② YUE Y, GONG L, MA Y. Factors influencing international student inward mobility in China: a comparison between students from BRI and non-BRI countries[J]. Educational studies, 2021: 1-19.

③ MEAD G H. Mind, self and society[M].Chicago, IL: University of Chicago Press, 1934:154.

是经济上的顾虑,这个是非常直接的原因。去欧洲或美国上学对我家来说实在太贵了,我们负担不起。第二个是害怕离家太远会想家。如果去其他国家念书,我会想家,我不想离家人太远。所以,我最后决定申请中国的大学。(杰克)

除了日常生活中可以接触到的重要他者,媒体全球化也扩大了留学生的交际范围,让他们跨越地域的阻隔,实现在地国际化的同时有机会接触到重要他者。① 例如,波兰留学生沐沐与丈夫最初相识于网络空间,二人感情加深之后,她选择来华留学,与当时的恋人、后来的先生在北京团聚。

我当时在芬兰交换学习,那时在看一个中文电视剧,我喜欢女主角和主题歌。当时我有机会免费学习一门外语,而中文课的上课时间对我很合适,所以我就系统开始学习了。我在社交媒体上发帖,说我想学中文,然后就认识了很多语言伙伴,我先生就是其中一个语言伙伴。我们的关系变得非常亲密之后,我就只跟他一个人聊。他跟我说来北京留学,因为他在这里。所以某种程度上他影响了我,让我做出了来北京留学的决定。(沐沐)

此外,留学中国也被一些留学生视为迎接挑战、实现自我成长的一个重要途径,这种面向未来的个人成长叙事体现了受访者留学动因包裹的第二个情感诉求。②德国留学生卡森高中毕业之后,在父母建议下远赴中国留学一年,希望以此助益他的个人成长。

我高中毕业的时候17岁,我父母觉得我年纪太小,不足以直接开始大学学习。他们就商量我可以做什么。他们其中一个人以前学过中文,所以就决

① 兰思亮,马佳妮.在地国际化:嬗变、实践与反思[J].比较教育研究,2021(12):98-107.

② KHEIR Z. Cultural bridges and reimagined geographies: international students navigating and engaging the complex cultures present in the academic world of Taiwan[J]. Research in comparative and international education, 2021(16): 209-227.

定送我来中国留学一年。他们并不是为了让我以后有一个工作,他们只是希望我通过学习中文实现个人成长,也希望我可以出国待一年。我是那个时候才逐渐对中国以及中国研究产生兴趣的。(卡森)

当卡森在采访中被问及为什么觉得中国研究很有意思时,他回答说是因为即便很多资料存在,也受语言的隔阂而很少为西方公众所知。在他看来,中国研究与美国研究或欧洲研究很不一样,后两个领域里的很多资料都用英语或欧洲其他语言书写而成,西方读者比较容易读懂。但相比之下,用英语或欧洲其他语言编写的中国研究资料数量相当有限。因此,卡森选择学习中文、学习中国研究专业,他选择到中国留学也带有明显的自我挑战因素。他希望通过留学近距离理解中国及中国文化,提高中文水平,便于自己日后的深入学习。这种挑战者心态多见于全球北方—南方教育流动过程中,来自全球北方的学生多将全球南方视为自己的舒适区在非西方国家和地区的延伸地带,期待在陌生的环境中迎接挑战,以此收获个人成长。①正是这种对挑战的渴望,吸引了法国留学生亚历克斯和德国留学生凯文来华留学。

如果你不懂中文,你不可能仅从汉字就猜到这句话的意思。另外,口语部分也很难,因为不同的汉字可以有相同的音调。你必须把中文放到上下文中去理解。所以我想去中国,因为只有这样才能学好中文。刚到中国的时候,我发现自己的中文水平没办法跟中国人交流。但过了一段时间后,我就有点习惯了。我觉得我应该继续学习中文,因为真的很有趣,我很愿意接受这个挑战。(亚历克斯)

当我可以出国交换的时候,很快就决定要去中国。我已经去过世界上的一些地方了。但中国是我从来都没有去过的地方,我认为它是一个最有挑战性的地方。我在这里可以走出自己的舒适区,挑战自己,这是一种很棒的经历。(凯文)

---

① PRAZERES L. Challenging the comfort zone: self-discovery, everyday practices and international student mobility to the Global South[J]. Mobilities, 2017 (12): 908-923.

结 语

通过以上的分析，我们不难看出，各种复杂的推力和拉力交织在一起，塑造了受访者的来华留学动因。宏观层面，中国经济的快速发展和未来发展的乐观前景是吸引留学生来华的主要拉力，而中国政府将中国进一步打造成区域性教育中心的举措在中观层面强化了宏观拉力对留学生的吸引力，为其来华留学提供了更为便利的条件。这种宏观和中观拉力在个体微观层面被内化为留学生希望牢牢把握的未来发展机遇。他们期待"亲自到场"，即亲历中国，然后在这种具身经验中更好地把握机遇。因此，中文及中国文化的学习对一些留学生而言不仅仅是个人兴趣，更是他们留学中国、实现远大抱负的手段。换言之，他们先折服于中国的快速发展以及中国全球影响力的提升，然后萌生出要学习中文的想法，在此基础上凭借相关留学政策给予的便利实现来华留学的愿望，最终在留学的过程中逐渐积累自己未来发展所需的文化资本和社会资本。正如马佳妮观察到的那样，留学生将"接受跨国高等教育作为一种促进个人发展的长线教育投资，以提高其在劳动力市场上的竞争力"。[①]除了宏观层面的拉力，一些留学生在母国所遭遇的推力会进一步强化他们的留学意愿。[②]阿根廷社会对华裔一直存在一定程度的排斥。正如约翰所述，他从小就见到也经历过对华裔的歧视。利奥更是在采访中提到，中国老师和同学对自己的接纳与他小时候在阿根廷学校遭遇的孤立形成鲜明对比。因此，高中毕业之后，利奥自己也非常愿意在中国继续攻读本科学位。此外，留学生在母国承受的就业压力和生活压力也是激励他们出国留学的推力。意大利年轻人就业难的现状激励了斯诺出国留学，向外寻找机会。俄罗斯留学生小夏在老师的影响下一直觉得只有出国才算有出息，待在俄罗斯机会实在不多，个人发展也非常有限。由此可见，留学生作为跨国迁移人口之一，一直置身于多重社会结构叠加的系统中，不同的推力和拉力共同作用，最后令其做出留学中国的决定，并付诸实践。

---

① 马佳妮.留学中国：来华留学生就读经验的质性研究[M]. 北京：社会科学文献出版社，2020：92.

② WEN W，HU D. The emergence of a regional education hub：rationales of international students' choice of China as the study destination[J]. Journal of studies in international education，2019 (23)：303-325.

上述分析还揭示了一个有趣的现象,即受访留学生更倾向于以东方主义的视角审视中国。在此背景下,本研究重新审视东方主义,并在全球北方—南方教育流动的背景下勾勒出中国是如何被想象为与西方相对的他者。与萨义德所描述的西方人对中东的想象相似,本研究中的西方来华留学生将中国想象为一个与西方截然不同的神秘而古老的地方。[①]这些基于想象的根本性差异为中国镀上了一层又一层神秘色彩,使其成为一个极富吸引力又充满挑战的国度。这些年轻人在东方主义的影响下,将留学中国视为一段冒险之旅,他们投身其中,希望在迎接挑战的过程中实现自我成长。但不同于萨义德经典分析中呈现的落后东方,中国在受访者的叙述中被描绘成一个经济繁荣、蓬勃发展的国度,比意大利和俄罗斯等西方国家更具发展潜力。在东西方力量对比发生本质性改变的今天,西方留学生将留学中国视为寻求更好职业发展机会、积累更多社会及文化资本和获得更好教育资源的手段,以期从中国未来的发展前景中获利。总而言之,本研究所采访的西方来华留学生带着留学之前就业已成型的期待、憧憬和设想进入中国,无疑是将中国置于令人向往的他者的位置上。这个作为他者出现的中国,正如马佳妮描述的那样,是一个跨国行动者构建出来的虚拟主观世界。[②]换言之,这些受访者留学动因的形成与他们的地域化想象紧紧交织在一起,前者作为透镜折射出一个经由留学生个体加工、再度生产而成的中国形象,一个与令其心向往之、迫切期待参与其中、亲身体验的国度。

尽管所有受访者都自称来自西方国家,但这里所谓的西方也如同他们对东方的认知一样,是一个基于想象而生成的共同体。在这个想象之下,这些受访者的留学动因呈现明显的差异性与多样性。在参与本研究的 24 位留学生中,17 位分别来自美国、英国、法国、德国、意大利和澳大利亚。这些西方发达国家丰富的教育资源和东方主义视角下西方对中国的他者化想象夹杂在一起,使得这些留学生的留学动因在文化层面更多地与"提升中文水平""感知中国文化"以及"获得不一样的文化体验"三个类别紧密相连。[③]相比之下,来自阿根廷的利奥在做出留学决定的时候,会优先考虑中国的优

---

① 萨义德.东方学[M].王宇根,译.北京:生活·读书·新知三联书店,2007.

② 马佳妮.留学中国:来华留学生就读经验的质性研究[M].北京:社会科学文献出版社,2020:110.

③ MA J. Why and how international students choose Mainland China as a higher education study abroad destination[J]. Higher education, 2017 (74): 563-579.

质教育资源。这一倾向在发展中国家来华留学生群体中非常普遍。[①]中国经济发展的乐观前景作为另一个重要的来华留学拉力,使得国际贸易、经济或金融专业相关的院系成了很多来华留学生的首选。虽然现有研究指出奖学金是激励留学生来华的重要因素之一,但这一观点在本研究中并没有得到直接体现,因此,相关问题有待人们今后对来华留学奖学金获得者专门做一个更具针对性的研究,以丰富现有文献。在微观层面,不同的重要他者以及留学生本人的个人情况都对其留学选择起到了很大的影响。这种对微观层面留学拉力的研究是传统推拉模型所忽视的地方,需要在今后的研究中进一步深化。最后,本研究还要指出一点,留学动因的形成并非完全由理性因素主导,其中也包含很多偶然性事件。例如,沐沐中文学习的开启纯属意外;再比如,卡森高中毕业之后只是想通过留学收获成长,在家长建议下选择了学习中文,但他真正爱上中文、决定改修中国研究却是在台北居住学习半年之后。由此可见,个人层面的很多偶发事件会在一个比较大的时间跨度中影响留学生的留学走向。未来的相关研究也可多关注微观层面的偶发事件。

① 宋华盛,刘莉.外国学生缘何来华留学:基于引力模型的实证研究[J].高等教育研究,2014(11):31-38.

案例分析

2022 年中国跨文化传播创新实践研究*

◇ 肖　珺　毛婉怡**

摘　要　本文按照观念创新、内容创新、平台创新三重维度完成 2022 年中国跨文化传播创新实践研究。观念创新表现在聚焦“和合共生”理念指引下的跨文化对话；内容创新表现在多元文化融合中的接合与转化；平台创新表现在城市作为跨文化平台与虚实融合平台建设。2022 年，中国跨文化传播创新实践总体呈现三个方面的传播启示。其一，面对高度不确定的世界性冲突，人类迫切需要以“和合共生”等和平理念为指引，通过跨文化对话增进全球信任与和解。其二，参与者始终在多样化、差异化的文化间言说之中探索跨文化传播的接合、转化和新生。其三，中国城市迸发出跨文化的物质性平台价值，虚实融合平台正在显现跨文化的丰富内涵。观念创新解决“如何做”的问题，内容创新集中解决“做什么”的问题，平台创新面向“依托什么”的紧迫问题。后期研究有三点拓展方向，其一，新世代群体正在成为占绝对多数的新媒体跨文化传播主体，他们的跨文化叙事和文化观有待深入分析；其二，中国城市，特别是政府参与的跨文化传播活动正处于急剧上升态势，城市的跨文化传播将是一个新方向；其三，伴随人工智能跨文化传播主体的入场，我们将会与更多出人意料的“他者”相遇。

关键词　跨文化传播；观念创新；内容创新；平台创新

---

* 本文系教育部人文社会科学重点研究基地重大项目“跨文化传播视域下的国际舆论朋友圈建设研究”（项目编号：22JJD860013）的阶段性成果。

** 肖珺，武汉大学媒体发展研究中心研究员，武汉大学新闻与传播学院教授，武汉大学跨文化传播研究中心主任，电子邮箱：xiaojunemails@whu.edu.cn。毛婉怡，武汉大学新闻与传播学院传播学硕士生。

Chinese Intercultural Communication Innovation Practice Study in 2022

Jun Xiao, Wanyi Mao

Abstract This paper completes the study on Chinese intercultural communication innovation practice in 2022 from three dimensions: concept innovation, content innovation and platform innovation. Concept innovation manifests itself in the intercultural dialogue guided by the concept of 'common development in harmony'; content innovation manifests itself in the articulation and transformation from the integration of multi-culture; platform innovation manifests itself in the city as an intercultural platform and the construction of platform for the mix of virtual and actual reality. The innovative practice of intercultural communication in China in 2022 characteristics in three aspects of communication enlightenment. First of all, in the face of highly uncertain global conflicts, humanity urgently needs to promote global trust through intercultural dialogue guided by the peaceful concept, such as 'common development in harmony'. Secondly, practitioners discover articulation, transformation and renewal of intercultural communication from diverse and differentiated intercultural discourse. Thirdly, Chinese city demonstrates the value of material value in intercultural communication, and the mix of virtual and actual reality platforms are revealing the rich value of interculturalism. Concept innovation addresses the question of 'how to do', content innovation focuses on the question of 'what to do', and platform innovation addresses the pressing question of 'what to rely on'. There are three directions for further research: firstly, the new generation is becoming the overwhelming majority of new media intercultural communication, and their intercultural narratives and cultural outlook need to be analyzed deeply; secondly, intercultural communication activities in Chinese cities, especially government's participation in intercultural-communication activities is on the rise, so intercultural communication in cities will be a new direction to study; thirdly, with the entry of artificial intelligence in intercultural communication, we will meet more unexpected 'others'.

Keywords intercultural communication, concept innovation, content innovation, platform innovation

2022 年，北京冬季奥运会、卡塔尔世界杯等全球性体育赛事的举办，为世界范围内的民心相通、团结互信带来机遇，与此同时，全球疫情形势的变化、意识形态对抗的凸显、俄乌冲突等地缘争端的加剧，也对全球范围内的文化交流生态提出挑战。在机遇与挑战中回应全球共同关切、解决人类共同危机，各国需要通过对话寻求互惠性理解与合作，增进全球信任。在人类命运共同体理念的指引下，全球交往也需要在平衡、尊重多元文化与价值观的同时促进文明间的交流与互鉴。此外，后疫情时代加速了人类从现实世界向虚实融合传播生态的迁徙：一方面，作为全球化、数字化、信息化背景下成长起来的数字原住民，新世代人群[①]在全球交往中发挥的作用日益显著；另一方面，人的"数字化生存"也在技术的高速发展中深化为"数据化生存"[②]。基于此，2022 年中国的跨文化传播实践有哪些突出的创新点？这些创新点又回应了人类跨文化交往与对话的何种诉求？

在 2017—2021 年五年间研究观察的基础上，本文继续修正 2022 年中国跨文化传播创新实践研究的案例分析维度。其一，跨文化传播实践活动是否主动尊重相异文化的主体地位，尊重文化间性，增强"互惠性理解"，进而减少文化冲突和矛盾的发生；其二，跨文化传播实践活动是否结合历史情境或时代语境不断推动文化间互动；其三，跨文化传播实践是否有利于不断增强跨文化传播创新能力，进而推动跨文化传播实践的发展；其四，跨文化传播实践活动能否有意识地聚焦全人类的共同价值追求，拓展和深化文化对话的共情空间，增进文明间的交流互鉴；其五，跨文化传播实践活动是否有助于增进可信任、可沟通、可理解的中国的传播能力；其六，跨文化传播实践能否有效整合不同文化中具有世界价值的元素，进而创新中国与世界的对话互动模式。根据研究

---

① "新世代"在本研究中是一个统称，包括出生于 1995 年至 2009 年的 Z 世代（Generation Z）及出生于 2010 年以后的 α 世代（Generation Alpha）。

② 彭兰."数据化生存"：被量化、外化的人与人生[J].苏州大学学报（哲学社会科学版），2022，43(2)：154-163.

问题,研究小组[①]采用典型案例抽样法,在不同平台进行检索,获取相关资料,并从案例的创新程度、传播效果等方面进行辨析,按照如下步骤确定有效案例15件。

步骤1:研究小组以"跨文化传播""海外传播""国际传播""中国故事""出海"等作为检索词,在微信、微博、百度、抖音、快手、哔哩哔哩等国内社交媒体平台和门户网站,及Google、Yahoo、YouTube、TikTok、Facebook(2021年10月更名为Meta)、Twitter等海外平台广泛搜寻多语种素材。在经历多轮案例搜索后,研究小组对原始素材进行初始记录、分类与归档,共获得案例96个,文字资料约17万字、图片290余张、视频资料总时长约270小时,素材涉及英语、日语、韩语、俄语、高棉语、印地语等多种语言。

步骤2:研究小组根据前述六个分析维度,参考既有文献和有关部门的评测分析,对素材中涉及的案例进行初步筛选,得到21个待选案例。

步骤3:研究小组聚焦上述21个案例,分析比较其创新点,验证其传播效果(包括观看量、点赞量、评论量及国内外媒体报道量等),同时,对案例内容进行深入的文本分析,最终确定15个有效案例作为本文主要研究对象。

步骤4:研究小组对15个案例按照观念创新、内容创新、平台创新进行分类,结合六个分析维度进行跨文化传播创新实践研究。

基于六个分析维度,遵循四个研究步骤,按照观念创新、内容创新、平台创新三重维度,本文对15个有效案例进行分类和归纳,完成2022年中国跨文化传播创新实践研究。主要研究发现如下文所述。

一、观念创新:聚焦"和合共生"理念的跨文化对话

当下,人们高度关注跨文化对话,源于现实世界百年未有大变局之复杂性,疫情、战争、能源、生态等危机的紧迫性使得人类需要一个你中有我、我中有你的命运共同体。"和合共生"是2022年凸显的中国智慧和价值主张,其应被当作在世界范围内传

---

① 研究小组成员包括毛婉怡、邢靖函、吉雨涵、何煦、李梓君、常乐、张帆、肖珺,她们共同负责资料搜集工作。其间,小组成员多次开会对跨文化传播实践案例的分析维度、传播效果数据的真实性等进行讨论和辨析。

递善意、凝聚信任、调和冲突、解决全球性问题的文化观念。中国的甲骨文中就有“和”“合”二字的身影，二者后来在宗教信仰、教育教化中逐步演化出结合、合作、凝聚等意涵。儒家文化主张“和而不同”的宽容和包容精神，《论语》中“君子和而不同，小人同而不和”等表述体现出中国古代社会倡导的尊重差异性的观念，通过文化多元性的互融、互补、整合、共生而形成“和合共生”的和谐发展观。几千年来，中国社会一直在传承和发展“和合”理念，“以和为贵”“天人合一”等都是这一理念的体现。2022年，中国社会努力在观念上以“和合共生”作为思想指引，具体到跨文化传播实践中，“和”“合”主要体现在三方面：其一是通过北京冬奥会开闭幕式呈现从“我”到“我们”这一文化内核的转变，强调人类作为共同体存在的叙事框架；其二是通过内容与情感的交互，在新世代中探索建构全球倾听模式的可能性；其三是展现可沟通的自我与他者，以期走向基于互惠性理解的跨文化对话。

（一）从“我”到“我们”：北京冬奥会开闭幕式中的共同体叙事

2022年2月4日，北京冬奥会开幕式在国家体育场“鸟巢”举办，向世界发出“一起向未来”的邀约。国际奥委会表示，本届冬奥会开幕式在收视率方面已超过以往任何一届冬奥会，超5亿观众收看了北京冬奥会开幕式，由澳大利亚持权转播商直播的北京冬奥会开幕式收视率比上届提升331%。①

如果说2008年的北京奥运会开闭幕式的重心是向世界展现我国的传统文化，那么，2022年的北京冬奥会则在此基础上实现了从“我”到“我们”的升级。② 这种“升级”强调消除“我”与他者间的界限，站在全人类的角度探索多元文化的和谐共生，展现人类命运共同体齐心协力、共创未来的姿态。在观念上，2022年的冬奥会不再强调中国文化的独特性，而是以世界都能看得懂的方式，在共同体叙事中讲述全人类的共通情感与精神追求，从而凝聚全球共识，体现奥林匹克“更团结”的新理念。由案例分析可见，与观念创新匹配的符号叙事主要包括以下三点。

---

① 北京晚报.5亿观众收看北京冬奥会开幕式 国际奥委会：开幕式收视率超过往届[EB/OL].(2022-02-17)[2023-03-10].https://news.bjd.com.cn/2022/02/17/10043701.shtml.

② 新华网.全球连线|冬奥会开幕式全景式独家解读：“双奥之城”惊艳世界[EB/OL].(2022-02-05)[2023-02-22]. http://www.news.cn/2022-02/05/c_1211554908.htm.

其一,贯穿整场开幕式的"雪花"叙事线索。每个参赛国的引导牌都是一片独具特色的雪花,上面标记着91个国家和地区的名称,代表"我"。通过一系列节目的转化,这些小雪花聚合成一片巨型雪花,同主火炬一起缓缓升起,代表由全人类构成的"我们",来自世界各地的年轻人在场地中并排向前走,传递出破除争议、解决争端、携手共创美好未来的衷心祝愿,关于"雪花"的人类共同体表述让网友感受到了向心力与凝聚感:"Each person is a different flower, finally aggregated into a human snowflake. #Beijing Winter Olympics Opening Ceremony #COMMUNITY with a Shared future for Mankind #Different snowflakes gather in Beijing.(每个人都是一朵不同的花,最终聚集成了人类的雪花。#北京冬奥会开幕式 #人类命运共同体 #不同雪花汇聚北京。)"(@kevin,2022年2月4日)[①]

其二,精选世界名曲作为多元化的声音符号。运动员入场曲是19首世界著名古典音乐片段,闭幕式入场曲则是世界名曲《欢乐颂》,传递中国对团结友爱的向往和对世界多样性的尊重。出现在开闭幕式现场的冬奥吉祥物冰墩墩取材自憨态可掬的中国意象——熊猫,在设计上融入了极具现代科技感的奥运元素"冰丝带"。地域、语言、文化背景各异的网友们亦借北京冬奥会这一契机实现对话,以"我们"之名发出共克时艰、携手同创未来的呼吁:"History is written by the people. Because of COVID-19, anti-globalization, global climate change, fragment, discrimination, terrorism...We need to build a Faster, Higher, Stronger and Together world. Using a flame to warm us. Together for A Shared Future.(历史是人民书写的。因为COVID-19、反全球化、全球气候变化、歧视、恐怖主义等的出现,我们需要建立一个更快、更高、更强大、团结的世界。用火焰温暖我们,携手共创未来。)"(@Love is the top,2022年2月4日)[②]

其三,中国结成为共同体叙事的表意符号。中国结寓意着连接和联通[③],参赛代

---

① 评论摘自@kevin在Twitter上发布的推文,参见:https://twitter.com/kevin8059 5480/status/1489624412081074184。

② 评论摘自@Love is the top在Twitter上发布的推文,参见:https://twitter.com/ZZPKU/status/1489620495079116801。

③ 北京日报客户端.沙晓岚:科技赋能艺术,传承更需创新[EB/OL].(2022-07-25)[2023-01-22].https://news.bjd.com.cn/2022/07/25/10123079.shtml.

表团在中国结形状的线条中穿梭前行，背后的寓意是各国、各地区间的友谊同中国结的形状一样紧密，全人类就像缠绕的中国结那样团结，国外网友也从中国结这一生动的意象中感受到了爱与友谊："Friendship and love brought the best in sports and brings the best in humanity. Great athletes and Great host. Good bye and thank you Beijing.(友谊和爱带来了运动中最好的一面，也带来了人性中最好的一面。伟大的运动员和伟大的东道主。再见，谢谢你，北京。)"(@Cayman McCay，2022年2月20日)[①]

所有多元化的元素均被编织进了冬奥会开闭幕式的共同体叙事中，展现中华文化、世界文化、奥运文化的和谐相融，全球观众也在人类共通情感的表达中体悟"世界大同，天下一家"的期许。

(二)全球倾听模式：面向新世代的多元文化对话

陈国明和史达洛斯特提出全球倾听模式(global listening model)，认为跨文化对话主体可以通过主动积极地倾听与协商创造一个同属于双方的语义空间[②]，从而让不同文化内的因素相互传播。这一经典跨文化传播理念在2022年全球新世代的对话中有着较为明显的体现，具体来看，全球倾听模式的建构对互动主体的全球沟通能力要求较高[③]，而新世代青少年作为互联网原住民，思想开放且多元，乐于接受新事物，是最有潜力的全球对话主体。

1.《天天成长记》：多语种讲述中国儿童成长故事，连接全球情感体验

对全球倾听模式建构的研究可以从信息内容的传播与情感的交互两方面入手，传递准确且便于理解的信息内容有助于多元主体间的互动对话，而语言是对话交流的工具，翻译在跨文化传播中的重要性可见一斑，情感的交互则需要通过叙事拓展不同主体间共通的情感体验，以"我"之情寻他人之共鸣。中国动画《天天成长记》(*Growing*

---

① 评论摘自@Olympic于Twitter发布的中国结推文评论区，参见：https://twitter.com/Olympics/status/1495371952545943554。

② STAROSTA W J，CHEN G M. Listening：collected reflections，collated refraction[J]. International & intercultural communication annual，2005，28：274-285.

③ 肖珺，胡文韬.新媒体跨文化传播的难点及其理论回应[J].新闻与传播评论，2021，74(1)：107-117.

Up With Tiantian)通过多语种译配讲述中国儿童成长故事,以人类共通情感的表达连接全球观众,从效果上看,有助于推进跨文化主体间的相互倾听。

该系列动画由深圳一家影视有限公司制作出品,于2017年开播,通过讲述因父亲工作变动,举家前往乡村生活的城市女孩天天在成长中发生的故事,引导孩子们走入自然,体会中国乡村之美。2022年,该片通过四达时代ST Kids频道、玻利维亚国家电视台、印度Sun TV Network儿童频道、巴西Box Brazil儿童频道、加拿大Milo Productions Inc频道等,在全球80多个国家和地区播出。① 该片出品商从"现实题材生活化讲述、人文关怀与温度、服务于全球家庭观众、努力提高译配质量"②四方面总结其海外传播亮点。比如,该片受众定位于全球新世代群体及其父母,内容上以中国乡村生活和传统文化为母题,加以全球化、现代化、趣味性的阐释,主角天天身上的善良、纯真与可爱同中国乡村的恬静、闲适交织在一起,能够在不同的文化背景下唤起全人类共同的乡愁与童年回忆,这种真挚的情感和朴实的人文关怀,不仅能促进亲子对话,还能促进国际对话。

为了解决内容传播中的语言障碍,《天天成长记》通过全球合作译制拓宽作品辐射面,自主译制英、法、西、葡、阿、日、越七种语言版本,并联合海外播出机构译制柬埔寨语、斯瓦希里语、豪萨语、林加拉语、特维语、祖鲁语等十多个语种的版本③。翻译是一种跨越文化边界的互动行为,需要对异国文化有着充分的了解,对此,团队在越南深入本土调研,了解到当地有明显的南北方方言差异,针对不同地区的表达习惯,选择以当地具有最大公约数的"南方口音"④为基准展开译配。此外,针对南亚地区多语言的情况,团队完成了泰米尔语、泰卢固语、马拉雅拉姆语、卡纳达语四种官方语言的译制版本。

---

① 中国联合展台.《天天成长记》海外发行再创佳绩,当代中国儿童故事受到广泛欢迎[EB/OL].(2022-11-15)[2023-01-22].https://mp.weixin.qq.com/s/Bq7uxw0tc5EitOqCZHkx3Q.

② 亲子动画天天成长记.【2022影视译制与传播高峰论坛】深圳天天成长影视为世界儿童讲述新时代中国儿童故事.[EB/OL].(2022-12-09)[2023-02-16].https://mp.weixin.qq.com/s/LF832k-kkVjmD3Eb8eksiA.

③ 中国联合展台.海外发行再创佳绩:向世界讲述当代中国儿童故事[EB/OL].(2022-11-11)[2023-01-11]. https://mp.weixin.qq.com/s/iVN_50FiN2_I98mEgv_tRg.

④ 中国外文局翻译院.《天天成长记》为世界儿童讲述新时代中国儿童故事[EB/OL].(2022-05-31)[2023-02-03].https://mp.weixin.qq.com/s/59T69267cpbeuQzfgKLWtQ.

在社交媒体平台，来自世界各地的观众关注到了该片较高的译制质量："Dongdong ಗೆ voice ಕೊಟ್ಟಿರೋದು ತುಂಬಾ ಚೆನ್ನಾಗಿದೆ... ಸರ್ ಕನ್ನಡದ ಎಲ್ಲ ಎಪಿಸೋಡ್ ಪೂರ್ತಿ ಹಾಕಿ ... ನಂಗೆ ತುಂಬಾ ಇಷ್ಟವಾದ ಸೀರಿಯಲ್ ಇದು.（能为剧中人物东东配音真是太好啦，希望把所有剧集都翻译成坎纳达语，这是我最喜欢的连续剧。）"（@ SHOBHA D KATTAYA，2022年2月）①

《天天成长记》亦以乡愁、祖孙之情、童年记忆等全人类共通的情感体验为对话联结点，有观众因天天与奶奶的祖孙情深而想起自己的亲人，达成了突破文化语境的情感共鸣："នឹកយាយណាស់ចៅឈឺអីក៏យាយផ្សំឱ្យជា（高棉语：好想念奶奶，不管你生什么病，阿嬷都会治好你的。）"（@ Åĥ Ŝmĩîê，2023年1月）②有观众以细腻而富有童真的笔触绘制出天天的动画形象③，作为亲子动画，该片也深受家长喜爱："One of the best... my daughter's favorite, now it's mine too.（最好看的动画片之一……我女儿的最爱，现在也是我的最爱。）"（@n viknesh，2022年10月）④《天天成长记》以多语种、高质量的译配和共通情感的讲述，增强中国儿童成长故事的全球倾听效果，来自不同文化的人们尽管有着不同的背景与生命体验，但都可以在这样一种共享空间中通过对话互相认同和理解。

2.中国让我没想到：利用新媒体推进Z世代的双主位倾听

"双主位倾听"（double-emic listening）是全球倾听模式的重要因素之一，它要求倾听者同时以主位与客位眼光看待问题，主位眼光指以自己所处的文化观看待问题，而客位眼光指吸收本文化以外的文化因素进行思考。⑤ 新媒体传播的互动性与多元性、Z世代对话主体突出的全球沟通能力与全球视野为探索跨文化传播"双主位倾听"

---

① 相关评论摘自@Cartoon Gamz zone kannada 在 YouTube 上所发布视频的留言区，参见：https://www.youtube.com/watch? v=lEt_dZk6Gcw。

② 相关评论摘自@ Åĥ Ŝmĩîê 发布在 Facebook 上的评论，参见：https://www.facebook.com/watch/? v=430728072520981。

③ 相关内容摘自@Elepha's Gallery 发布在 YouTube 上的视频：Tian tian cartoon drawing|Chutti tv，参见 https://www.youtube.com/watch? v=qyWYPYcMHSA。

④ 相关评论摘自@funtamilkids6994 在 YouTube 上发布的视频的评论区，参见：https://www.youtube.com/shorts/iqJnu2JETQo。

⑤ 陈国明，安然. 跨文化传播关键术语解读[M].北京：中国社会科学出版社，2010：212.

观念带来了可能。

如何通过双主位视角看待中国?参与"中国让我没想到"短视频作品征集活动的在华Z世代外国人提供了新视角。2022年,21世纪英语报社和中国日报社合办的这个作品征集活动面向全球征稿,旨在鼓励在华外国人,尤其是Z世代,以第一视角呈现自己在中国的生活。参与活动的世界各地青少年创作者从音乐、摄影、绘画、科技等全球Z世代喜闻乐见的多元角度展现自己对中国的认知。截至2023年1月18日,由@中国日报、@Z世代说、@21世纪英文报等主体发布在哔哩哔哩平台动画频道的"中国让我没想到"系列视频总观看量超14.7万次,抖音#中国让我没想到词条下20条征集视频的总观看量超130万次,@China Daily中国日报发布在YouTube、Facebook等海外社交媒体平台上的"My China Surprise"系列相关视频总观看量破39万①。

参与本次短视频征集活动的外国Z世代青年在深度了解中国文化后,从本国文化与中国文化中吸取养分,逐渐形成一种双主位眼光,中国文化的切入使他们获得了更丰富的认识世界的视角。其中的一位法国女孩Pace Mélody是湖南媳妇,面临中法文化差异与随处可见的跨文化误读,是中国婆婆的爱、包容与真诚让她走入另一种文化的内部,并逐渐懂得了中国人的"家"观念。② 参赛者陈悦是一位尼日利亚留学生,主修汉语言文学,她徜徉中国诗词之海,在古今对话中感受中华文化的世界性,于歌德和李白的千古共鸣中探索中外诗人的心意相通之处:"The cultural essence in these ancient poems can find an audience all over the globe.(这些古诗词中所包含的文化精华即使放在世界舞台上,也能找到共鸣。)"她的Vlog发布在Facebook后获得了一些关注,有网友称赞她的中文非常好:"Galing mo mag Chinese(你的中文很不错)"(@John Paul Delgado,2022年9月),也有网友通过她的视频对中国文化产生兴趣:"I love China and the people from China and the West needs to learn more history and

---

① 播放量统计于2022年2月10日,参见@China Daily中国日报发布在YouTube、Facebook平台的视频:https://www.youtube.com/@chinadaily6722/search?query=my%20china%20surprise。

② Z世代说.法国女孩的湖南乡村"奇妙"之旅[EB/OL].(2023-01-02)[2023-01-18].https://mp.weixin.qq.com/s/LsfoZsvc0gDo9UzyMusc1Q.

traditions from China.(我爱中国，来自中国和西方的人们都需要从中国的历史和传统中多学点东西)"(@Jeffrey Grenier，2022年9月)[①]亲身体验式的传播使这些外国青年形成主客位双重文化视角，并通过短视频等进行自我表达。"中国让我没想到"系列视频征集活动提供了一种双主位倾听的跨文化对话契机，为Z世代在新媒体空间探索差异化的文化理解和共享提供生动范本。

(三)可沟通的自我与他者：基于互惠性理解的对话观念

2022年重要的观念转向还体现在可沟通的自我与他者中，这一观念在纪录片、季播节目中有着集中表达，从效果上看，基于互惠性理解的对话能够帮助跨文化主体获得认知世界的多元视角，从而臻于"自我与他者互为方法与目的"[②]的新境界。

1.《波比的工厂》：在感性与理性层面寻求自我与他者的双向沟通

《波比的工厂》(*Bobby's Factory*)是国内首部深入观察中非民间交往的纪录片，深入记录了来自尼日利亚的伊博族商人波比在中国创业办厂的故事，不仅涉及新冠疫情前后工厂老板波比的跨国婚姻及跨国贸易，也记录了工厂员工小镇青年们不稳定的爱情及迷茫的生存状态。该片于2022年1月春节期间在非洲播出，取得了良好的传播效果，尼日利亚国家电视台连续播出三周，乌干达收视率破1。[③] 该片亦被国家图书馆、耶鲁大学、伦敦大学亚非学院等国内外著名机构收藏。2022年9月，《波比的工厂》也正式登陆腾讯视频平台，面向中国网民放映。该片的创新之处就在于通过展现作为他者的"跨文化中间人"波比与中国妻儿、工厂员工在人际层面的沟通过程，表现自我与他者在感性与理性层面的互惠性理解，片子通过很多细节展现基于共情的理解。比如，导演张勇在车里和波比谈到了"家庭"这一话题，波比笑着说："我是伊博人，就要努力赚钱，不赚钱怎么照顾家里人嘛?"他也曾在片尾高歌"家是不富裕，但是我有

---

① 相关评论摘自@China Daily 2022年9月17日在Twitter发布的视频，参见：https://www.facebook.com/search/top?q=my%20china%20surprise。

② 单波，林莉.中国对外报道的"方法—目的"之惑：基于新华社对外报道的历史考察[J].现代传播(中国传媒大学学报)，2019，41(10)：36-41.

③ 木子记录MUZI企鹅号.疫情背景下跨文化纪录片创作：从《波比的工厂》到《我到非洲去》——专访导演张勇[EB/OL].(2022-10-10)[2023-02-11]. https://new.qq.com/rain/a/20220907A09I4G00.

力气”。再如,面对疫情,他和中国员工携手并肩,共同奔波,只为让工厂活下去……波比所展现的心系家庭与艰苦创业是中非对话、引起共鸣的关键点,也是全人类的共同追求。

做到客观地认识自我与他者,突破刻板印象的桎梏,则需要理性层面上的互惠性理解。该片导演在接受记者采访时表示:“与以往报道非洲的新闻作品不同的是,本片不再以猎奇、窥视的视角呈现外国主人公在中国社会的状态,而是将他作为中国经济生活中的一分子去记录、观察、呈现。”①这一叙事手法即是从他者本身出发,将他者当作构成多元世界的要素之一②,有助于突破偏见,推进跨文化主体的接触与认同。此外,理性的价值常常体现在文化间的冲突与矛盾中,面向主体间交往的不确定性。该片并未选择刻意回避跨文化冲突,而是突出了波比与中国妻子、工人等不同主体间的合作、交往关系,让纪录片成为“文化协商的场域”③,翔实记录了波比与工人在工作、生活观念上的冲突与和解过程,促使观众反思文化传播的多样性和丰富性。尼日利亚的英文报纸《商业日报》称赞这部纪录片促进了尼中关系建设:“He has uncanny ability to relate positively and respectfully with the Chinese, thus promoting Nigeria-China bilateral relationship.(他在和中国人积极且相互尊重的交往中展示了不可思议的能力,由此促进了尼日利亚和中国的双边关系建设。)”④

《波比的工厂》作为一部导演独立拍摄的纪录片,传播效果数据未必惊人,但其凸显的彼此尊重、积极沟通的跨文化对话观和中非民间交往的个体化实践史,让人们清晰触摸到实现日常生活中互惠性理解的有效路径。在经历感性、理性的理解后,文化间对话最终将通向更具创造力的建设性理解。⑤

---

① 木子记录 MUZI 企鹅号.疫情背景下跨文化纪录片创作:从《波比的工厂》到《我到非洲去》——专访导演张勇[EB/OL].(2022-10-10)[2023-02-11]. https://new.qq.com/rain/a/20220907A09I4G00.

② 沟口雄三.沟口雄三著作集:作为方法的中国[M].孙君悦,译.北京:生活·读书·新知三联书店,2020:131.

③ 单波.面向跨文化关系:报道他者的可能性[J].新闻与写作,2020,429(3):5-9.

④ OJENAGBON P. Celebrating Bobby, a Nigerian entrepreneur in China[EB/OL].(2022-02-20)[2023-02-04]. https://businessday.ng/amp/news/article/celebrating-bobby-a-nigerian-entrepreneur-in-china/.

⑤ 肖珺.互惠性理解的通路[J].跨文化传播研究,2022(1):5-10.

2.《遇鉴文明》:在多元对话中呈现"和而不同"的互惠性理解

2022年,央视首档以"中外文明交流互鉴"为主旨的季播文化节目《遇鉴文明》播出。[①]《遇鉴文明》每期节目均选择一中一外两种文化符号进行同框对比,邀请中外专家学者各抒己见,讲述蕴藏在符号中的中外文明起源、演变知识,构建开放、平等、包容的跨文化对话语境。截至2022年12月24日,《遇鉴文明》"电视端观众总规模突破3亿人,全网跨媒体触达受众38.6亿人次,共收获86个热搜话题,微博相关话题阅读量超12亿次,节目海外传播覆盖受众破5亿人,获美国《国际日报》、法国《欧洲时报》等全球百余家海外媒体报道点赞"[②]。

《遇鉴文明》节目最为突出的特点就是它表现了"和而不同"的哲学观念:首先是"遇",即通过对符号组的跨文化对比展现中外文明之律动,此为"不同"的展现,如"华彩服章"篇的中西传统服饰秀环节,将含蓄遮蔽、追求人与自然之和谐的中国服饰与注重个性、崇尚人体之美的西方服饰展现得淋漓尽致,表现了"各美其美"的多元文化图景。其次是"鉴",即通过具体的跨文化交往案例展现中外文化之调和,如"雅韵美声"篇,播放帕瓦罗蒂用男高音唱腔客串京剧西楚霸王的片段,打开歌剧与京剧的对话之门;"道器之合"篇,展示了紫禁城玻璃厂烧制的玻璃器与法国"景德镇"利摩日出产的瓷器,呈现了中外在审美与工艺品制作技艺上的相互影响,是人类文化"美美与共"的生动展现。

"和而不同"的观念为多元主体跨越障碍,实现互惠性理解带来启示——人们在跨文化对话中需要跳脱非此即彼的桎梏,让不同的文化相互镜照,给参与对话的多方主体营造相近的美学体验,有助于他们在"各美其美"中实现"美美与共"的共享镜像[③]。但我们仍需注意到,追求互惠性理解的道路依然充满曲折,一些涉及复杂历史背景的文化内容,无法通过共享镜像的展现而实现调和,在跨文化交往中充满着不确定性。如何通过"和而不同"的对话观念规避可能出现的跨文化冲突,推进不同文化间的互惠性理解,有待实践者的全新思考。

---

① 阎芳,单思梦.《遇鉴文明》:构建中外文明互鉴视听新场域[J].新闻战线,2022(22):84-88.

② 《遇鉴文明》第一季圆满收官[EB/OL].(2022-12-28)[2023-01-18].https://mp.weixin.qq.com/s/2znrp2uJbWK-7YThuYiUlA.

③ 林升栋,李伟娟.寻求"和而不同"的互惠性理解[J].跨文化传播研究,2022(1):37-46.

二、内容创新:多元文化融合中的接合与转化

移动社交媒体的普及带来了一种新型传播生态——草根逐渐成为信息生产传播的主体,非西方国家的文化“逆流”(contra-flow)[①]现象更加突出,这种传播生态使得“文化杂糅”(cultural hybridity)成为全球媒介文化的主流[②],文化间的渗透程度随之加深,基于两种或多种文化的交流对话产生了文化转型与变异。这就是转文化传播,“转”主要以“接合”的形式体现,指在差异化要素中构建统一性的关联实践[③],固有的文化边界随之模糊,生成全新的融合空间,这一转文化空间中的新型文化在内容上包含内化为一体的多种文化元素,它既是民族的,也是异域的。2022 年中国的跨文化传播实践在内容创新层面实现了从“跨”到“转”的转变,即超越单一文化,在多元文化的互融中趋向“你中有我,我中有你”[④],具体来看,影视作品对元杂剧、女书等古代文化资源进行再生产,彰显现代女性价值取向;“村 BA”、50 后“说唱天团”等乡村、流行混搭文化,实现了不同文化的合作式转化;《英雄联盟》《妄想山海》等游戏则通过对本土元素与全球化表达的兼容,生成融合性文化产品。

(一)影视作品:发掘古代文化资源,彰显现代女性价值取向

在中国传统文化中,女性并不是完全隐匿的,也存在敢于挑战封建礼教、追求自由独立的女性形象,在女性社会地位和经济实力显著提升的当下,一些在性别层面具有进步意义的传统文本经历再创作后,可以成为现代女性意识表达的依托。2022 年,电视剧《梦华录》、纪录片《密语者》等作品的内容创新均可作为案例。

---

① 逆向流动(contra-flow)是国际传播学者达雅·屠苏在 2006 年提出的观点,用以描述当前国际信息流动的趋势特征,即来自非西方世界的思想和图像的逆向流动,是从南方到北方、从南方到南方的流动。参见:屠苏.国际传播:沿袭与流变[M].3 版.胡春阳,姚朵仪,译.上海:复旦大学出版社,2022.

② 史安斌.从“跨文化传播”到“转文化传播”[J].国际传播,2018, 5:1-5.

③ 顾准.接合:一种务实的传播中国形象的话语机制[J].跨文化传播研究,2022(1):83-96.

④ 史安斌,盛阳.从“跨”到“转”:新全球化时代传播研究的理论再造与路径重构[J].当代传播,2020,210(1):18-24.

其一,《梦华录》的内容创新。该剧由关汉卿的元杂剧《赵盼儿风月救风尘》改编而成,2022年6月2日在WeTv(腾讯视频海外版)上映,提供12种语言字幕供不同国家的观众收看。截至2023年1月15日,这部40集电视剧在YouTube上的总播放量超过2000万次,评论共计15255条①。在元杂剧的基础上,该剧增加了孙三娘、张好好等立体多面的女性形象,将故事主线改写为赵盼儿、宋引章、孙三娘三位女性携手成长、相互救赎,在男女不平等的社会机制下艰苦创业的故事。网友从情节设定中感受到了女性价值,并表达了自己对三位女性敢于抵抗强权,追求独立与自主的肯定:"It's a story of strength and courage of 3 young women who subject to life hardships, main female lead suffered due to her father's mistakes, and all of them set to stand on their own 2 feet against the society rules that is so unkind and unfair to women in those times.(这是一个关于3位年轻女性的力量和勇气的故事,女主角因父亲的错误而遭受痛苦,她们都开始自立自强起来,与当时对女性如此不友善和不公平的社会规则进行抗争。)"(@dlena,2022年10月)"I love how it showcases women empowerment and how they are capable of standing up for others and themselves.(我爱这部剧展示女性赋权的方式,她们能为他人和自己挺身而出。)"(@Alexis Lee,2022年12月)也有网民以剧为出发点,反思女性生存现状:"I want everyone who watches this story must understand that many women are still suffering injustices in men's ruled society today.(我希望所有看过这部剧的人都意识到,还有许多女性至今仍遭受男权社会的不公对待。)"(@The world,2022年9月)②在审美符号的选择上,该剧将中国传统文化符号融入女性故事的讲述,让海外网友在具体情境中感受中国女性的魅力,从而建构一种微妙而独特的跨文化氛围。比如,"茶"作为中国传统文化符号的意义流转也是推动该剧情节发展的重要线索。茶汤巷的胡掌柜因不满三姐妹抢生意而上门挑衅,对三人的女性身份进行羞辱后提出双方"斗茶"定胜负,"斗茶"包括"汤色""水痕""茶味"三个环节的比拼。海外观众通过这一情节接触了中国茶文化:"Chinese

---

① 数据统计于2023年1月15日,参见@腾讯视频发布在YouTube上的视频:https://www.youtube.com/watch? v=rqsJnjYm4KI&list=PLMX26aiIvX5rcYjAW7p_bguZDB-imN_4u。

② 评论摘自网民对@腾讯视频发布的YouTube视频的留言,参见:https://www.youtube.com/watch? v=cIFk5uCN6UU&list=PLMX26aiIvX5rcYjAW7p_bguZDB-imN_4u&index=40。

tea culture has a long and rich history. This drama contains many beautiful Chinese cultural elements that I truly appreciate.(中国茶文化有着悠久而丰富的历史。这部剧包含了许多我真正欣赏的美丽的中国文化元素。)”(@7,2022 年 7 月)“I’ve always known about coffee art, I never knew about tea art! Tea is such a large part of Chinese culture, I am glad this drama is portraying and educating us about this!(我一直都知道咖啡艺术,却从不知茶艺术!茶是中国文化的重要组成部分,这部剧描绘并教会我们(茶艺术)真让我开心!)”(@rowanistic7414,2022 年 7 月)[①]

其二,《密语者》的内容创新。2022 年 12 月 22 日,由中国导演冯都、赵青执导的纪录片《密语者》入选第 95 届奥斯卡最佳纪录长片短名单,片中提及的“女书”起源于中国湖南省江永县,是一种独属于女性的文字体系,过去,被困于封建礼教中的女性无法接受教育,便直接创造了属于自己的文字,在女性之间秘密相传。该片通过“女书”这一承载女性觉醒意义的传统文化资源,讲述现代女性在社会固存的女性规训中以女书为启示、努力寻求自我成长的故事。[②] 网友从女书的现代化诠释中看见了它蓬勃的生命力:“女书本身已经充满了象征意味,更令人惊喜的是主创循序渐进地通过几位女书实践者的经历展现出了女书的多个面向。很微妙的一点就是,尽管起源于抵抗的女书被父权制作为民俗奇观,收编为表演和规训,它也借此传播了团结和抵抗的种子,在女性被压迫的血泪浇灌下萌发出穿越时空的生命力。”(@蛸齿,2022 年 12 月 27 日)[③]

通过对中国传统文化中的女性进步元素进行选择性移植与再造,《梦华录》《密语者》等影视作品在投射女性现实处境的同时,彰显了独立自主的现代女性价值追求。

---

① 评论摘自网民对@腾讯视频发布的 YouTube 视频的留言,参见:https://www.youtube.com/watch? v=Q01EgyZlufI&list=PLMX26aiIvX 5rcYjAW7p_bguZDB-imN_4u&index=16。

② 冷水滩发布.永州一纪录片《密语者》入选第 95 届奥斯卡纪录长片短名单[EB/OL].(2022-12-26)[2023-01-15].https://mp.weixin.qq.com/s/jLdAraHS4pua4PJ83l3xbg.

③ 评论摘自豆瓣用户对《密语者》的影评,参见:https://movie.douban.com/subject/35891539/comments? sort=new_score&status=P。

（二）“村BA”与说唱王大姐：中国乡村文化与世界流行文化的混搭

1.“村BA”：贵州“乡球”发展的跨文化启示

台盘村位于贵州东南大山深处，是一个人口不到1200人的苗族村寨。县志记载，贵州省台盘村举办篮球赛的历史最早可以追溯到1936年。[①] 这场在“吃新节”[②]期间举办的体育赛事经过代代传承后已成为当地的民族传统，是与春耕秋种、冬藏夏耘一样平常但必需的存在[③]，村民们亲切地将这场篮球赛称为“乡球”。当地人对“乡球”的珍视，同植根于中国传统农耕文明的安土重迁情结及乡愁记忆密切相关——球赛的参赛者和观众都是当地农民，每逢比赛时，现场座无虚席，村民们架梯子、站房顶、爬围墙，只为目睹精彩决赛。台盘村的“乡球”从日落打到日出，鲜有观众离场，形成了独特的“天亮文化”。

“乡球”在发展过程中吸取了美国职业篮球联赛（NBA）比赛中的某些元素，包括整场比赛配备现场解说员、中场休息时的表演环节、与NBA较为相似的赛制设置等等。此外，球员的专业程度也不输职业球员，现场气氛更是极具感染力。“乡球”通过短视频等新媒体传播方式成为火爆网络的乡村文化现象，参照NBA（美国职业篮球联赛）、CBA（中国职业篮球联赛）的命名规则，网友们亲切地将“乡球”戏称为“村BA”。一直到2022年夏，社交媒体令这一极具魅力的中国乡村文化被广泛传播。“乡球”的影响力逐渐从贵州山村的内部扩大至全球，国内外网友反响空前热烈。NBA球星马布里在微博上盛赞道：“期待能够现场感受一下‘乡村洛克公园’的篮球氛围，那里的篮球氛围是我所热爱的街头篮球氛围！”[④]英国媒体“体育商业”（Sport Business）称：“It is the first time such a grassroots sports tournament has made such an impact online

---

① 新华每日电讯.“农”味十足的“村BA”为何火出圈[EB/OL].(2022-08-12)[2023-01-15]. http://gz.news.cn/2022-08/12/c_1128910304.htm.

② 吃新节是贵州省级非物质文化遗产，于每年农历六月六举办，届时村民们会举办斗鸟、斗牛、篮球赛等活动，预祝粮食丰收。

③ 三联生活周刊.贵州“村BA”：网红球赛背后，无法割舍的乡球与乡亲[EB/OL].(2022-09-16)[2023-01-15].https://mp.weixin.qq.com/s/dffkTIaJae7YD5V2D7sbgQ.

④ 摘自@马布里Marbury发布的微博，参见：https://weibo.com/1683814612/4800924428278015。

and offline in China.(这是草根体育赛事第一次在中国的线上线下产生如此大的冲击。)"[①]当然,"村BA"显然与商业化气息浓厚的职业篮球联赛有所不同,它独具中国民族文化气息和乡村运动特色。比如,现场解说员可以在贵州方言、苗语和普通话间自如切换;球赛的开场、中场环节,苗家妇女相聚在球场旁的晒谷场,身着盛装跳舞;球赛的奖品变成了黄平黄牛、榕江塔石香羊、从江小香猪、榕江西瓜等贵州特色农副产品。现代篮球运动与传统民族文化、乡村文化交融绽放。

《2022快手体育生态报告》显示,"村BA"快手直播间累计观看人数达1.2亿,最话题活动视频播放量达到2.42亿次。[②] 此外,"#村BA扣篮大赛""#福建村BA冠军奖品是拖拉机"等相关话题也登上快手、微博等社交媒体的热榜。在@中新网发布在YouTube上的一则"村BA"比赛视频混剪的评论区,国外网友表示自己在"村BA"中见识到中国村民团结协作的体育精神:"Excellent community spirit!(完美的团队精神!)"(@dragona,2022年11月)也有网友在持续数十载、组织有序、集全村之力举办的"村BA"中窥见了中国民主的生动缩影:"They have very real democracy at Tai-pan village-grass roots level.(台盘村有着非常生动的基层民主)"(@teatree6228,2022年11月)[③]从贵州"乡球"到备受世界瞩目的草根体育赛事,"村BA"是乡村文化、民族文化与流行文化混搭的产物,也是中国乡村通过新媒体跨文化传播走向城市、走向世界的一种方式。

2."王大姐来了":乡村50后"说唱女团"的跨文化生活表达

嘻哈说唱文化源于美国,最初是黑人青少年不满社会现状、表达抵抗的一种手段,在近年的跨文化传播实践活动中,这一青年亚文化逐渐风靡中国,并与中国本土乡村文化发生了奇妙的化学反应。2022年4月14日,一则rap版《你要结婚了》情景短视频引发关注。视频中,三位平均年龄超过65岁的北京农村老人王大姐、老郭和秀荣使

---

① SportsBusiness.Denis Green|CunBA: The 'village basketball' phenomenon sweeping China[EB/OL].(2022-09-22)[2023-01-16].https://www.sportbusiness.com/2022/09/denis-green-cunba-the-village-basketball-phenomenon-sweeping-china/.

② 上游新闻.直播观看人数超1.2亿!快手"乡村篮球冠军杯"助"村BA"再破圈"[EB/OL].(2022-09-22)[2023-01-16].https://new.qq.com/rain/a/20220922A04VQW00.

③ 评论摘自网民对@中新网发布的YouTube视频的留言,参见:https://www.youtube.com/watch? v=QQspbPFUCn0。

用 rap 唱词改编网红神曲，魔性节奏和乡间菜地充满喜剧色彩的画面是她们的特色。截至 2023 年 2 月 8 日，这个自称“王大姐来了”的 50 后“说唱女团”的账号在哔哩哔哩、快手、抖音等平台收获粉丝 263.7 万名，总赞数 2299.3 万次[①]。

三位大妈的表演主题是结合农活的励志型说唱，她们不拘泥于年老体弱的老年刻板印象，而是戴上潮流墨镜，身着朴素衣衫，时而切菜擀面，以说唱的形式讲述乡村美食鸡丝凉面的制作过程；时而手持锄头种地，在播种松土间向观众传递“人生不言弃”的生活哲理；时而结合世界杯等时事，边踢球边唱道“世界杯要四年，猪长大才要半年，你的青春几个四年，学会珍惜眼前”，以此呼吁年轻人珍惜青春光阴。在这些视频中，潮流的说唱形式、乡村生活设定与衣着朴素的大妈碰撞融合，即使观众们的文化背景与年龄不尽相同，也很容易在三人的作品中找到自己的兴趣点，完成跨文化对话。

网友们对这种新奇的跨文化接合表示欣赏：“不同于国外的 diss 和脏话 Rap，这样本土化接地气的说唱我可太喜欢了！”（@起床赚狗粮，2022 年 12 月 30 日）[②]三位大妈所展现的多元流行文化影响下的积极时尚的老年生活新方式令年轻网友羡慕：“我今年十九，却觉得还没有视频里的老人灵活是怎么回事？”（@键仙 008，2022 年 10 月 18 日）[③]“三位阿姨边逗乐还边用说唱教做菜，内容扎实又丰富，有生活的气息。”（@0 卡米欧 0，2022 年 11 月 13 日）[④]

我们曾在 2021 年的研究中，描述在中国田间地头展示全球时尚的“无性别”审美[⑤]所呈现的中国乡村与世界流行文化的奇妙结合。2022 年的“王大姐来了”，则是将源自美国的说唱和中国乡村生活进行了跨文化结合。系列短视频不仅连接中美国家间的文化差异，还将不同演唱形态、代际文化展演等反差感拉到极致，形成一种混合审美新空间。

---

① 数据统计时间为 2022 年 2 月 8 日，参见：https://v.douyin.com/SWj9QuN/；https://b23.tv/i36DDbS。

② 评论摘自@王大姐来了在哔哩哔哩发布的视频《这就是乡村西海岸，真的很老学校》的评论区，参见：https://b23.tv/UBMnpMP。

③ 评论摘自@王大姐来了在哔哩哔哩发布的视频《奶奶玩说唱？不对，是大姐》的评论区，参见：https://b23.tv/KT8KstR。

④ 评论摘自@王大姐来了在哔哩哔哩发布的视频《老年人？烤串？说唱??》的评论区，参见：https://b2.tv/RWqNKZZ。

⑤ 肖珺，常乐.2021 年中国跨文化传播创新实践研究[J].跨文化传播研究，2022(1)：121-145.

(三)游戏:本土化元素与全球化表达的兼容

1.《英雄联盟》:以游戏为载体传递中国本土审美元素

在全球拥有广泛玩家群体的MOBA竞技网游《英雄联盟》于2022年1月21日至26日在全球服务器上线"青花瓷"系列游戏英雄角色皮肤,在阿木木、伊泽瑞尔、拉克丝、丽桑卓和千钰五个英雄的皮肤设计中加入了青花瓷、十二生肖、花卉、锦鲤等中国本土审美元素,并采用华语歌手周杰伦的歌曲《青花瓷》作为局内对战音乐。大量海外玩家用户第一次通过《英雄联盟》了解了国风歌曲《青花瓷》。[①]

在游戏皮肤预告片中,《英雄联盟》对青花瓷文化进行了多元呈现,在形式上将中国传统文化元素应用于皮肤设计中,在内容上虚构了一套与游戏设定相匹配的背景故事:故事围绕性格莽撞的英雄伊泽瑞尔展开,他在不经意间搞砸了青花瓷的修复工作,放出了封印在青花瓷中的邪恶女巫丽桑卓[②],面对丽桑卓出逃这一残局,伊泽瑞尔与其他英雄奋力合作补救,并在此过程中获得了成长[③],现代游戏与传统文化联动带来的绚丽设计和艺术概念让玩家们在游戏中欣赏了中华文化的美妙。截至2023年1月24日,该片在YouTube上的观看量为438万人次[④],国外网友除了表达对《青花瓷》背景音乐的欣赏外,也十分喜爱英雄身上的中国元素:"These characters' design are outstanding, they've an oriental-science fiction feeling that it's perfect for this theme.(这些角色的设计非常出色,很有东方科幻的感觉,很适合这个题材。)"(@alessiodecarolis,2022年1月)[⑤]

同时,设计团队还引入具有"十二生肖"元素的彩蛋,按英雄的外貌、性格赋予其专

---

① 文化产业评论.青花瓷×英雄联盟:注入中国传统文化的一缕灵魂[EB/OL].(2022-01-29)[2023-01-29]. https://new.qq.com/rain/a/20220129a02m0i00.

② 刺猬电竞微信公众号.峡谷烟雨时,青花绽世间:由"青花瓷"主题皮肤系列赏中华典雅文明[EB/OL].(2022-02-17)[2023-01-29].https://mp.weixin.qq.com/s/NCzYF8dDM6c1BHqi4E-09g.

③ 游戏研究社微信公众号.听开发者讲《英雄联盟》"青花瓷"皮肤背后的故事[EB/OL].(2022-04-11)[2023-01-29]. https://mp.weixin.qq.com/s/g3oSMW3rnLPv7tR3rXh69A.

④ 数据统计于2023年2月12日,参见@League of Legends发布的视频:https://www.youtube.com/watch? v=N-yEhErUIn0。

⑤ 评论摘自@League of Legends发布在YouTube上的视频《〈英雄聯盟〉2022 新春狂歡 聯盟劇場|英雄覺醒》,参见:https://www.youtube.com/watch? v=N-yEhErUIn0。

属生肖。游戏玩家们在 Reddit 社区热烈交流，增进对中国生肖文化的了解：一位外国玩家误以为专属生肖为狗的英雄千珏(kindred)是鱼，并写道："Isn't kindred the fish? At least that what I thought after I saw the ult.（千珏不是鱼吗？至少这就是我看到大招后的想法。）"(@peruanToph，2022 年 1 月)另一位网友则对此进行科普，回复道："There is no fish in the Chinese zodiac and under the description it says she has the Dog Zodiac Relic.（十二生肖中没有鱼，描述是说她的生肖是狗。）"(@Crimifury，2022 年 1 月)①

《英雄联盟》在推出游戏皮肤的同时，也联合人民文创推出"青花瓷国风内容共创计划"，带动各界人士在数字空间中阐述自己对青花瓷文化的理解。对此，有网友评论道："青花瓷承载着中华文化，通过英雄联盟向世界的年轻一代展现华夏独特而又典雅的美。希望皮肤设计师以后也能多搞一点这种双赢的联动，而不是去搞佛耶戈那种让大家都变成小丑的弱智剧情。"(@Vicissitude-ever，2022 年 1 月 25 日)②

2.《妄想山海》：跨语境接合机制下的内容创新

腾讯旗下国际业务品牌 Level Infinite 全球发行的网络游戏《妄想山海》(*Chimeraland*)于 2022 年 7 月 15 日全球上线，当天登顶日本 iOS 免费榜，并在日本 iOS 和 Google 双榜霸榜 5 天；在美国市场，该款游戏成功进入 Google play 前十。该游戏在翻译与文化元素的选择上主动贴合用户，进行跨语境调适。《妄想山海》国内版呈现的世界观植根于《山海经》，考虑到部分欧美玩家对此并不了解，世界版专门设计了从《山海经》到《希腊神话》的跨语境转换。比如，游戏英文译名 Chimeraland 就是中西文化的巧妙结合，Chimera 是希腊神话中"一只由狮子、蛇和山羊等动物合成的怪兽"③。

世界版为使语言更贴合各国背景与日常生活，先将《山海经》的古文原文翻译为英语，再由专家将其调整为当地用户容易理解、能够通过联想实现理解的词语。语言调

---

① 评论摘自 Reddit 社区帖"Why do some people hate the new Firecracker and Porcelain skin? I think they are really good"，参见：https://www.reddit.com/r/leagueoflegends/comments/rwy9yl/why_do_some_people_hate_the_new_firecracker_and/。

② 评论摘自哔哩哔哩视频《【英雄联盟】青花瓷之美纪录片》的评论区，参见：https://www.bilibili.com/video/av808375756/?vd_source=c645ac257361ebb8b1113a159516ca3c。

③ 游戏陀螺.中国文化游戏如何全球化？我们与《妄想山海》海外发行制作人聊了聊[EB/OL].(2022-08-27)[2023-02-11]. https://mp.weixin.qq.com/s/4j7rmT_P2iXiNbhchTYJrA.

适使得各国玩家在并不了解《山海经》文化背景的情况下也能充分领略游戏的意境。该游戏还通过场景的本土化与多元化表达,打破了传统的二元叙事框架,构建游戏中的全球共意空间。为了让外国用户更快地了解游戏内容,游戏有针对性地涵盖了不同的文化背景。比如,游戏角色选取同时出现在《山海经》与日本传说中的九尾狐形象,找准中日玩家的文化共通点;场景设计中既有日式和风建筑,又有中式场景,除此之外更是融入了西方神话中的神庙元素。

该游戏中的东方元素在 Taptap 等平台引起全球玩家的热烈讨论和广泛喜爱,有玩家写道:"*Chimeraland* thrusts you into a fantasy world where you are given the freedom to explore...Touches on elements of Eastern Mythology.(《妄想山海》将您带入一个奇幻世界,在那里您可以自由探索……接触东方神话元素。)"(@Jhandorl,2022 年 1 月 28 日)①

游戏,作为一种典型的跨文化消费产品,设计者、营销者、玩家等通过娱乐和消费体验完成彼此间的接触和意义分享,尤其需要通过文化间的接合机制实现全球玩家的连接。

三、平台创新:城市作为跨文化平台与虚实融合平台建设

2017 年以来,中国跨文化传播的平台建设实现了从基础搭建到全球流通再到功能精细化的突破。② 2022 年,北京冬奥会、卡塔尔世界杯等全球性赛事极大地促进了世界范围内经济、文化的交往,媒介技术也面临着不断迭代升级的要求。中国的跨文化传播平台创新也逐渐向纵深发展:一方面紧抓时代机遇,通过技术与思维的革新,以城市为依托,布局物质性跨文化传播新实践;另一方面也借助 5G、AI、云计算等技术

---

① 评论摘自@ Jhandorl 在 Taptap 上发布的《妄想山海》全球版评论,参见:https://www.taptap.io/post/1145748。

② 肖珺,李朝霞.2018 年中国跨文化传播创新实践研究[C]//单波.中国传播创新研究报告(2019).北京:社会科学文献出版社,2019:144-164;肖珺,郭苏南.2019 年中国跨文化传播创新实践研究[C]//单波.中国传播创新研究报告(2020).北京:社会科学文献出版社,2020:169-188;肖珺,张帆.2020 年中国跨文化传播创新实践研究[J].传播创新研究,2021(1):65-88;肖珺,常乐.2021 年中国跨文化传播创新实践研究[J].跨文化传播研究,2022(1):121-145.

手段，搭建面向未来的元宇宙文化传播平台。

（一）“义乌制造”：跨文化传播物质性平台的价值显现

戴维·莫利重新定义了传播，将传播的研究范围拓展到物的流动、交通运输以及地理空间中。① 借用这一理论框架，2022年，“义乌制造”出海世界杯现象表明平台创新呈现较为鲜明的物质性转向。作为地理空间的“世界小商品之都”义乌，通过人、资本、品牌、物的多维流动进行跨文化传播活动。

其一，建设货通全球的商品出海平台。2022年，卡塔尔世界杯使得义乌再次成为世界关注的热点城市之一，“义乌制造”以物质性的商品形态连接全球的足球爱好者。11月21日，第22届国际足联世界杯在卡塔尔开赛，由义乌制造的足球、国旗、奖杯、奖牌、喇叭、吉祥物、徽章、贴纸等周边商品亮相世界杯舞台。据义乌体育用品协会估算，在全球范围内的卡塔尔世界杯周边产品中，“义乌制造”占比高达70%。那么，如此巨大的商品进出口贸易量是如何完成的呢？研究发现，义乌的交通基础设施建设推动其成为全球文化商品枢纽城市。在本次世界杯中，义乌与菜鸟合作开通世界杯海运专线，搭建专门的物质性交通网络以提升运输商品的效率，使得“义乌制造”20到25天就可以直达卡塔尔哈马德港，也可以到达中东及世界其他地方。义乌的发展表明，以物质为媒介的新型商品出海平台建设是实现跨文化日常生活的基础，流动性物质平台显然会重塑我们的社会生活。其实，“义乌制造”在2022年世界杯获得的成功是城市多年物质平台建设的成效，义乌拥有集公路、铁路、航空、轨道、邮路于一体的现代化综合交通运输体系，已然形成覆盖中国、面向全球，低成本、高效率的物流网络。这使得义乌可以根据全球性活动，甚至是突发事件的需求，提供短期定制化商品，可以说，义乌具备独特而卓越的全球事件参与能力。

其二，“义乌指数”成为国际化的文化标签。义乌品牌、义乌制造为全球消费者所识所信，义乌吸引了大批来自不同国家、民族及文化背景的商人在此进行广泛的跨文化交往与贸易活动。仅2022年1—11月，义乌跨境电商就面向非洲、拉丁美洲、欧盟、

---

① 王鑫.物质性与流动性：对戴维·莫利传播研究议程扩展与范式转换的考察[J].国际新闻界，2020，42(9)：159-176.

美国、东盟等实现了进出口贸易的同比增长①,凸显其全球最大小商品集散中心的突出价值。与其全球物质性流动的城市功能对应,2006年10月,义乌首次对外发布“义务指数”(全称为“义乌·中国小商品指数”,The Yiwu China Commodity Index),确立了义乌中国小商品城在全球小商品批发行业的龙头地位和信息中心地位。②“义乌指数”主要包括周价格指数、景气指数等,仅周价格指数一项就细分为:场内订单交易价格指数、网上交易价格指数、出口贸易价格指数、电子电器等各类商品价格指数等。③ 近十七年来,“义乌指数”逐渐成为以来自世界各地的商品订单类别、内容和数量预测世界大势的风向标。2022年世界杯再次验证了“义乌指数”的有效性,即使是爆冷频出的首轮小组赛,义乌商家们也通过国旗销量排行成功预测了多轮结果,准确率高达73%。阿根廷和法国两国的世界杯周边商品搜索量分别环比上涨85%和92%,而决赛前夕,义乌商家就已经接到阿根廷夺冠的“三星”球衣的订单。④“义乌指数”让我们重新审视商品本身作为媒介物,在信息流动、文化传播等方面发挥的巨大潜能,其作为一种文化标签将逐渐成为地区形象构建和跨文化交流的重要符号。

(二)沉浸式数字交互:虚实融合平台拓展跨文化传播新空间

虚实融合是元宇宙等最新传播生态变迁的核心特征⑤,元宇宙作为一种更具普遍性的网络集合拥有更高水平的算力,人类机器化、机器人类化将同时加速。不过,元宇宙等智能技术能否带来更好的数字文明?社会对虚实融合平台的善用将是提升技术公共价值的重要起点。2022年,一些将传统文化迁移至虚实融合平台的尝试值得人们关注。

---

① 董易鑫,吴丹丹. 今年前11个月浙江义乌外贸总值超4400亿元人民币[EB/OL].(2022-12-29)[2023-01-30].http://www.yw.gov.cn/art/2022/12/29/art_1229436591_59408556.html.

② 义乌商报. 直挂云帆济沧海:义乌市场建设40周年系列综述(三)(2002—2011)[EB/OL].(2022-11-23)[2023-01-30].http://www.yw.gov.cn/art/2022/11/23/art_1229663288_59403258.html.

③ 详见其官方网站:https://www.ywindex.com/。

④ 新浪新闻. 义乌再现世界杯神预测,阿根廷夺冠后跨境电商订单暴涨[EB/OL].(2022-12-21)[2023-01-30]. http://www.yw.gov.cn/art/2022/12/21/art_1229436591_59407821.html.

⑤ 肖珺.元宇宙:虚实融合的传播生态探索[J].人民论坛,2022,734(7):40-44.

2022年6月，中央广播电视总台联合各大院校推出首个大型沉浸式数字交互空间《三星堆奇幻之旅》[①]，该直播特别节目运用即时云渲染技术等现代科技，观众扫描二维码，就可以在虚实融合中体验考古发掘大棚、三星堆数字博物馆及古蜀王国等文化场景。由于观众见到的交互画面是云端实时渲染的，所以他们可以自由选择交互剧情，这样的双向传播为观众带来了“千人千面”[②]的体验。7月22日，由国家博物馆与腾讯SSV数字文化实验室联合打造的文博数智人艾雯雯作为国家博物馆的一名新员工正式亮相，作为00后数智人，她身穿“新青年”T恤，其耳钉的设计灵感源于国博馆藏“海晏河清尊”，她拥有极其强大的学习能力，对国家博物馆140余万件实体馆藏如数家珍，在互动中为人们讲述蕴藏在博物馆里的中华文明。艾雯雯宜古宜今的造型设计在社交媒体上受到年轻人的喜爱：“换上汉服真的很好看很有韵味呀，而且感觉她的脸很适合汉服，端庄贤淑。”（@伏黛家分女孩爱德拉科，2022年7月22日）[③]也有汉服爱好者注意到了艾雯雯所穿的辛追夫人汉服造型超高的还原度：“曲裾好棒，腋下放量也大，少见的真汉服曲裾建模。”（@yumoshangqing，2022年9月2日）[④]

此外，蕴含中国传统文化的虚拟人走出国门，同样受到海外用户的欢迎。以敦煌飞天为灵感打造、由天娱数科旗下的元梦工作室孵化的国风数字人天妤于2022年4月上线，在全网拥有500余万粉丝，相关主题视频播放量超过3亿次，其中，海外粉丝量突破10万，播放量超过120万（数据统计于2023年1月30日）。天妤的整体设计兼具中华传统文化美感与现代科技感，比如，其妆容和造型源于敦煌壁画中的飞天仙女，逼真的数字形象使用AI技术生成。TikTok平台用户多从独特的敦煌视觉风格与高超的细节呈现两方面表达对天妤的喜爱：“I fell for her just by a glance. Dunhuang style is the best ever!（惊鸿一瞥让我爱上她，我认为敦煌风格简直就是最

---

① 央广网.中央广播电视总台推出大型沉浸式数字交互空间《三星堆奇幻之旅》[EB/OL].(2022-06-15)[2023-01-30]. https://news.cctv.com/2022/06/14/ARTIwOeXdAaMciGLNmjCYr75220614.shtml.

② 博物馆圈微信公众号.文博数字化进入4.0时代[EB/OL].(2022-11-11)[2023-01-30].https://mp.weixin.qq.com/s/3a3_F1zASxJUFFHGR0XuYg.

③④ 评论摘自@国家博物馆发布在bilibili上的视频：“大家好，我是艾雯雯，是刚刚入职中国国家博物馆的虚拟数智人！”参见：https://b23.tv/vrOLOdw。

好的艺术风格!)”(@Render96,2022 年 4 月 24 日)[①]“We can talk about how much detail is put into her hair and her eyes’ makeup, it’s so beautiful.(我们可以谈谈她头发和眼妆的细节,真是太美丽了。)”(@froggiejunsei,2022 年 4 月 29 日)[②]

荷兰学者范·迪克在其 2018 年出版的专著中,提醒人们重返对平台社会公共价值的讨论和建设。书中提出,平台是一种实现不同主体间互动的可编程数字化建构,亦是一种同基础设施功能属性紧密相关的文化和社会隐喻。[③] 虚拟人,作为智能化创新发展的数字化“人类”,与沉浸式数字交互空间共同搭建区别于过去的虚实融合传播平台,进而活化、唤醒中国传统文化,跨越文化间传播的“陌生人”困境。虚实融合传播平台中的“活化”是指整合多种技术复现文博场景,实现传统文化在虚实空间的新诠释;“唤醒”是通过大众传播唤醒代际群体对传统文化的模糊记忆,实现古今融通;“跨越”则是通过虚拟人的平台出海突破文化间的传播壁垒,在与世界互动的过程中共享中国文化。与此类似,被嵌入平台社会的人类需要更多地使用虚实融合平台,进而追寻和校正基于公共利益的数字文明。

结　语

2022 年的中国跨文化传播创新实践继续展现富有意义的新尝试,总体来看,呈现三个方面的传播启示。

其一,面对高度不确定的世界性冲突,人类迫切需要以“和合共生”等和平理念为指引,通过跨文化对话增进全球信任与和解。2022 年的中国实践表明,“和合共生”理念可以贯穿人类的跨文化传播活动。比如,在北京冬奥会开闭幕式中凸显的从“我”到“我们”的对话观;新世代跨文化交往中的全球倾听模式,特别是双主位的跨文化倾听;

---

① 评论摘自@tianyu_meta 发布在 TikTok 上的视频的评论区,参见:https://www.tiktok.com/@tianyu_meta/video/7089600091933297966。

② 评论摘自@tianyu_meta 发布在 TikTok 上的视频的评论区,参见:https://www.tiktok.com/@tianyu_meta/video/7090480235724148014。

③ VAN DIJCK J, POELL T, DE WAAL M. The platform society: public values in a connective world[M].Oxford: Oxford University Press,2018:9.

多元文化的人际交往中浸润着朴素而真挚的互惠性理解。“和合共生”理念这一中国智慧，可促动人类社会在“和而不同”的前提下达至自我与他者可沟通的对话，进而从感性、理性和建设性的三重维度逐步实现人相交、情相亲、意相合的民心相通。

其二，中国文化始终在多样化、差异化的文化间言说中探索跨文化传播的接合、转化和新生。2022年的中国跨文化传播创新案例在内容创新层面丰富多彩，体现中国文化的开放包容和兼容并蓄，特别是在性别文化、乡村文化中展现了与世界多样性的互动和创造能力。一些影视作品立足现代女性的积极价值取向，通过发掘古代文化资源中的进步性元素，历史性地叙述中国女性自强、独立的人格特质。乡村文化叙事则非常具有跨文化的冲击力和生命力，贵州“乡球”演变成与现代职业篮球文化相结合的“村BA”，北京郊区农村大妈和世界潮流文化以意想不到的形式接合成“说唱女团”，传统意义上的巨大反差居然碰撞出文化新景观，成为中外关注的文化热点。作为全球文化消费产品的游戏继续杂糅不同文化元素，然而，深嵌其中的中国文化的凸显度和全球接受度正在上升。

其三，中国城市迸发出跨文化的物质性平台价值，虚实融合平台正在显现跨文化的丰富内涵。平台传播创新在2022年发展出一些新方向。冬奥会、世界杯等全球体育大事件中，以义乌为代表的中国城市展现了惊人的跨文化影响力。一方面，“世界小商品之都”义乌作为全球贸易的连接点，基础设施建设的提升使其已搭建货通全球的网络，具备向全世界供给短期定制化商品的能力；另一方面，“义乌指数”等高度数据化的信息产品成为全球性事件发展趋势的参考坐标和文化符号。同时，以元宇宙为代表的虚实融合平台丰富人类的数字交往和生存方式，中国正通过数字人、沉浸式交互空间等创新平台，形象和功能多样的数字人以及《三星堆奇幻之旅》等交互空间，活化、唤醒古老的中华文明，跨越文化间交流的诸多障碍。

观念创新、内容创新和平台创新是我们自2017年起提出和不断验证的中国跨文化传播创新实践的三重维度。观念创新解决“如何做”的问题，研究发现，在全球文化交流生态日益复杂的当下，中国实践者充分吸纳和转化传统文化中的宝贵价值观，如“和合共生”。但需要注意的是，我们在对传统文化的现代性转化中，存在简化和表层化的倾向。现代人对“和合”的使用多强调和谐与合作，但其更重要的内涵是承认不同事物之间的矛盾和差异，在承认多元、多样的基础上融会贯通。比如，“合”的含义就包括“阴阳和合”“会合”“聚合”“离合”“合生”等。内容创新集中解决“做什么”的问题，实践者在多元开放的文化土壤中锐意创新，努力在性别文化、乡村文化和以游戏为代表的消费文化中，生成接合、转化和新生的跨文化内容。平台创新面向“依托什么”的紧迫问题，基础设施为底层逻辑的平台创新是中国与世界互动的自主性展现，中国城市作为跨文化依托的平台或可打开一条新的发展道路，元宇宙等为代表的虚实融合平台则是人类迎向未来智能社会的必然选择。需要注意的是，跨文化传播创新实践的开拓者中，Z 世代和 α 世代组成的新世代群体正在成为占绝对多数的新媒体跨文化传播主体，后期研究需要更多地关注他们的跨文化叙事和文化观。中国城市，特别是政府参与的跨文化传播活动正处于急剧上升态势[①]，后期研究可将城市的跨文化传播作为一个新方向。另外，随着技术的飞速发展与人工智能跨文化传播主体的入场，人们将会与更多出乎预料的“他者”相遇[②]，如何在趋向万物互联的世界中不断调适跨文化传播策略，如何在人际间、人机间探索新型互动机制，也有待研究者深思。

---

① 可参阅：王一赛.“2022 年度对外传播十大优秀案例”发布[EB/OL].(2023-03-21)[2023-03-21]. https://mp.weixin.qq.com/s/VpvNV2sJI0TnJ0w9xCQODA.

② 单波.传播的理性与理性的传播[J].新闻与传播评论，2023，76(2)：1.

书　评

互惠性:人类传播的合作和文化演化*

——读《合作的物种——人类的互惠性及其演化》

陈灵涵**

摘　要　人类是天生自利的吗? 互惠性是如何在人类社会产生且演化的? 美国经济学家塞缪尔·鲍尔斯和赫伯特·金迪斯共同撰写的《合作的物种——人类的互惠性及其演化》一书从行为经济学的视角,利用广泛的跨学科数据和理论模型,论证得出互惠性是人类独有且普遍的社会偏好。在人类社会化的过程中,支持合作的利他偏好可以胜过非道德的自利。这一社会偏好使得人类的合作可以在非亲属之间维持,合作者经常为公共物品作出贡献,并且惩罚搭便车者。人类的互惠性是基因和文化共同演化的结果,文化传播、社会情感在其中发挥了重要的作用。本文基于对此书中互惠性演化的阐释,梳理了互惠的几种类型,并结合其余学科对互惠性的讨论,探讨跨文化传播中互惠性理解新的解释路径。

关键词　互惠性;合作;文化传播;利他

---

* 本文系教育部人文社科重点研究基地重大项目"跨文化传播视域下的国际舆论朋友圈建设研究"(项目编号:22JJD860013)的研究成果。

** 陈灵涵,武汉大学新闻与传播学院传播学硕士生,电子邮箱:lillianchen0023@163.com。

Reciprocity: Cooperation and Cultural Evolution in Human Communication

—Reading *A Cooperative Species: Human Reciprocity and Its Evolution*

Linghan Chen

Abstract Are humans inherently self-interested? How has reciprocity arisen and evolved in human societies? The book *A Cooperative Species: Human Reciprocity and Its Evolution*, co-authored by American economists Samuel Bowles and Herbert Gintis, draws on a wide range of interdisciplinary data and theoretical models to argue that reciprocity is a unique and universal human social preference from the perspective of behavioural economics. Altruism that promotes collaboration can triumph against immoral self-interest as humans socialize. This social preference allows cooperation in humans to be sustained among unrelated individuals, who often contribute to public goods and punish free-riders. Reciprocity is the result of the gene-culture coevolution, in which cultural transmission and social emotions play an important role. Based on the interpretation of the evolution of reciprocity in this book, this paper sorts out several types of reciprocity, and combines the discussion of reciprocity in other disciplines to explore new explanatory paths for reciprocal understanding in intercultural communication.

Keywords reciprocity, cooperation, cultural transmission, altruism

互惠性(Reciprocity)是人类在合作、交往的过程中所体现出的特性，美国社会学家阿尔文·古尔德纳(Alvin W. Gouldner)将其定义为一种道德规范，在交换过程中，一方给予帮助，则另一方有回报义务。互惠是道德准则的主要组成部分，互惠规范体现在绝大多数社会文化中，可以稳固社会体系，维护社会制度。[①] 互惠的美德是所有美德之根源，这种互惠性坐落于博弈、演化和理性之中并且成为沟通三者的重要渠道。[②] 学界对互惠性的研究和讨论持续了一个多世纪，但不同学科有关互惠性的深入思考都隐含了互惠性在人类社会存在的必然性这一前提。那么，互惠性是如何产生的？互惠性为何能在人类社会持续运作下去？2011 年，美国经济学家塞缪尔·鲍尔斯(Samuel Bowles，以下简称鲍尔斯)和赫伯特·金迪斯(Herbert Gintis，以下简称金迪斯)合作出版了《合作的物种：人类的互惠性及其演化》(*A Cooperative Species：Human Reciprocity and Its Evolution*，以下简称《合作的物种》)，以行为经济学的视角探讨互惠性的来源及其演化的过程。鲍尔斯 1965 年获哈佛大学经济学博士学位，历任马萨诸塞州大学经济学教授、桑塔费研究院讲座学者等职位。尽管他是后马克思主义经济学思潮的代表人物，但其对经济学的看法是不拘一格的，并借鉴了各种思想流派，包括后瓦尔拉斯经济学。金迪斯以社会生物学的理论贡献而闻名，对利他主义、合作、认知博弈论、基因-文化协同进化、强互惠等理论均有深入研究，历任马萨诸塞州大学经济学教授、哈佛大学访问教授等教职。两位学者在其职业生涯中开展了广泛的合作，联合撰写出版了许多经济学方面的图书，对自由主义和正统马克思主义进行了批判。

《合作的物种》综合了人类合作及其进化的整体图景，借鉴了考古学、人类学、行为经济学和理论经济学等方向的学科知识来展开阐述。作为一本从行为经济学视角切入的书，《合作的物种》主要通过建模的方式，利用广泛的跨学科数据，在整合这些数据的过程中寻找其与理想化模型之间的关系，这一方法体现了极大的独创性。[③] 这本书

---

① GOULDNER A W. The norm of reciprocity：a preliminary statement[J]. American sociological review，1960，25(2)：161-178.

② 陈常燊.互惠的美德：博弈、演化与实践理性[M].上海：上海人民出版社，2017：22-24.

③ GRÜNE-YANOFF T. A cooperative species：human reciprocity and its evolution[J]. Journal of economic methodology，2015，22(1)：128-134.

反映了两位作者自20世纪90年代以来,越来越重视经济理论与社会生物学和其他行为科学的统一,此书也是对其阶段性研究的总结综述。远距离个体间的合作是人类的重要特征,这种合作之所以在人类社会长期存在,是因为人类演化出了以利他为特征的互惠性。鲍尔斯和金迪斯通过基因-文化共演化模型和多层选择模型,论证得出互惠性是人类独有而又普遍的社会偏好,其所提出的互惠性演化中体现的文化基因属性,为跨文化传播研究提供了新的视角。互惠性这一社会偏好之所以能够在一个种群中变得显著,深刻地依赖于制度与人们的生活方式形塑社会交互和社会学习过程的方式。在社会偏好的性质和程度上,也会存在较大的跨文化差异。笔者希望基于鲍尔斯与金迪斯对互惠性这一概念的阐释和解读,讨论在跨文化传播的过程中,如何寻找互惠性理解的通路。

一、人类为何成为合作的物种

在漫长的生物进化历史中,合作成为大多数生物为了生存而采取的必要行为。鲍尔斯和金迪斯认为,尽管合作普遍存在于许多物种之中,智人(Homo sapiens)的合作仍然是与众不同的。"人类的合作能够超越亲近的家系亲属,甚至可以扩展到素不相识的人身上。"[①]除了更具社会性的昆虫以外,人类在合作这一社会活动上的规模和范围远超其他物种。

鲍尔斯和金迪斯将合作定义为同别人一起从事互利活动的行为。在建构自身的物理和社会环境上,早期人类与其他的生物相比,看似并无特殊之处,但人类的合作远超出自利的动机。尽管在生物学和经济学的范畴内,偏向于亲近家庭成员的利他模型和互惠利他模型(开明的自利)能解释多种形式的人类合作。但二位作者试图以模型证明,人类会基于对他人福利的真正关心、试图维护社会规范的愿望以及对伦理的正向反馈而进行合作。如果不这么做,他们就会产生羞愧、内疚这类的道德情感。

早期人类在群体竞争上并没有特殊的优势,因此合作就显得尤为重要。人类不断

① 鲍尔斯,金迪斯.合作的物种:人类的互惠性及其演化[M].张弘,译.杭州:浙江大学出版社,2015:3.

进化的认知、语言以及其他生理能力相比其他物种更为出色，这些能力允许人类制定社会行为的一般规范，树立规范行为的社会制度；人类具有能够内化规范的心理能力，并演化出社会情感；人类具有发展可塑性和成熟的长周期，并且会使用投射性武器，降低了对群体内违规者的惩罚以及捕猎的成本。以上特征让人类群体间的合作更加广泛，同时群体间的冲突也更加致命，这些就成了人类强大的演化力量。鲍尔斯和金迪斯认为，人类的生活方式和社会交互构成个体层面的动机，而随着社会环境和人类性状共同演化的群体层面制度，也同样扮演了重要的角色，让人类得以从其他有合作性行为的物种中脱颖而出。

二、作为社会偏好的互惠性合作

《合作的物种》一书中的互惠性强调的是一种利他主义，以合作为表征。社会偏好是人在社会行为中收获的感觉，在合作的语境下可以解释为：人们喜欢与志同道合的人合作，并能从中获得快乐，并喜欢惩罚背叛合作的人；同样，当一个人成了合作中的搭便车者(Free Rider)，他会感到内疚或因被制裁而感到羞耻。鲍尔斯和金迪斯将互惠性视为一种社会偏好，既包括对他人福利的关注——无论是正面的还是负面的，也包括维护伦理规范的愿望。这种社会偏好就是人类为什么能保持非亲属间个体合作的解释。

为何利他会成为人类普遍的社会偏好？鲍尔斯和金迪斯首先回顾了生物学领域和经济学领域解释合作的常用方法。在过往的模型中，人类选择利他，因为交互是可重复的，也就是说，在过往互惠利他的预设情况下，合作是连续发生的，由于交互的可重复性，合作、惩罚搭便车者会给人带来声誉，帮助他人会给行动者带来间接的利益。此时，“助人行为是有条件性的：基于亲近遗传相关性，基于未来交互的可能性，基于声誉建立或信号发送，或者基于群体成员身份”[①]。关于基于助人行为发生的条件性，二位作者认为这并不是一种利他，因为行动者如果不选择助人，长期来看自身会遭受一

① 鲍尔斯，金迪斯.合作的物种：人类的互惠性及其演化[M].张弘，译.杭州：浙江大学出版社，2015：106.

定的适应性损失。这些隐含条件性的互惠利他的确在人类演化中扮演了重要的角色,但并不能解释二位作者的问题——人为何会成为合作的物种,即使在明白助人不会获得任何收益的情况下仍然会选择利他。经济学的理论倾向于简约性,试图在不介入社会偏好的前提下去解释合作。在解释非道德的自涉个体之间的合作时,经济学的理论往往会带着先验的解决方案提出假设——在人类合作的过程中,具有把私有化信息转化为公共信息的法庭审理程序,以及使得为了维持秩序做出的惩罚合法化的专业权力团体。这些都暗含了部分前提,即具有一定程度现代化的社会秩序,以及维护合作的行为标准的相关人员,如法官、警察等。

鲍尔斯和金迪斯提出了三个支持合作的利他社会偏好可以胜过非道德自利的理由:首先,人类设计了种种方法保护其利他成员免于遭受自利者的利益剥夺;其次,人类采用了长期且复杂的社会化系统,引导个体内化那些导向合作的行为规范;最后,群体之间的相互竞争成为演化动力学的决定性力量,竞争扩散了种群间与种群内部的利他偏好。对这一社会偏好的论证围绕人类演化的路径,参照考古学、民族志证据以及多种经济模型展开。在史前人类所处的社会和自然环境中,群体竞争通过为合作者带来适应性收益,而成为促使利他行为扩散的强大力量。群体竞争促进了狩猎-采集社会的独特制度与利他行为的倾向进行共同演化,这种演化机制是一种多层选择过程,既包括影响个体行为的基因传递过程,也包括群体层面制度特征的文化传播过程。换句话说,战争或者群体冲突能够触发更多的利他主义。强互惠意愿会从偶然发展成必然,在群体中不断涌现并扩散,再通过社会化的过程,互惠和利他主义将从个人行为逐渐演变为群体中内化的规范,在社会化的过程中,社会情感扮演了很重要的角色。社会偏好深深依赖于制度、生活方式与社会学习方式,因此,社会偏好必然存在较大的跨文化差异,互惠利他会随着不同的基因、文化制度呈现不同的表现形式。

三、互惠的类型

在《合作的物种》一书中,二位作者将互惠分为两类:一类是经济学能解释的互惠利他与间接互惠;一类是能够解释人类之所以成为合作的物种的社会偏好之一——强互惠。对于强互惠,鲍尔斯和金迪斯做出了如下解释:"人们为了与他人合作、奖励他人的合作行为，或惩罚搭便车者而牺牲自己的收益，即使不能指望从这样的行动中获益。激励这种行为的偏好叫作强互惠”[①]。“强”这一术语的用意在于和自涉的互惠区分开来，后一种互惠在没有回报的前提下是不会被采纳的。在一次性囚徒困境的实验中，出于以往对互惠互利的理解，以及人性中自私、害怕背叛的特点，背叛本来应该是更普遍的选择，但是许多实验发现，相当多的被试更喜欢合作而不是背叛。

互惠利他是一种条件合作策略，可以基于亲缘选择而起步，可被视为一种善意的以牙还牙策略（nice tit-for-tat）上的助人行为。鲍尔斯与金迪斯概括了互惠利他的三个特征：善意、严厉与宽容。善意就是它永远不会先行背叛；严厉意味着它使得对手在背叛的情况下无法逃脱惩罚；宽容指的是假如对手从背叛转为合作，条件合作者也会再度回到合作中来。然而，互惠利他在群体中很少出现，因为当交互行为在两人以上之间发生时，搭便车者往往很难被发现，其他人便也难以对其进行惩罚。间接互惠引入了声誉模型，行动者必须通过利他合作维持自己的好声誉，这样才能维持长期、多次的合作行为。

《合作的物种》是一部经济学著作，对互惠性的阐述也围绕行为经济学展开。就互惠性概念本身而言，它在不同的学科有不同的阐释意义，也有不同的分类。同样是在经济学领域，马歇尔·萨林斯（Marshall Sahlins）论证出互惠的普遍性，强化了互惠原则的可计算性，并提出了三种互惠类型：一般互惠（Generalized Reciprocity）、均衡互惠（Balanced Reciprocity）以及否定性互惠（Negative Reciprocity）[②]。在哲学领域中，法国人类学家阿兰·乐比雄（Alain Le Pichon）指出，互惠性秉承超主体性（Trans-subjectivity）的原则，超主体关系实现了文化和集体身份的换位思考，而这是区别于主体间性的。我们想要充分认识这个世界、认识自己和他者是不可能的，因为我们看不见自己，而互惠人类学中的艺术就是在让每一种文化都扮演观察者和被观察对象的角色，迎接他者的目光和视角，实现双方的相遇。人类学与社会学对互惠的研究更加广泛，法国社会学家莫斯（Marcel Mauss）将礼物交换看作社会整体现象，他认为礼物交

---

① 鲍尔斯，金迪斯. 合作的物种：人类的互惠性及其演化[M].张弘，译.杭州：浙江大学出版社，2015：29.

② SAHLINS M.Stone age economics[M].New York：Aldine de Gruyter，1972：191-210.

换之所以稳定存在,是因为礼物之灵——“豪”(chau)在其中扮演了重要的作用①,这种对称的礼物交换形式就是互惠。阎云翔通过考察中国北方农村的礼物交换过程和社会网络培育,拓展了互惠机制中礼物的类型。互惠本身植根于潜在的文化基质之中,从而在不同的文化中有不同的表现,甚至在同一文化的不同情境中也会有不同的表现。因此,探讨互惠与其文化前提之间的关系是有必要的,在中国的个案中就是人情伦理的模式。②

尽管互惠性在不同学科语境中有着不同的解释路径,但我们能从中窥见部分共性:社会化对于互惠性的扩散是必不可少的,其中,人类的道德情感是很重要的推进剂,互惠强调的是主体之间的良好交往关系,受文化传播影响,具有很强的跨文化属性。基于互惠性,在跨文化传播领域,单波提出了“互惠性理解”(Reciprocal Understanding)的概念。单波认为,跨文化传播中的互惠性理解被认为是从东方主义话语所建构的同一性和支配性的理解结构中分离出来的,表现为在文化差异中形成互补性知识,强调文化观念的互相印证,把在刻板印象、民族中心主义、意识形态等基础上达成的理解当作对他者的敌意,努力基于生活事实与文化的动态发展进行对话式理解。③ 单波的这一观点从文化间对话的角度,提供了对互惠性理解的阐释框架。

四、互惠性的演化:基因-文化共演化模型

鲍尔斯和金迪斯在书的后半部分为基因传递的个体行为和文化传播的群体层面制度之间的共同演化建立了模型——基因-文化共演化模型,这是支撑书中有关人类互惠性演化这一观点的最重要的模型。根据这一模型的解释,人类的偏好和信念是基因影响文化演化、文化影响基因演化的动力过程的结果,这两种影响在人类这一物种的演化过程中紧密地交织在一起。

鲍尔斯和金迪斯把文化定义成“一系列偏好和信念的聚合,通过基因传递以外的

---

① 莫斯.礼物[M].汲喆,译.北京:商务印书馆,2017:19-23.

② 阎云翔.礼物的流动:一个中国村庄中的互惠原则与社会网络[M].李放春,刘瑜,译.上海:上海人民出版社,2000:26-27,225-226.

③ 单波.跨文化传播的基本理论命题[J].华中师范大学学报(人文社会科学版),2011(1):103-113.

途径获得。文化有着其自身的演化力量,而不仅仅是基因和自然环境互动的结果”①。人类与大多数动物的不同之处,就在于人类的信息获取很大一部分来自社会学习的过程。文化传播的习俗对于基因传递的利他性状在自然选择下的演化至关重要,这也解释了书中的观点:其他物种中未能发现类似人类利他的独特之处。因为,文化传播是人类社会独有的社会实践,而在互惠性的演化中,利他惩罚性状受文化传播过程影响。

书中同样强调了情感的作用,情感和认知共同影响人们对社会规范的遵守,而羞耻感成为支撑合作最重要的因素。社会情感通常是利他的,羞耻作为一种亲社会情感,弥补了群体中的认知差异,与基于互惠的情感一起通过群体选择的作用而演化,激发人们对反社会行为做出惩罚,也让人害怕违背合作规范。羞耻和内疚就像是疼痛感,代替了实际的惩罚,这样的社会情感作为文化传播的一个方面,有利于内化互惠的社会规范。

文化传播在书中也被称为社会学习,其可以采取纵向、横向和斜向的形式传递信息。通过社会学习可能习得有利行为能够让基因传递的规范内化能力得到演化,这就意味着随着人类的发展,人们不会把有关合作的规范行为视作约束或者工具性手段,而会更多地将它视作值得自身追求的社会偏好。在最后一章,鲍尔斯和金迪斯作出了总结:在人类的演化环境中,种群的群体结构特征带有基于正向选型的选择压力,对人类演化产生重大影响。而群体内、群体间的文化传播大大促进了社会偏好的演化。不论是在实验环境中还是现实中,大量对人类行为的经验观察都发现,人类社会的偏好特点与纯粹利他的观点相一致。“利他表现出牺牲自己利益以帮助他人的意愿,帮助的对象包括了非家庭成员,而且这种帮助也不是因预期未来能够得到回报而作出的,正是这种纯粹利他为大部分人类合作现象提供了直接解释。”②这种非自涉且利于群体发展的社会偏好,让人类逐渐演化为书中所谓的“合作的物种”。可以看出,文化在整本书的论证过程中具有重要的地位,文化不但受到基因、环境的影响,而且其自身也具有演化的力量,社会意识形态的主动性对基因传递、群体选择具有很重要的推动作用。

---

① 鲍尔斯,金迪斯.合作的物种:人类的互惠性及其演化[M].张弘,译.杭州:浙江大学出版社,2015:19.

② 鲍尔斯,金迪斯.合作的物种:人类的互惠性及其演化[M].张弘,译.杭州:浙江大学出版社,2015:273.

五、启示与讨论

《合作的物种》一书以行为经济学的视角证实了人类互惠性是一种普遍的社会偏好,是人类自古以来不断演化出来的一种基因内的性状。互惠性是人类千百年来不断选择的结果,是人类社会得以长期发展的原因之一。互惠性的过程也许需要人们牺牲自己的部分利益、付出代价去实现他人的利益,但从整体上看,这种互惠性达到的经济效益是均衡的,尽管作者没有指出这种完全利他最后是如何利己的,但其已证明,存在互惠性的种群更容易生存,那么,互惠性最终的"利己",就体现在个体生存的社会环境能够长期稳定地发展下去。基因-文化共演化模型证明了传播这一过程对于人类的巨大影响,文化传播、规范内化能够改变人类的基因,影响群体选择。

尽管互惠被作者证明广泛存在于世界各地的族群中,但由于基因的不同,以及文化制度的差异,社会偏好在性质和程度上都会存在较大的跨文化差异。文化进化是一个动态的且不断被群体选择的过程。不同文化背景下的互惠社会偏好,与当地人的经济水平、劳作方式以及战争等因素相关。

本书也存在一些不足之处。首先,贯穿全书的一个观点是,这种体现互惠性的合作仅在人类这一物种中存在,其他动物的合作(除去部分非人灵长类动物的部分合作)无法体现互惠性。这种观点带有人类中心主义的视角,尽管本书以一种理性的论证去解释互惠性在人类中存在的合理性和特殊性,但经济模型是无法理解人与万物的关系的。互惠性也许不仅体现在人与人之间,还体现于万物本身,以及人和万物的关系之间。同时,互惠性或许并不能完全解释非亲属间的合作关系,例如,人身上存在的模因(meme)也可能促使没有血缘关系但模因相同的人之间形成合作。其次,本书假定的是,所有的合作都处于一种自愿且双方友好互动的理想状态,而在现实情境中,合作可能是由暴力或操纵导致的,对于这样的情境,互惠性也许并不能做出很好的解释。最后,本书将文化定义为"通过遗传以外的方式获得的偏好和信念的集合",这样的定义也许能让文化作为实验中可控的变量,但这并不包括文化所有的内涵,得出的结论不可避免地具有一定的狭隘性。

《合作的物种》这本书同样也受到了来自经济学家的一些质疑。有学者指出,由于数据稀缺,作者对远古时期人类进化理论的论证往往借助于当代小规模社会的部分数据,这一论证过程不是很令人信服,同时,建模策略中一些理想化的假设必然会涉及一些不确定性,所用到的证据对于目标的论证和理论模型的确定来说,可能并不充分[①]。

本书给互惠性、给理解注入了基于基因和文化的因素,给我们认识互惠性理解提供了新的解释路径。我们也可以借助这本书的观点不断追问:经济学解释中的互惠性能否为人类寻求对话提供理论依据?如何让人类这种"与生俱来"的互惠性在交流的场景中走向共通?

注:本文基于2022年3月22日随波逐流读书会上肖珺、陈灵涵的读书分享:《互惠性的合作如何可能——读〈合作的物种:人类的互惠性及其演化〉》发展成稿。

① GRÜNE-YANOFF T.A cooperative species: human reciprocity and its evolution[J]. Journal of economic methodology, 2015,22(1):128-134.

集刊简介

《跨文化传播研究》是由武汉大学媒体发展研究中心（教育部人文社会科学重点研究基地）主办的学术集刊，致力于创建多元文化对话的跨文化传播学术空间，计划一年出版2辑。《跨文化传播研究》深深扎根人类自由交往的需要与实践，通过研究揭示由各种跨文化情境组织起来的社会结构，提供保持文化多样性与文化间可沟通性的独特路径；通过批判研究揭示文化间的权力关系，重建人类的普遍交往；通过学术对话展现特定语境下的跨文化传播探索，及其与跨文化交流的历史进程之间的关系，增进各文化区域的学者对跨文化理性的理解。

联系方式

投稿系统：https://kwhc.cbpt.cnki.net/WKA/WebPublication/index.aspx?mid=kwhc

电子邮箱：iccchina2020@163.com

地　　址：湖北省武汉市武昌区八一路299号武汉大学新闻与传播学院

邮　　编：430072

电　　话：027-68756616

武汉大学媒体发展研究中心

微信公众号二维码

图书在版编目(CIP)数据

跨文化传播研究. 第七辑 / 单波主编. --北京：中国传媒大学出版社，2023.8
ISBN 978-7-5657-3437-3

Ⅰ. ①跨…　Ⅱ. ①单…　Ⅲ. ①文化传播—研究　Ⅳ. ①G0

中国国家版本馆 CIP 数据核字(2023)第 115581 号

跨文化传播研究(第七辑)
KUAWENHUA CHUANBO YANJIU(DI-QI JI)

主　　编　单　波
策划编辑　王雁来
责任编辑　沈　悦
装帧设计　拓美设计
责任印制　李志鹏

出版发行　中国传媒大学出版社
社　　址　北京市朝阳区定福庄东街 1 号　　**邮　　编**　100024
电　　话　86-10-65450528　65450532　　**传　　真**　65779405
网　　址　http://cucp.cuc.edu.cn
经　　销　全国新华书店

印　　刷　唐山玺诚印务有限公司
开　　本　787mm×1092mm　1/16
印　　张　14.5
字　　数　242 千字
版　　次　2023 年 8 月第 1 版
印　　次　2023 年 8 月第 1 次印刷

书　　号　ISBN 978-7-5657-3437-3/G·3437　　**定　　价**　74.00 元

本社法律顾问：北京嘉润律师事务所　郭建平